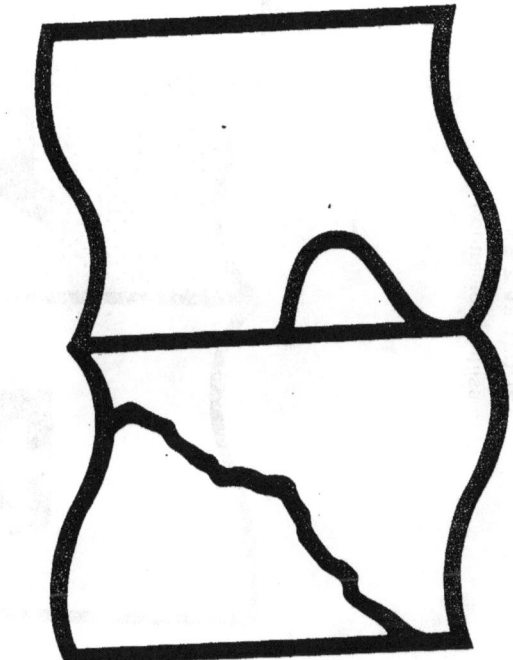

Texte détérioré — reliure défectueuse
NF Z 43-120-11

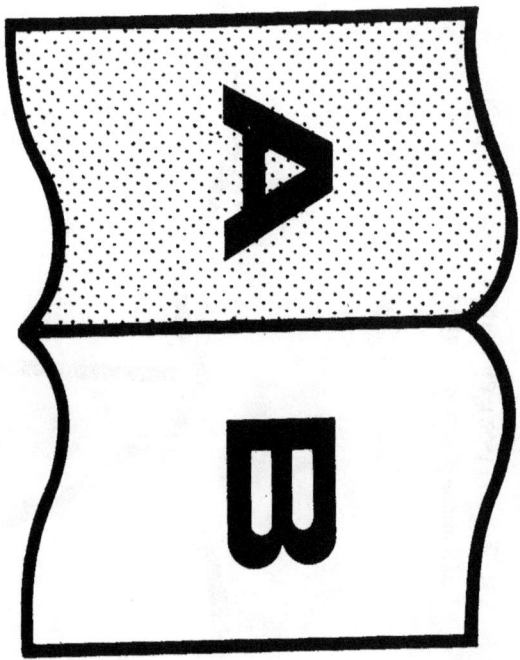

Contraste insuffisant
NF Z 43-120-14

L'ÉTOILE DU SUD

— LES VOYAGES EXTRAORDINAIRES —

— J. HETZEL, ÉDITEUR —

LES VOYAGES EXTRAORDINAIRES

L'ÉTOILE DU SUD

— LE PAYS DES DIAMANTS —

PAR

JULES VERNE

60 DESSINS ET UNE CARTE, PAR BENETT.

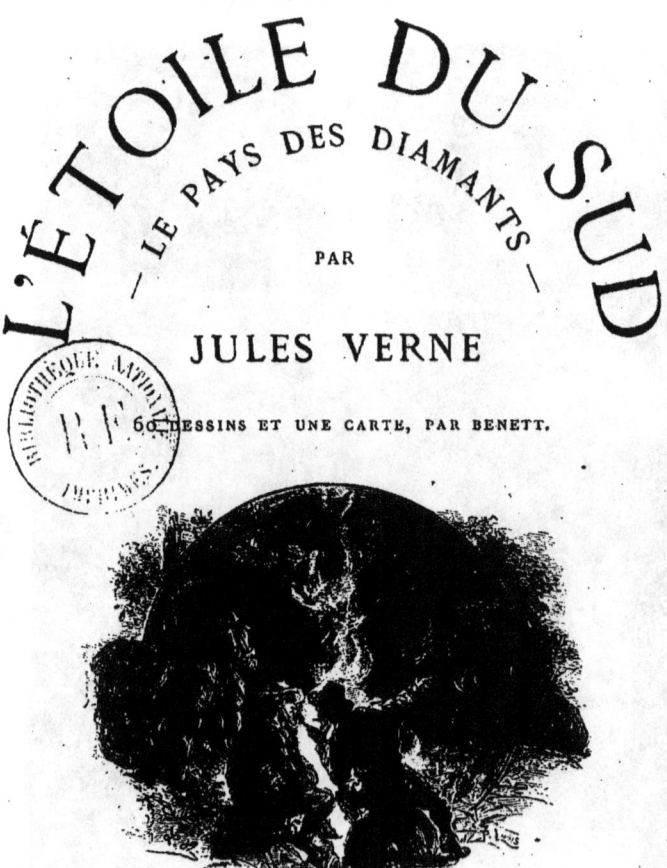

**BIBLIOTHÈQUE
D'ÉDUCATION ET DE RÉCRÉATION**
J. HETZEL ET Cⁱᵉ, 18, RUE JACOB
PARIS

Tous droits de traduction et de reproduction réservés

L'ÉTOILE DU SUD

LE PAYS DES DIAMANTS

I

RENVERSANTS, CES FRANÇAIS !

« Parlez, monsieur, je vous écoute.
— Monsieur, j'ai l'honneur de vous demander la main de miss Watkins, votre fille.

« — La main d'Alice?...

— Oui, monsieur. Ma demande semble vous surprendre. Vous m'excuserez, pourtant, si j'ai quelque peine à comprendre en quoi elle pourrait vous paraître extraordinaire. J'ai vingt-six ans. Je m'appelle Cyprien Méré. Je suis ingénieur des Mines, sorti avec le numéro deux de l'École polytechnique. Ma famille est honorable et honorée, si elle n'est pas riche. Monsieur le consul de France au Cap pourra en témoigner, pour peu que vous le désiriez, et mon ami Pharamond Barthès, l'intrépide chasseur que vous connaissez bien, comme tout le monde au Griqualand, pourrait également l'attester. Je suis ici en mission scientifique au nom de l'Académie des Sciences et du Gouvernement français. J'ai obtenu, l'an dernier, le prix Houdart, à l'Institut, pour mes travaux sur la constitution chimique des roches volcaniques de l'Auvergne. Mon mémoire sur le bassin diamantifère du Vaal, qui est presque terminé, ne peut qu'être bien accueilli du monde savant. En rentrant de ma mission, je vais être nommé professeur adjoint à l'École des Mines de Paris, et j'ai déjà fait retenir mon appartement, rue de l'Université, numéro 104, au troisième étage. Mes appointements s'élèveront le premier janvier prochain à quatre mille huit cents francs. Ce n'est pas le Pérou, je le sais ; mais, avec le produit de mes travaux personnels, expertises, prix académiques et collaboration aux revues scientifiques, ce revenu sera presque doublé. J'ajoute que, mes goûts étant modestes, il ne m'en faut pas plus pour être heureux. Monsieur, j'ai l'honneur de vous demander la main de miss Watkins, votre fille. »

Rien qu'au ton ferme et décidé de ce petit discours, il était aisé de voir que Cyprien Méré avait l'habitude, en toutes choses, d'aller directement au but et de parler franc.

Sa physionomie ne démentait pas l'impression que produisait son langage. C'était celle d'un jeune homme, habituellement occupé des plus hautes conceptions scientifiques, qui ne donne aux vanités mondaines que le temps strictement nécessaire.

Ses cheveux châtains, taillés en brosse, sa barbe blonde, tondue presque au ras de l'épiderme, la simplicité de son costume de voyage en coutil gris, le chapeau de paille de dix sous qu'il avait poliment déposé sur une chaise en entrant, — quoique son interlocuteur fût resté imperturbablement couvert, avec le sans-gêne habituel des types de la race anglo-saxonne, — tout en Cyprien Méré dénotait un esprit sérieux, comme son regard limpide dénotait un cœur pur et une conscience droite.

Il faut dire, en outre, que ce jeune Français parlait anglais dans la perfection, comme s'il eût longtemps vécu dans les comtés les plus britanniques du Royaume-Uni.

Mr. Watkins l'écoutait en fumant une longue pipe, assis dans un fauteuil de bois, la jambe gauche allongée sur un tabouret de paille, le coude au coin d'une table grossière, en face d'une cruche de gin et d'un verre à moitié rempli de cette liqueur alcoolique.

Ce personnage était vêtu d'un pantalon blanc, d'une veste de grosse toile bleue, d'une chemise de flanelle jaunâtre, sans gilet ni cravate. Sous l'immense chapeau de feutre, qui semblait vissé à demeure sur sa tête grise, s'arrondissait un visage rouge et bouffi qu'on aurait pu croire injecté de gelée de groseille. Ce visage, peu attractif, semé par places d'une barbe sèche, couleur de chiendent, était percé de deux petits yeux gris, qui ne respiraient pas précisément la patience et la bonté.

Il faut dire tout de suite, à la décharge de Mr. Watkins, qu'il souffrait terriblement de la goutte, ce qui l'obligeait à tenir son pied gauche emmaillotté de linges, et la goutte — pas plus dans l'Afrique méridionale que dans les autres pays — n'est faite pour adoucir le caractère des gens dont elle mord les articulations.

La scène se passait au rez-de-chaussée de la ferme de Mr. Watkins, vers le 29° degré de latitude au sud de l'équateur, et le 22° degré de longitude à l'est du méridien de Paris, sur la frontière occidentale de l'État libre d'Orange, au nord de la colonie britannique du Cap, au centre de l'Afrique australe ou anglo-hollandaise. Ce pays, dont la rive droite du fleuve Orange forme la limite vers les confins méridionaux du grand désert de Kalakari, qui porte sur les vieilles cartes le nom de pays des Griquas, est appelé à plus juste titre, depuis une dizaine d'années, le « Diamonds-Field, » le Champ aux Diamants.

Le parloir, dans lequel avait lieu cette entrevue diplomatique, était aussi remarquable par le luxe déplacé de quelques pièces de l'ameublement que par la pauvreté de certains autres détails de l'intérieur. Le sol, par exemple, était fait de simple terre battue, mais couvert, par endroits, de tapis épais et de fourrures précieuses. Aux murs, que n'avait jamais revêtus un papier de tenture quelconque, étaient accrochées une magnifique pendule en cuivre ciselé, des armes de prix de diverses fabrications, des enluminures anglaises, encadrées dans des bordures splendides. Un sofa de velours s'étalait à côté d'une table en bois blanc, tout au plus bonne pour les besoins d'une cuisine. Des fauteuils, venus d'Europe en droite ligne, tendaient vainement leurs bras à Mr. Watkins, qui leur préférait un vieux siège, jadis équarri de ses propres mains. Au total, pourtant, l'entassement des objets de valeur et surtout le pêle-mêle des peaux de panthères, de léopards, de girafes et de chats-tigres, qui étaient jetées sur tous les meubles, donnaient à cette salle un air d'opulence barbare.

Il était évident, d'ailleurs, par la conformation du plafond, que la maison n'avait pas d'étages et ne se composait que d'un rez-de-chaussée. Comme toutes celles du pays, elle était bâtie partie en planches, partie en terre glaise, et couverte de feuilles de zinc cannelées, posées sur sa légère charpente.

On voyait, en outre, que cette habitation venait à peine d'être terminée. En effet, il suffisait de se pencher à l'une des fenêtres pour apercevoir, à droite et à gauche, cinq ou six constructions abandonnées, toutes de même ordre mais d'âge différent, et dans un état de décrépitude de plus en plus avancé. C'étaient autant de maisons que Mr. Watkins avait successivement bâties, habitées, délaissées, selon l'étiage de sa fortune, et qui en marquaient pour ainsi dire les échelons.

La plus éloignée était simplement faite de mottes de gazon et ne méritait guère que le nom de hutte. La suivante était bâtie de terre glaise, — la troisième de terre et de planches, — la quatrième de glaise et de zinc. On voit quelle gamme ascendante les aléas de l'industrie de Mr. Watkins lui avaient permis de monter.

Tous ces bâtiments, plus ou moins délabrés, s'élevaient sur un monticule placé près du confluent du Vaal et de la Modder, les deux principaux tributaires du fleuve Orange dans cette région de l'Afrique australe. Aux alentours, aussi loin que la vue pouvait s'étendre, on n'apercevait, vers le sud-ouest et le nord, que la plaine triste et nue. Le Veld — comme on dit dans le pays — est formé d'un sol rougeâtre, sec, aride, poussiéreux, à peine semé de loin en loin d'une herbe rare et de quelques bouquets de buissons d'épines. L'absence totale d'arbres est le trait distinctif de ce triste canton. Dès lors, en tenant compte de ce qu'il n'y a pas non plus de houille, comme les communications avec la mer sont lentes et difficiles, on ne s'étonnera pas que le combustible manque et qu'on en soit réduit, pour les usages domestiques, à brûler la fiente des troupeaux.

Sur ce fond monotone, d'un aspect presque lamentable, s'étale la coulée des deux rivières, si plates, si peu encaissées, qu'on a peine à comprendre comment elles ne s'étendent pas à travers toute la plaine.

Vers l'orient seulement, l'horizon est coupé par les lointaines dentelures de deux montagnes, le Platberg et le Paardeberg, au pied desquelles une vue perçante peut reconnaître des fumées, des poussières, de petits points blancs, qui sont des cases ou des tentes, et, tout autour, un fourmillement d'êtres animés.

C'est là, dans ce Veld, que se trouvent les placers de diamants en exploitation, le Du Toit's Pan, le New-Rush et, le plus riche de tous peut-être, le Vandergaart-Kopje. Ces diverses mines à ciel ouvert et presque à fleur de terre, qui sont comprises sous le nom général de « dry-diggings, » ou mines à sec, ont livré, depuis 1870, une valeur d'environ quatre cents millions en diamants et pierres fines. Elles se trouvent réunies dans une circonférence dont le rayon mesure au plus deux ou trois kilomètres. On les voyait très distinctement à la lorgnette des fenêtres de la ferme Watkins, qui n'en était éloignée que de quatre milles anglais[1].

Ferme, au surplus, est un terme assez impropre, si on l'applique à cet établissement, car il était impossible d'apercevoir aux alentours aucune sorte de culture. Comme tous les prétendus fermiers de cette région du Sud-Afrique, Mr. Watkins était plutôt un maître berger, un propriétaire de troupeaux de bœufs, de chèvres et de moutons, que le véritable gérant d'une exploitation agricole.

Cependant, Mr. Watkins n'avait pas encore répondu à la demande si poliment mais si nettement faite par Cyprien Méré. Après avoir consacré au moins trois minutes à réfléchir, il se décida enfin à retirer sa pipe du coin de ses lèvres, et il émit l'opinion suivante, qui n'avait évidemment qu'un rapport fort éloigné avec la question :

« Je crois que le temps va changer, mon cher monsieur ! Jamais ma goutte ne m'a fait autant souffrir que depuis ce matin ! »

Le jeune ingénieur fronça le sourcil, détourna un instant la tête, et fut obligé de faire un effort sur lui-même pour ne rien laisser paraître de son désappointement.

« Peut-être feriez-vous bien de renoncer au gin, monsieur Watkins ! répondit-il assez sèchement en montrant la cruche de grès que les attaques réitérées du buveur désemplissaient vite de son contenu.

1. Le mille anglais vaut 1600 mètres.

— Renoncer au gin! By Jove! vous me la donnez belle! s'écria le fermier. Est-ce que le gin a jamais fait mal à un honnête homme?... Oui, je sais ce que vous voulez dire!... Vous allez me citer la recette de ce médecin à un lord-maire qui avait la goutte! — Comment s'appelait-il donc, ce médecin? Abernethy, je crois! « Voulez-vous vous bien porter? disait-il à son malade. Vivez « à raison d'un shilling par jour et gagnez-le par un travail personnel! » Tout cela est bel et bon! Mais, de par notre vieille Angleterre, si, pour se bien porter, il fallait vivre à raison d'un shilling par jour, à quoi servirait d'avoir fait fortune?... Ce sont là des sottises indignes d'un homme d'esprit comme vous, monsieur Méré!... Donc, ne m'en parlez plus, je vous en prie!... Pour moi, voyez-vous, j'aimerais autant m'en aller tout de suite en terre!... Bien manger, bien boire, fumer une bonne pipe, toutes les fois que j'en ai envie, je n'ai pas d'autre joie au monde, et vous voulez que j'y renonce?

— Oh! je n'y tiens pas du tout! répondit franchement Cyprien. Je vous rappelle seulement un précepte de santé que je crois juste! Mais, laissons ce sujet, si vous le voulez bien, monsieur Watkins, et revenons à l'objet spécial de ma visite. »

Mr. Watkins, si prolixe tout à l'heure, était retombé dans son mutisme et rejetait silencieusement de petites bouffées de tabac.

A ce moment, la porte s'ouvrit. Une jeune fille entra, portant un plateau chargé d'un verre.

Cette jolie personne, charmante sous sa grande cornette à la mode des fermières du Veld, était simplement vêtue d'une robe de toile à petites fleurs. Agée de dix-neuf à vingt ans, très blanche de teint, avec de beaux cheveux blonds et fins, de grands yeux bleus, une physionomie douce et gaie, elle était l'image de la santé, de la grâce, de la bonne humeur.

« Bonjour, monsieur Méré! dit-elle en français, mais avec un léger accent britannique.

— Bonjour, mademoiselle Alice! répondit Cyprien Méré, qui s'était levé à l'entrée de la jeune fille et s'inclinait devant elle.

— Je vous ai vu arriver, monsieur Méré, reprit miss Watkins, en laissant voir ses jolies dents au milieu d'un aimable sourire, et, comme je sais que vous n'aimez pas le vilain gin de mon père, je vous apporte de l'orangeade, en souhaitant que vous la trouviez bien fraîche!

— C'est mille fois aimable à vous, mademoiselle!

— Ah! à propos, vous n'imagineriez jamais ce que Dada, mon autruche, a avalé ce matin! reprit-elle sans plus de façon. Ma bille d'ivoire à repriser les bas!... Oui! ma bille d'ivoire!... Elle est de belle taille, pourtant, vous la connaissez, monsieur Méré, et elle me venait en droite ligne du billard de New-Rush!... Eh bien! cette gloutonne de Dada l'a avalée comme elle eût fait d'une pilule! En vérité, cette maligne bête me fera mourir de chagrin tôt ou tard! »

En racontant son histoire, miss Watkins avait dans le coin de ses yeux bleus un petit rayon gai, qui ne semblait pas indiquer une envie extraordinaire de réaliser ce lugubre pronostic, même tardivement. Mais, tout à coup, avec l'intuition si vive des femmes, elle fut frappée du silence que gardaient son père et le jeune ingénieur, et de leur mine embarrassée en sa présence.

« On dirait, messieurs, que je vous dérange! dit-elle. Vous savez, si vous avez des secrets que je ne doive pas entendre, je vais m'en aller!... Du reste, je n'ai pas de temps à perdre! Il faut que j'étudie ma sonate avant de m'occuper du dîner!... Allons! décidément, vous n'êtes pas bavards aujourd'hui, messieurs!... Je vous laisse donc à vos noirs complots! »

Elle sortait déjà, mais revint sur ses pas, et gracieusement, bien que le sujet fût des plus graves :

« Monsieur Méré, dit-elle, lorsque vous voudrez m'interroger sur l'oxygène, je suis toute à votre disposition. J'ai déjà lu trois fois le chapitre de chimie que vous m'avez donné à apprendre, et ce « corps gazeux, incolore, inodore et sans saveur » n'a plus de secrets pour moi! »

Là-dessus, miss Watkins fit une belle révérence et disparut comme un léger météore.

Un instant plus tard, les accords d'un excellent piano, résonnant dans une des chambres les plus éloignées du parloir, annoncèrent que la jeune fille se donnait tout entière à ses exercices musicaux.

« Eh bien, monsieur Watkins, reprit Cyprien, à qui cette aimable apparition aurait rappelé sa demande, s'il avait été capable de l'oublier, voudrez-vous me donner une réponse à la demande que j'ai eu l'honneur de vous faire? »

Mr. Watkins ôta sa pipe du coin de ses lèvres, cracha majestueusement à terre, releva brusquement la tête, et, dardant sur le jeune homme un regard inquisiteur:

« Est-ce que, par hasard, monsieur Méré, vous lui auriez déjà parlé de tout ça? demanda-t-il.

Une jeune fille entra, portant un plateau. (Page 6.)

— Parlé de quoi!... A qui?

— De ce que vous disiez.?... à ma fille?

— Pour qui me prenez-vous, monsieur Watkins! répliqua le jeune ingénieur avec une chaleur qui ne pouvait laisser aucun doute sur sa sincérité. Je suis Français, monsieur!... Ne l'oubliez pas!... C'est vous dire que je ne me serais jamais permis de parler mariage à mademoiselle votre fille sans votre consentement! »

L'œil de Mr. Watkins s'était radouci; et, du coup, sa langue sembla se délier.

La route franchit cette chaîne. (Page 14.)

« C'est au mieux!... Brave garçon!... Je n'attendais pas moins de votre discrétion à l'égard d'Alice! répondit-il d'un ton presque cordial. Eh bien, puisqu'on peut avoir confiance en vous, vous allez me donner votre parole de ne pas lui en parler davantage à l'avenir!

— Et pourquoi cela, monsieur?

— Parce que ce mariage est impossible, et que le mieux est de le rayer tout de suite de vos papiers! reprit Mr. Watkins. Monsieur Méré, vous êtes un honnête jeune homme, un parfait gentleman, un excellent chimiste, un professeur distingué et même de grand avenir, — je n'en doute pas, — mais vous n'aurez pas ma fille, par la raison que j'ai fait pour elle des plans tout différents !

— Cependant, monsieur Watkins...

— N'insistez pas !... Ce serait inutile !.. répliqua le fermier. Vous seriez duc et pair d'Angleterre, que vous ne pourriez pas me convenir ! Mais vous n'êtes pas même sujet anglais, et vous venez de déclarer avec une parfaite franchise que vous n'avez aucune fortune ! Voyons, de bonne foi, croyez-vous sérieusement que j'aie élevé Alice comme je l'ai fait, en lui donnant les meilleurs maîtres de Victoria et de Bloëmfontein, pour l'envoyer, quand elle aurait vingt ans, vivre à Paris, rue de l'Université, au troisième étage, avec un monsieur dont je ne comprends même pas la langue ?... Réfléchissez, monsieur Méré, et mettez-vous à ma place !... Supposez que vous soyez le fermier John Watkins, propriétaire de la mine de Vandergaart-Kopje, et moi, que je sois monsieur Cyprien Méré, jeune savant français en mission au Cap !... Supposez-vous ici, au milieu de ce parloir, assis dans ce fauteuil et sirotant votre verre de gin en fumant une pipe de tabac de Hambourg : est-ce que vous admettriez une minute... une seule !... cette idée de me donner votre fille en mariage?

— Assurément, monsieur Watkins, répondit Cyprien, et sans hésiter, si je croyais trouver en vous les qualités qui peuvent assurer son bonheur !

— Eh bien ! vous auriez tort, mon cher monsieur, grand tort ! reprit Mr. Watkins. Vous agiriez là comme un homme qui n'est pas digne de posséder la mine de Vandergaart-Kopje, ou plutôt vous ne la posséderiez même pas, cette mine ! Car enfin, croyez-vous qu'elle me soit tombée tout ouverte dans la main ? Croyez-vous qu'il ne m'ait fallu ni intelligence ni activité pour la dénicher et surtout pour m'en assurer la propriété ?... Eh bien ! monsieur Méré, cette intelligence dont j'ai fait preuve, dans cette circonstance mémorable et décisive, je l'applique à tous les actes de ma vie et spécialement en tout ce qui peut se rapporter à ma fille !... C'est pourquoi je vous répète : rayez cela de vos papiers !.. Alice n'est pas pour vous ! »

Sur cette conclusion triomphante, Mr. Watkins prit son verre et le vida d'un trait.

Le jeune ingénieur, confondu, ne trouvait rien à répondre. Ce que voyant, l'autre le poussa davantage.

« Vous êtes étonnants, vous autres Français ! poursuivit-il. Vous ne doutez de rien, sur ma parole ! Comment, vous arrivez, comme si vous tombiez de la lune, au fin fond du Griqualand, chez un brave homme qui n'avait jamais entendu parler de vous, il y a trois mois, et qui ne vous a pas vu dix fois dans ces quatre-vingt-dix jours ! Vous venez le trouver et vous lui dites : John Stapleton Watkins, vous avez une fille charmante, parfaitement élevée, universellement reconnue comme la perle du pays, et, ce qui ne gâte rien, votre unique héritière pour la propriété du plus riche Kopje de diamants des Deux-Mondes ! Moi, je suis monsieur Cyprien Méré, de Paris, ingénieur, et j'ai quatre mille huit cents francs d'appointements !... Vous allez donc, s'il vous plaît, me donner cette jeune personne en mariage, afin que je l'emmène dans mon pays et que vous n'entendiez plus parler d'elle, si ce n'est de loin en loin, par la poste ou le télégraphe !... Et vous trouvez cela tout naturel ?.. Moi, je trouve cela renversant ! »

Cyprien s'était levé, très pâle. Il avait pris son chapeau et se préparait à sortir.

« Oui !... renversant, répéta le fermier. Ah ! je ne dore pas la pilule, moi !... Je suis un Anglais de vieille roche, monsieur !... Tel que vous me voyez, j'ai été plus pauvre que vous, oui, beaucoup plus pauvre !... J'ai fait tous les métiers !... J'ai été mousse à bord d'un navire marchand, chasseur de buffles dans le Dakota, mineur dans l'Arizona, berger dans le Transvaal !... J'ai connu le chaud, le froid, la faim, la fatigue !... J'ai gagné, pendant vingt ans, à la sueur de mon front, la croûte de biscuit qui me servait de dîner !... Quand j'ai épousé feu mistress Watkins, la mère d'Alice, une fille de Boër d'origine française[1], — comme vous, pour le dire en passant, — nous n'avions pas, à nous deux, de quoi nourrir une chèvre ! Mais j'ai travaillé !... Je n'ai pas perdu courage !... Maintenant, je suis riche et j'entends profiter du fruit de mes labeurs !... J'entends garder ma fille, surtout, — pour soigner ma goutte et me faire de la musique, le soir, quand je m'ennuie !... Si elle se marie jamais, elle se mariera ici même, avec un garçon du pays, aussi riche qu'elle, fermier ou mineur comme nous, et qui ne me parlera pas de s'en aller vivre en meurt-de-faim à un troisième étage dans un pays où je n'ai jamais eu envie de mettre le pied de ma vie : Elle se mariera avec James Hilton, par exemple, ou un autre gaillard de sa trempe !... Les prétendants ne manquent pas, je vous l'assure !... Enfin, un bon Anglais, qui n'ait pas peur d'un verre de gin et qui me tienne compagnie, quand je fume une pipe ! »

Cyprien avait déjà la main sur le bouton de la porte pour quitter cette salle dans laquelle il étouffait.

---

1. Un grand nombre de Boërs ou paysans hollandais de l'Afrique méridionale descendent des Français, passés en Hollande, puis à la colonie du Cap, à la suite de la révocation de l'édit de Nantes.

« Sans rancune au moins! lui cria Mr. Watkins. Je ne vous en veux pas du tout, monsieur Méré, et je serai toujours bien aise de vous voir, comme locataire et comme ami!... Et tenez, nous attendons justement quelques personnes à dîner ce soir!... Si vous voulez être des nôtres?...

— Non, merci, monsieur! répondit froidement Cyprien. J'ai ma correspondance à terminer pour l'heure de la poste. »

Et il s'en alla.

« Renversants, ces Français... renversants! » répétait Mr. Watkins en rallumant sa pipe à un bout de corde goudronnée en combustion, qui était toujours à portée de sa main.

Et il se versa un grand verre de gin.

II

AUX CHAMPS DES DIAMANTS

Ce qui humiliait le plus profondément le jeune ingénieur dans la réponse que venait de lui faire Mr. Watkins, c'est qu'il ne pouvait s'empêcher d'y démêler, sous la rudesse excessive de la forme, un grand fonds de raison. Il s'étonnait même, en y réfléchissant, de n'avoir pas aperçu de lui-même les objections que le fermier pourrait lui opposer et de s'être risqué à une telle rebuffade.

Mais le fait est qu'il n'avait jamais songé, jusqu'à ce moment, à la distance que la différence de fortune, de race, d'éducation, de milieu, mettait entre la jeune fille et lui. Habitué, depuis cinq ou six ans déjà, à considérer les minéraux à un point de vue purement scientifique, les diamants n'étaient, à ses yeux, que de simples échantillons de carbone, bons à figurer au musée de l'Ecole des Mines. En outre, comme il menait en France une existence beaucoup plus relevée socialement que celle des Watkins, il avait complètement perdu de vue la valeur marchande du riche placer possédé par le fermier. Il ne lui était donc pas un instant venu à la pensée qu'il pût y avoir disproportion entre la fille du propriétaire de Vandergaart-Kopje et un ingénieur français. Si même cette question s'était dressée devant son esprit, il est probable que, dans ses idées de Parisien et d'ancien élève de l'École polytechnique, il se serait cru plutôt sur la limite de ce qu'on est convenu d'appeler une « mésalliance. »

La verte semonce de Mr. Watkins était un douloureux réveil de ces illusions. Cyprien avait trop de bon sens pour ne pas en apprécier les raisons solides, et trop d'honnêteté pour s'irriter d'une sentence qu'il reconnaissait juste au fond.

Mais le coup n'en était pas moins pénible, et maintenant qu'il lui fallait renoncer à Alice, il s'apercevait tout à coup combien elle lui était devenue chère en moins de trois mois.

Il n'y avait que trois mois, en effet, que Cyprien Méré la connaissait, c'est-à-dire depuis son arrivée en Griqualand.

Que tout cela semblait loin déjà! Il se voyait atteignant, par une terrible journée de chaleur et de poussière, au terme de son long voyage d'un hémisphère à l'autre.

Débarqué avec son ami Pharamond Barthès, — un ancien camarade de collège qui venait pour la troisième fois chasser pour son plaisir dans l'Afrique australe, Cyprien s'était séparé de lui au Cap. Pharamond Barthès était parti pour le pays des Bassoutos, où il comptait recruter le petit corps de guerriers nègres, dont il devait se faire escorter pendant ses expéditions cynégétiques. Cyprien, lui, avait pris place dans le lourd wagon à quatorze chevaux, qui sert de diligence sur les routes du Veld, et il s'était mis en route pour le Champ des Diamants.

Cinq ou six grandes caisses, — un véritable laboratoire de chimie et de minéralogie dont il aurait bien voulu ne pas se séparer, — formaient le matériel du jeune savant. Mais le coche n'admet que cinquante kilogrammes de bagages par voyageur, et force avait été de confier ces précieuses caisses à une charrette à bœufs, qui devait les amener en Griqualand avec une lenteur toute mérovingienne.

Cette diligence, grand char-à-bancs à douze places, couvert d'une bâche de toile, était montée sur quatre énormes roues, incessamment mouillées par l'eau des rivières qu'elle traverse à gué. Les chevaux, attelés deux par deux et parfois renforcés de mulets, sont conduits avec une grande habileté par une couple de cochers, assis côte à côte sur le siège; l'un tient les rênes, tandis que son auxiliaire manie un très long fouet de bambou, pareil à une gigantesque canne à pêche, dont il se sert, non seulement pour exciter, mais aussi pour diriger l'attelage.

La route passe par Beaufort, une jolie petite ville bâtie au pied des monts Nieuweveld, franchit cette chaîne, arrive à Victoria et conduit enfin à Hopetown, — la Ville-de-l'Espoir, — au bord du fleuve Orange, puis, de là, à Kimberley et aux principaux gisements diamantifères, qui n'en sont éloignés que de quelques milles.

C'est un voyage pénible et monotone de huit à neuf jours, à travers le Veld dénudé. Le paysage est presque toujours du caractère le plus attristant,— des plaines rouges, des pierres éparses comme un semis de moraines, des rochers gris affleurant le sol, une herbe jaune et rare, des buissons faméliques. Ni cultures ni beautés naturelles. De loin en loin, une ferme misérable, dont le détenteur, en obtenant du gouvernement colonial sa concession de terres, a reçu mandat de donner l'hospitalité aux voyageurs. Mais cette hospitalité est toujours des plus élémentaires. On ne trouve dans ces singulières auberges ni lits pour les hommes, ni litière pour les chevaux. A peine quelques boîtes de conserves alimentaires, qui ont fait plusieurs fois le tour du monde et qu'on paye au poids de l'or!

Il s'ensuit donc que, pour les besoins de leur nourriture, les attelages sont lâchés dans la plaine, où ils sont réduits à chercher des touffes d'herbe derrière les cailloux. Puis, quand il s'agit de repartir, c'est toute une affaire pour les rassembler, et une perte de temps considérable.

Et quels cahots que ceux de ce coche primitif, le long des ces chemins plus primitifs encore! Les sièges sont simplement des dessus de coffres en bois, utilisés pour les menus bagages, et sur lesquels l'infortuné qu'ils portent pendant une interminable semaine fait office de marteau-pilon. Impossible de lire, de dormir ni même de causer! En revanche, la plupart des voyageurs fument nuit et jour, comme des cheminées d'usine, boivent à perdre haleine et crachent à l'avenant.

Cyprien Méré se trouvait donc là avec un choix suffisamment représentatif de cette population flottante, qui accourt de tous les points du globe aux placers d'or ou de diamants, aussitôt qu'ils sont signalés. Il y avait un grand Napolitain déhanché, avec de longs cheveux noirs, une face parcheminée, des yeux peu rassurants, qui déclarait s'appeler Annibal Pantalacci, — un Juif portugais nommé Nathan, expert en diamants, qui se tenait fort tranquille dans son coin et regardait l'humanité en philosophe, — un mineur du Lancashire,

Thomas Steel, grand gaillard à la barbe rousse et aux reins vigoureux, qui désertait la houille pour tenter la fortune en Griqualand, — un Allemand, herr Friedel, qui parlait comme un oracle et savait déjà tout ce qui touche à l'exploitation diamantifère, sans avoir jamais vu un seul diamant dans sa gangue. Un Yankee aux lèvres minces, ne causant qu'avec sa bouteille de cuir, et qui venait sans doute ouvrir sur les concessions une de ces cantines où passe le plus clair des profits du mineur. Un fermier des bords de l'Hart, un Boër de l'état libre d'Orange, un courtier d'ivoire, qui s'en allait au pays des Namaquas, deux colons du Transwaal et un Chinois nommé Li, — comme il convient à un Chinois, — complétaient la compagnie la plus hétérogène, la plus débraillée, la plus interlope, la plus bruyante, avec laquelle il eût jamais été donné à un homme comme il faut de se trouver.

Après s'être un instant amusé de leurs physionomies et de leurs manières, Cyprien en fut bientôt las. Il n'y avait guère que Thomas Steel, avec sa nature puissante et son rire large, et le Chinois Li, avec ses allures douces et félines, auxquels il continuât à s'intéresser. Quant au Napolitain, ses bouffonneries sinistres, sa face de potence, lui inspiraient un insurmontable sentiment de répulsion.

Une des facéties les plus appréciées de ce personnage consista, pendant deux ou trois jours, à attacher à la natte de cheveux que le Chinois portait sur le dos, suivant la coutume de sa nation, une foule d'objets incongrus, des bottes d'herbe, des trognons de choux, une queue de vache, une omoplate de cheval ramassée dans la plaine.

Li, sans s'émouvoir, détachait l'appendice qui avait été ajouté à sa longue natte, mais ne témoignait ni par un mot ni par un geste, ni même par un regard, que la plaisanterie lui parût dépasser les bornes permises. Sa face jaune, ses petits yeux bridés, conservaient un calme inaltérable, comme s'il eût été étranger à ce qui se passait autour de lui. En vérité, on aurait pu croire qu'il ne comprenait pas un mot de ce qui se disait dans cette arche de Noé en route pour le Griqualand.

Aussi Annibal Pantalacci ne se faisait-il pas faute d'ajouter, dans son mauvais anglais, des commentaires variés à ses inventions de plaisant de bas étage.

« Pensez-vous que sa jaunisse soit contagieuse? » demandait-il à haute voix à son voisin.

C'était la compagnie la plus hétérogène. (Page 15.)

Ou bien :

« Si seulement j'avais une paire de ciseaux pour lui couper sa natte, vous verriez la tête qu'il ferait ! »

Et les voyageurs de rire. Ce qui redoublait leur gaieté, c'est que les Boërs mettaient toujours un peu de temps à comprendre ce que disait le Napolitain; puis, ils se livraient tout à coup à une bruyante hilarité, avec un retard de deux à trois minutes sur le reste de la compagnie.

A la fin, Cyprien s'irrita de cette persistance à prendre le pauvre Li pour plastron, et dit à Pantalacci que sa conduite n'était pas généreuse. L'autre

C'était un immense creux. (Page 19.)

allait peut-être répondre une insolence, mais un mot de Thomas Steel suffit à lui faire rengaîner prudemment son sarcasme.

« Non! ce n'est pas de franc jeu d'en agir ainsi avec ce pauvre diable, qui ne comprend même pas ce que vous dites! » ajouta le brave garçon, se reprochant déjà d'avoir ri avec les autres.

L'affaire en resta donc là. Mais, quelques instants plus tard, Cyprien fut surpris de voir le regard fin et légèrement ironique, — un regard évidemment empreint de reconnaissance, — que le Chinois attachait sur lui. La pensée lui vint que Lî savait peut-être plus d'anglais qu'il ne voulait le laisser paraître.

Mais vainement, à la halte suivante, Cyprien essaya d'engager la conversation avec lui. Le Chinois resta impassible et muet. Dès lors, cet être bizarre continua d'intriguer le jeune ingénieur comme une énigme dont le mot était à trouver. Aussi Cyprien se laissa-t-il fréquemment aller à étudier avec attention cette face jaune et glabre, cette bouche en coup de sabre, qui s'ouvrait sur des dents très blanches, ce petit nez court et béant, ce large front, ces yeux obliques et presque toujours baissés comme pour étouffer un rayonnement malicieux.

Quel âge pouvait bien avoir Lî? Quinze ans ou soixante? C'était impossible à dire. Si ses dents, son regard, ses cheveux d'un noir de suie, pouvaient faire pencher pour la jeunesse, les rides de son front, de ses joues, de sa bouche même, semblaient indiquer un âge déjà avancé. Il était de petite taille, mince, agile en apparence, mais avec des côtés vieillots et pour ainsi dire « bonne femme. »

Était-il riche ou pauvre? Autre question douteuse. Son pantalon de toile grise, sa blouse de foulard jaune, son bonnet de corde tressée, ses souliers à semelles de feutre, recouvrant des bas d'une blancheur immaculée, pouvaient aussi bien appartenir à un mandarin de première classe qu'à un homme du peuple. Son bagage se composait d'une seule caisse en bois rouge, avec cette adresse à l'encre noire :

H. Lî,

from Canton to the Cape,

ce qui signifie : H. Lî, de Canton, allant au Cap.

Ce Chinois était, d'ailleurs, d'une propreté extrême, ne fumait pas, ne buvait que de l'eau et profitait de toutes les haltes pour se raser la tête avec le plus grand soin.

Cyprien ne put pas en savoir davantage et renonça bientôt à s'occuper de ce vivant problème.

Cependant, les journées s'écoulaient, les milles succédaient aux milles. Parfois les chevaux allaient bon train. A d'autres moments, il semblait impossible de leur faire presser le pas. Mais, petit à petit, la route s'achevait, et, un beau jour, le wagon-diligence arriva à Hope-town. Une étape encore, et Kimberley fut dépassée. Puis, des cases de bois se montrèrent à l'horizon.

C'était New-Rush.

Là, le camp des mineurs ne différait guère de ce que sont, en tous pays récemment ouverts à la civilisation, ces villes provisoires, qui sortent de terre comme par enchantement.

Des cabines de planches, pour la plupart très petites et pareilles à des huttes de cantonniers sur un chantier européen, quelques tentes, une douzaine de cafés ou cantines, une salle de billard, un Alhambra ou salon de danse, des « stores » ou magasins généraux de denrées de première nécessité, — voilà ce qui frappait d'abord la vue.

Il y avait de tout dans ces boutiques, — des habits et des meubles, des souliers et des verres à vitre, des livres et des selles, des armes et des étoffes, des balais et des munitions de chasse, des couvertures et des cigares, des légumes frais et des médicaments, des charrues et des savons de toilette, des brosses à ongles et du lait concentré, des poêles à frire et des lithographies, — enfin de tout, excepté des acheteurs.

C'est que la population du camp était encore occupée à la mine, éloignée de trois ou quatre cents mètres de New-Rush.

Cyprien Méré, comme tous les nouveaux arrivés, s'empressa de s'y rendre, pendant qu'on préparait le dîner à la case pompeusement décorée du nom d'*Hôtel Continental*.

Il était environ six heures après midi. Déjà le soleil s'enveloppait à l'horizon d'une légère buée d'or. Le jeune ingénieur observa, une fois de plus, le diamètre énorme que l'astre du jour, comme celui de la nuit, prend sous ces latitudes australes, sans que l'explication du phénomène ait pu encore être suffisamment donnée. Ce diamètre paraissait être au moins du double plus large qu'il n'est en Europe.

Mais un spectacle plus nouveau pour Cyprien Méré l'attendait au Kopje, c'est-à-dire au gisement de diamants.

Au début des travaux, la mine formait un monticule surbaissé, qui bossuait en cet endroit la plaine, partout ailleurs aussi plate qu'une mer calme. Mais, maintenant, c'était un immense creux à parois évasées, une sorte de cirque de forme elliptique et d'environ quarante mètres carrés de superficie, qui la trouait sur cet emplacement. Cette surface ne renfermait pas moins de trois ou quatre cents « claims » ou concessions de trente et un pieds de côté, que les ayants-droit faisaient valoir à leur guise.

Le travail consiste tout simplement, d'ailleurs, à extraire, à l'aide du pic et de la pioche, la terre de ce sol, qui est généralement composé d'un sable rougeâtre mêlé de gravier. Une fois amenée au bord de la mine, cette terre est transportée aux tables de triage pour être lavée, pilée, criblée, puis finalement examinée avec le plus grand soin, afin de reconnaître si elle contient des pierres précieuses.

Tous ces claims, pour avoir été creusés indépendamment les uns des autres, forment naturellement des fosses de profondeurs variées. Les uns descendent à cent mètres et plus, en contre-bas du sol, d'autres seulement à quinze, vingt ou trente.

Pour les besoins du travail et de la circulation, chaque concessionnaire est astreint, par les règlements officiels, à laisser sur un des côtés de son trou une largeur de sept pieds absolument intacte. Cet espace, avec la largeur égale réservée par le voisin, ménage une sorte de chaussée ou de levée, affleurant ainsi le niveau primitif du sol. Sur cette banquette, on pose, en travers, une suite de solives, qui débordent de chaque côté d'un mètre environ et lui donnent une largeur suffisante pour que deux tombereaux ne puissent s'y heurter.

Malheureusement pour la solidité de cette voie suspendue et pour la sécurité des mineurs, les concessionnaires ne manquent guère d'évider graduellement le pied du mur, à mesure que les travaux descendent, de sorte que la levée, qui surplombe parfois d'une hauteur double de celle des tours Notre-Dame, finit par affecter la forme d'une pyramide renversée, qui reposerait sur sa pointe. La conséquence de cette mauvaise disposition est facile à prévoir. C'est l'éboulement fréquent de ces murailles, soit à la saison des pluies, soit quand un changement brusque de température vient déterminer des fissures dans l'épaisseur des terres. Mais le retour périodique de ces désastres n'empêche pas les imprudents mineurs de continuer à creuser leur claim jusqu'à l'extrême limite de la paroi.

Cyprien Méré, en approchant de la mine, ne vit d'abord que les charrettes, chargées ou vides, qui circulaient sur ces chemins suspendus. Mais, lorsqu'il fut assez près du bord pour pouvoir plonger son regard jusque dans les profondeurs de cette espèce de carrière, il aperçut la foule des mineurs de toute race, de toute couleur, de tout costume, qui travaillait avec ardeur au fond des claims. Il y avait là des nègres et des blancs, des Européens et des Africains, des Mongols et des Celtes, — la plupart dans un état de nudité presque complète, ou vêtus seulement de pantalons de toile, de chemises de flanelle, de pagnes de cotonnade, et coiffés de chapeaux de paille, fréquemment ornés de plumes d'autruche.

Tous ces hommes remplissaient de terre des seaux de cuir, qui montaient ensuite jusqu'au bord de la mine, le long de grands câbles de fil de fer, sous la traction de cordes en lanières de peau de vache, enroulées sur des tambours de bois à claire-voie. Là, ces seaux étaient rapidement versés dans les charrettes, puis il revenaient aussitôt au fond du claim pour remonter avec une nouvelle charge.

Ces longs câbles de fer, tendus en diagonale sur la profondeur des parallélipipèdes formés par les claims, donnent aux « dry-diggings » ou mines de diamants à sec, une physionomie toute spéciale. On eut dit des fils d'attente de quelque gigantesque toile d'araignée, dont la fabrication aurait été subitement interrompue.

Cyprien s'amusa pendant quelque temps à considérer cette fourmilière humaine. Puis, il revint à New-Rush, où la cloche de la table d'hôte sonna bientôt. Là, il eut pendant toute la soirée la satisfaction d'entendre les uns parler de trouvailles prodigieuses, de mineurs pauvres comme Job, subitement enrichis par un seul diamant, tandis que les autres, au contraire, se lamentaient à propos de la « déveine, » de la rapacité des courtiers, de l'infidélité des Cafres employés aux mines, qui volaient les plus belles pierres, et autres sujets de conversation technique. On ne parlait que diamants, carats, centaines de livres sterling.

Au total, tout ce monde avait l'air assez misérable, et pour un « digger » heureux, qui demandait bruyamment une bouteille de Champagne, afin d'arroser sa bonne chance, on voyait vingt figures longues, dont les propriétaires attristés ne buvaient que de la petite bière.

Par moments, une pierre circulait de main en main autour de la table, pour être soupesée, examinée, estimée et finalement revenir s'engouffrer dans la ceinture de son possesseur. Ce caillou grisâtre et terne, sans plus d'éclat qu'un morceau de silex roulé par quelque torrent, c'était le diamant dans sa gangue.

A la nuit, les cafés s'emplirent, et les mêmes conversations, les mêmes discussions qui avaient égayé le dîner, se poursuivirent de plus belle autour des verres de gin et de brandy.

Cyprien, lui, s'était couché de bonne heure dans le lit qui lui avait été assigné sous une tente voisine de l'hôtel. Là, il s'endormit bientôt, au bruit d'un bal en plein air que des mineurs cafres se donnaient aux environs, et aux fanfares éclatantes d'un cornet à piston, qui présidait dans un salon public aux ébats chorégraphiques de messieurs les blancs.

III

UN PEU DE SCIENCE, ENSEIGNÉE DE BONNE AMITIÉ

Le jeune ingénieur, il faut se hâter de le dire à son honneur, n'était point venu en Griqualand pour passer son temps dans cette atmosphère de rapacité, d'ivrognerie et de fumée de tabac. Il était chargé d'exécuter des levés topographiques et géologiques sur certaines portions du pays, de recueillir des échantillons de roches et de terrains diamantifères, de procéder sur place à des analyses délicates. Son premier soin devait donc être de se procurer une habitation tranquille, où il pût installer son laboratoire et qui servît pour ainsi dire de centre à ses explorations à travers tout le district minier.

Le monticule, sur lequel s'élevait la ferme Watkins, attira bientôt son attention comme un poste qui pouvait être particulièrement favorable à ses travaux. Assez éloigné du camp des mineurs pour ne souffrir que très peu de ce bruyant voisinage, Cyprien se trouverait là à une heure de marche environ des Kopjes les plus éloignés, — car le district diamantifère n'a pas plus de dix à douze kilomètres de circonférence. Il arriva donc que de choisir une des maisons abandonnées par John Watkins, d'en négocier la location, de s'y établir, — tout cela fut pour le jeune ingénieur l'affaire d'une demi-journée. Du reste, le fermier se montra de bonne composition. Au fond, il s'ennuyait fort dans sa solitude, et vit avec un véritable plaisir s'installer auprès de lui un jeune homme qui lui apporterait sans doute quelque distraction.

Mais, si Mr. Watkins avait compté trouver en son locataire un compagnon de table ou un partenaire assidu pour donner assaut à la cruche de gin, il était loin de compte. A peine établi avec tout son attirail de cornues, de fourneaux et de réactifs dans la case abandonnée à son profit — et même avant que les principales pièces de son laboratoire lui fussent arrivées, — Cyprien avait déjà commencé ses promenades géologiques dans le district. Aussi, le soir, lorsqu'il rentrait, harassé de fatigue, chargé de fragments de roches dans sa boîte de zinc, dans sa gibecière, dans ses poches et jusque dans son chapeau, il avait plutôt envie de se jeter sur son lit et de dormir que de venir écouter les vieux racontars de Mr. Watkins. En outre, il fumait peu, buvait encore moins. Tout cela ne constituait pas précisément le joyeux compère que le fermier avait rêvé.

Néanmoins, Cyprien était si loyal et si bon, si simple de manières et de sentiments, si savant et si modeste, qu'il était impossible de le voir habituellement sans s'attacher à lui. Mr. Watkins — peut-être ne s'en rendait-il pas compte — éprouvait donc plus de respect pour le jeune ingénieur qu'il n'en avait jamais accordé à personne. Si seulement ce garçon-là avait su boire sec! Mais que voulez-vous faire d'un homme qui ne se jette jamais la moindre goutte de gin dans le gosier? Voilà comment se terminaient régulièrement les jugements que le fermier portait sur son locataire.

Quant à miss Watkins, elle s'était tout de suite mise avec le jeune savant sur le pied d'une bonne et franche camaraderie. Trouvant en lui une distinction de manières, une supériorité intellectuelle qu'elle ne rencontrait guère dans son entourage habituel, elle avait saisi avec empressement l'occasion inattendue qui s'offrait à elle de compléter, par des notions de chimie expérimentale, l'instruction très solide et très variée qu'elle s'était déjà faite par la lecture des ouvrages de science.

Le laboratoire du jeune ingénieur, avec ses appareils bizarres, l'intéressait puissamment. Elle était surtout fort curieuse de connaître tout ce qui se rattachait à la nature des diamants, cette précieuse pierre qui jouait dans les conversations et dans le commerce du pays un rôle si important. En vérité, Alice était assez portée à ne regarder cette gemme que comme un vilain caillou. Cyprien — elle n'était pas sans le voir — avait, sur ce point, des dédains tout pareils aux siens. Aussi cette communion de sentiments ne fut-elle pas étrangère à l'amitié qui s'était promptement nouée entre eux. Seuls dans le Griqualand, on peut hardiment le dire, ils ne croyaient pas que le but unique de la vie dût être de rechercher, de tailler, de vendre ces petites pierres, si ardemment convoitées dans tous les pays du monde.

« Le diamant, lui dit un jour le jeune ingénieur, est tout simplement du carbone pur. C'est un fragment de charbon cristallisé, pas autre chose. On peut le brûler comme un vulgaire morceau de braise, et c'est même cette propriété de combustibilité qui en a, pour la première fois, fait soupçonner la véritable nature. Newton, qui observait tant de choses, avait noté que le diamant taillé réfracte la lumière plus que tout autre corps transparent. Or, comme il

Ces hommes remplissaient des seaux de cuir. (Page 21.)

savait que ce caractère appartient à la plupart des substances combustibles, il déduisit de ce fait, avec sa hardiesse ordinaire, la conclusion que le diamant « devait » être combustible. Et l'expérience lui donna raison.

— Mais, monsieur Méré, si le diamant n'est que du charbon, pourquoi le vend-on si cher ? demanda la jeune fille.

— Parce qu'il est très rare, mademoiselle Alice, répondit Cyprien, et qu'il n'a encore été trouvé dans la nature qu'en très petites quantités. Pendant longtemps, on en a tiré seulement de l'Inde, du Brésil et de l'île de Bornéo. Et, sans doute, vous vous rappelez fort bien, car vous deviez avoir alors sept

La jeune fille s'amusait à élever des autruches. (Page 27.)

ou huit ans, l'époque où, pour la première fois, on a signalé la présence de diamants dans cette province de l'Afrique australe.

— Certes, je me le rappelle! dit miss Watkins. Tout le monde était comme fou en Griqualand! On ne voyait que gens armés de pelles et de pioches, explorant toutes les terres, détournant le cours des ruisseaux pour en examiner le lit, ne rêvant, ne parlant que diamants! Toute petite que j'étais, je vous assure que j'en étais excédée par moments, monsieur Méré! Mais vous disiez que le diamant est cher parce qu'il est rare... Est-ce que c'est là sa seule qualité?

— Non, pas précisément, miss Watkins. Sa transparence, son éclat, lorsqu'il a été taillé de manière à réfracter la lumière, la difficulté même de cette taille et enfin son extrême dureté en font un corps véritablement très intéressant pour le savant, et, j'ajouterai, très utile à l'industrie. Vous savez qu'on ne peut le polir qu'avec sa propre poussière, et c'est cette précieuse dureté qui a permis de l'utiliser, depuis quelques années, pour la perforation des roches. Sans le secours de cette gemme, non seulement il serait fort difficile de travailler le verre et plusieurs autres substances dures, mais le percement des tunnels, des galeries de mines, des puits artésiens, serait aussi beaucoup plus difficile !

— Je comprends maintenant, dit Alice, qui se sentit prise subitement d'une sorte d'estime pour ces pauvres diamants qu'elle avait tant dédaignés jusqu'alors. Mais, monsieur Méré, ce charbon, dont vous affirmez que le diamant est composé à l'état cristallin, — c'est bien ainsi qu'il faut dire, n'est-ce pas ? — ce charbon, qu'est-ce que c'est, en somme ?

— C'est un corps simple, non métallique et l'un des plus répandus dans la nature, répondit Cyprien. Tous les composés organiques, sans exception, le bois, la viande, le pain, l'herbe, en renferment une forte proportion. Ils doivent même à la présence du charbon ou « carbone » parmi leurs éléments le degré de parenté que l'on observe entre eux.

— Quelle chose étrange ! dit miss Watkins. Ainsi ces buissons que voilà, l'herbe de ce pâturage, l'arbre qui nous abrite, la chair de mon autruche Dada, et moi-même, et vous, monsieur Méré, nous sommes en partie faits de charbon... comme les diamants ? Tout n'est donc que charbon en ce monde ?

— Ma foi, mademoiselle Alice, il y a assez longtemps qu'on l'a pressenti, mais la science contemporaine tend de jour en jour à le démontrer plus clairement ! Ou, pour mieux dire, elle tend à réduire de plus en plus le nombre des corps simples élémentaires, nombre longtemps considéré comme sacramentel. Les procédés d'observation spectroscopiques ont, à cet égard, jeté très récemment un jour nouveau sur la chimie. Aussi les soixante-deux substances, classées jusqu'ici comme corps simples élémentaires ou fondamentaux, pourraient-ils bien n'être qu'une seule et unique substance atomique, — l'hydrogène peut-être, — sous des modes électriques, dynamiques et calorifiques différents !

— Oh ! vous me faites peur, monsieur Méré, avec tous ces grands mots ! s'écria miss Watkins. Parlez-moi plutôt du charbon ! Est-ce que vous autres, messieurs les chimistes, vous ne pourriez pas le cristalliser comme vous faites du soufre, dont vous m'avez montré l'autre jour de si jolies aiguilles? Ce serait bien plus commode que d'aller creuser des trous dans la terre pour y trouver des diamants!

— On a souvent essayé de réaliser ce que vous dites, répondit Cyprien, et tenté de fabriquer du diamant artificiel par la cristallisation du carbone pur. Je dois ajouter qu'on y est même parvenu dans une certaine mesure. Despretz, en 1853, et, tout récemment en Angleterre, un autre savant, ont produit de la poussière de diamant en appliquant un courant électrique très puissant, dans le vide, à des cylindres de charbon, débarrassés de toute substance minérale et préparés avec du sucre candi. Mais jusqu'ici, le problème n'a pas eu de solution industrielle. Il est probable, au surplus, que ce n'est désormais qu'une question de temps. D'un jour à l'autre, et peut-être à l'heure où je vous parle, miss Watkins, le procédé de fabrication du diamant est-il découvert! »

Ils causaient ainsi en se promenant sur la terrasse sablée, qui s'étendait le long de la ferme, ou bien le soir, assis sous la légère vérandah, en regardant scintiller les étoiles du ciel austral.

Puis, Alice quittait le jeune ingénieur pour retourner à la ferme, quand elle ne l'emmenait pas voir son petit troupeau d'autruches, que l'on gardait dans un enclos, au pied de la hauteur sur laquelle s'élevait l'habitation de John Watkins. Leur petite tête blanche, dressée sur un corps noir, leurs grosses jambes raides, les bouquets de plumes jaunâtres qui les ornent aux ailerons et à la queue, tout cela intéressait la jeune fille, qui s'amusait, depuis un an ou deux, à élever toute une basse-cour de ces échassiers gigantesques.

Ordinairement, on ne cherche pas à domestiquer ces animaux, et les fermiers du Cap les laissent vivre à l'état quasi sauvage. Ils se contentent de les parquer dans des enclos d'une vaste étendue, défendus par de hautes barrières de fil d'archal, pareilles à celles que l'on pose, en certains pays, le long des voies ferrées. Ces enclos, les autruches, mal bâties pour le vol, ne peuvent les franchir. Là, elles vivent, toute l'année, dans une captivité qu'elles ignorent, se nourrissant de ce qu'elles trouvent et cherchant des coins écartés pour y pondre leurs œufs, que des lois sévères protègent contre les maraudeurs. A l'époque de la mue seulement, lorsqu'il s'agit de les dépouiller de ces plumes si recherchées des femmes d'Europe, les rabatteurs chassent peu à peu les autruches dans une série d'enclos de plus en plus resserrés, jusqu'à ce qu'enfin il soit aisé de les saisir et de leur arracher leur parure.

Cette industrie a pris depuis quelques années, dans les régions du Cap, une prodigieuse extension, et l'on peut à bon droit s'étonner qu'elle soit encore à peine acclimatée en Algérie, où elle ne serait pas moins fructueuse. Chaque autruche, ainsi réduite en esclavage, rapporte à son propriétaire, sans frais d'aucune espèce, un revenu annuel qui varie entre deux cents et trois cents francs. Pour le comprendre, il faut savoir qu'une grande plume, lorsqu'elle est de belle qualité, se vend jusqu'à soixante et quatre-vingts francs — prix courant du commerce — et que les plumes moyennes et petites ont encore une assez grande valeur.

Mais c'était uniquement pour son amusement personnel que miss Watkins élevait une douzaine de ces grands oiseaux. Elle prenait plaisir à les voir couver leurs œufs énormes, ou lorsqu'ils venaient à la pâtée avec leurs poussins, comme auraient pu le faire des poules et des dindons. Cyprien l'accompagnait quelquefois, et aimait à caresser l'une des plus jolies du troupeau, une certaine autruche à tête noire, aux yeux d'or, — précisément cette choyée Dada, qui venait d'avaler la bille d'ivoire, dont Alice se servait habituellement pour ses reprises.

Cependant, peu à peu, Cyprien avait senti naître en lui un sentiment plus profond et plus tendre envers cette jeune fille. Il s'était dit que jamais il ne trouverait, pour partager sa vie de travail et de méditation, une compagne plus simple de cœur, plus vive d'intelligence, plus aimable, plus accomplie de tout point. En effet, miss Watkins, privée de bonne heure de sa mère, obligée de conduire la maison paternelle, était une ménagère consommée en même temps qu'une véritable femme du monde. C'était même ce mélange singulier de distinction parfaite et de simplicité attrayante qui lui donnait tant de charme. Sans avoir les sottes prétentions de tant de jeunes élégantes des villes d'Europe, elle ne craignait pas de mettre ses blanches mains à la pâte pour préparer un pudding, surveiller le dîner, s'assurer que le linge de la maison était en bon état. Et cela ne l'empêchait pas de jouer les sonates de Beethoven aussi bien et peut-être mieux que tant d'autres, de parler avec pureté deux ou trois langues, d'aimer à lire, de savoir apprécier les chefs-d'œuvre de toutes les littératures, et enfin d'avoir beaucoup de succès aux petites assemblées mondaines, qui se tenaient parfois chez les riches fermiers du district.

Non que les femmes distinguées fussent très clairsemées dans ces réunions. En Transvaal comme en Amérique, en Australie et dans tous les pays neufs, où les travaux matériels d'une civilisation qui s'improvise absorbent l'activité des hommes, la culture intellectuelle est beaucoup plus qu'en Europe le monopole à peu près exclusif des femmes. Aussi sont-elles le plus souvent très supérieures à leurs maris et à leurs fils, en fait d'instruction générale et d'affinement artistique. Il est arrivé à tous les voyageurs de rencontrer, non sans quelque stupéfaction, chez la femme d'un mineur australien ou d'un squatter du Far-West, un talent musical de premier ordre, associé aux plus sérieuses connaissances littéraires ou scientifiques. La fille d'un chiffonnier d'Omaha ou d'un charcutier de Melbourne rougirait de penser qu'elle peut être inférieure en instruction, en bonnes manières, en « accomplissements » de tout genre, à une princesse de la vieille Europe. Dans l'État libre d'Orange, où l'éducation des filles est depuis longtemps déjà sur le même pied que celle des garçons, mais où ceux-ci désertent trop tôt les bancs de l'école, ce contraste entre les deux sexes est marqué plus que partout ailleurs. L'homme est, dans le ménage, le « bread-winner, » le gagneur de pain ; il garde avec toute sa rudesse native, toute celle que lui impriment le métier en plein air, la vie de fatigues et de dangers. Au contraire, la femme prend pour son domaine, en plus des devoirs domestiques, la culture des arts et des lettres que dédaigne ou néglige son mari.

Et il se rencontre ainsi parfois qu'une fleur de beauté, de distinction et de charme, s'épanouit au bord du désert ; c'était le cas de la fille du fermier John Watkins.

Cyprien s'était dit tout cela, et, comme il allait droit au but, il n'avait pas hésité à venir présenter sa demande.

Hélas ! il tombait maintenant du haut de son rêve, et apercevait, pour la première fois, le fossé presque infranchissable qui le séparait d'Alice. Aussi, fut-ce le cœur gros de chagrin qu'il rentra chez lui, après cette entrevue décisive. Mais il n'était pas homme à s'abandonner à un vain désespoir ; il était résolu à lutter sur ce terrain, et, en attendant, il eut bientôt trouvé dans le travail un sûr dérivatif à sa peine.

Après s'être assis devant sa petite table, le jeune ingénieur acheva, d'une écriture rapide et ferme, la longue lettre confidentielle qu'il avait commencée le matin à l'adresse de son maître vénéré, M. J... membre de l'Académie des Sciences et professeur titulaire à l'École des Mines :

« ..... Ce que je n'ai pas cru devoir consigner dans mon mémoire officiel, lui disait-il, parce que ce n'est encore pour moi qu'une hypothèse, c'est l'opinion que je serais assez tenté de me faire, d'après mes observations géologiques, sur le véritable mode de formation du diamant. Ni l'hypothèse qui le fait provenir d'une origine volcanique, ni celle qui attribue son arrivée dans les gisements actuels à l'action de violentes rafales, ne sauraient me satisfaire plus que vous, mon cher maître, et je n'ai pas besoin de vous rappeler les motifs qui nous les font écarter. La formation du diamant sur place, par l'action du feu, est aussi une explication beaucoup trop vague et qui ne me contente point. Quelle serait la nature de ce feu, et comment n'aurait-il pas modifié les calcaires de toutes sortes, qui se rencontrent régulièrement dans les gîtes diamantifères? Cela me paraît tout simplement enfantin, digne de la théorie des tourbillons ou des atomes crochus.

« La seule explication qui me satisfasse, sinon complètement, du moins dans une certaine mesure, est celle du transport par les eaux des éléments de la gemme, et de la formation postérieure du cristal sur place. Je suis très frappé du profil spécial, presque uniforme, des divers gîtes que j'ai passés en revue et mesurés avec le plus grand soin. Tous affectent plus ou moins la forme générale d'une espèce de coupe, de capsule, ou plutôt, en tenant compte de la croûte qui les recouvre, d'une gourde de chasse, couchée sur le flanc. C'est comme un réservoir de trente ou quarante mille mètres cubes, dans lequel serait venu s'épancher tout un conglomérat de sables, de boue et de terres d'alluvions, appliqué sur les roches primitives. Ce caractère est surtout très marqué au Vandergaart-Kopje, un des gisements les plus récemment découverts, et qui appartient, pour le dire en passant, au propriétaire même de la case d'où je vous écris.

« Quand on verse dans une capsule un liquide contenant des corps étrangers en suspension, que se passe-t-il? C'est que ces corps étrangers se déposent plus spécialement au fond et autour des bords de la capsule. Eh bien ! c'est précisément ce qui se produit dans le Kopje. C'est surtout au fond et vers le centre du bassin, aussi bien qu'à sa limite extrême, que se rencontrent les diamants. Et le fait est si bien constaté, que les claims intermédiaires tombent rapidement à un prix inférieur, tandis que les concessions centrales ou voisines des bords atteignent très promptement une valeur énorme, lorsque la forme du gisement a été déterminée. L'analogie est donc en faveur du transport des matériaux par l'action des eaux.

« D'autre part, un grand nombre de circonstances que vous trouverez énumérées dans mon Mémoire, tendent à indiquer la formation sur place des cristaux, de préférence à leur transport à l'état parfait. Pour n'en répéter que deux ou trois, les diamants sont presque toujours réunis par groupes de même nature et de même couleur, ce qui n'arriverait certainement pas s'ils avaient été apportés tout formés déjà par un torrent. On en trouve fréquemment deux accolés ensemble, qui se détachent au plus léger choc. Comment auraient-ils résisté aux frottements et aux aventures d'un charroi par les eaux? De plus, les gros diamants se trouvent presque toujours sous l'abri d'une roche, ce qui tendrait à indiquer que l'influence de la roche, — son rayonnement calorifique ou toute autre cause, — a facilité la cristallisation. Enfin, il est rare, très rare même, que de gros et de petits diamants se rencontrent ensemble. Toutes les fois qu'on découvre une belle pierre, elle est isolée. C'est comme si tous les éléments adamantins du nid s'étaient cette fois concentrés en un seul cristal, sous l'action de causes particulières.

« Ces motifs et beaucoup d'autres encore me font donc pencher pour la formation sur place, après transport par les eaux, des éléments de la cristallisation.

« Mais d'où sont venues les eaux qui charriaient les détritus organiques, destinés à se transformer en diamants? c'est ce qu'il ne m'a pas été possible de déterminer, en dépit de l'étude la plus attentive que j'ai faite des divers terrains.

« La découverte aurait pourtant son importance. En effet, si l'on parvenait à reconnaître la route suivie par les eaux, pourquoi n'arriverait-on pas, en la remontant, au point initial d'où sont partis les diamants, là où il y en a sans doute une bien plus grande quantité que dans les petits réservoirs actuellement exploités? Ce serait une démonstration complète de ma théorie, et j'en serais bien heureux. Mais ce n'est pas moi qui la ferais, car me voici presque au terme de ma mission, et il m'a été impossible de formuler à cet égard aucune conclusion sérieuse.

« J'ai été plus favorisé dans mes analyses de roches... »

Et le jeune ingénieur, poursuivant son récit, entrait, au sujet de ses travaux, dans des détails techniques qui étaient sans doute d'un haut intérêt pour lui et pour son correspondant, mais sur lesquels le lecteur profane pourrait bien ne pas porter le même jugement. C'est pourquoi il paraît prudent de lui en faire grâce.

A minuit, après avoir terminé sa longue lettre, Cyprien éteignit sa lampe, s'étendit dans son hamac et s'endormit du sommeil du juste.

Cyprien eut bientôt trouvé dans le travail un sûr dérivatif. (Page 29.)

Le travail avait étouffé le chagrin, — du moins pour quelques heures, — mais une gracieuse vision hanta plus d'une fois les rêves du jeune savant, et il lui sembla qu'elle lui disait de ne pas désespérer encore !

« Je pars aujourd'hui même. » (Page 35.)

IV

VANDERGAART-KOPJE.

« Décidément, il faut partir, se dit le lendemain Cyprien Méré, en s'occupant de sa toilette, il faut quitter le Griqualand ! Après ce que je me suis laissé raconter par ce bonhomme, rester ici un jour de plus serait de la faiblesse ! Il ne veut pas me donner sa fille ? Peut-être a-t-il raison ! En tout cas, il ne m'appartient pas d'avoir l'air de plaider les circonstances atténuantes ! Je dois savoir accepter virilement ce verdict, quelque douloureux qu'il soit, et compter sur les retours de l'avenir ! »

Sans hésiter davantage, Cyprien s'occupa d'empaqueter ses appareils dans les caisses qu'il avait gardées pour s'en servir en guise de buffets et d'armoires. Il s'était mis avec ardeur à la besogne, et il travaillait activement, depuis une heure ou deux, quand, par la fenêtre ouverte, à travers l'atmosphère matinale, une voix fraîche et pure, montant comme un chant d'alouette du pied de la terrasse, arriva jusqu'à lui, portée sur une des plus charmantes mélodies du poète Moore :

It is the last rose of summer,
Left blooming alone
All her lovely companions
Are faded and gone, etc.

« C'est la dernière rose de l'été, — restée seule en fleur ; — toutes ses aimables compagnes — sont fanées ou mortes. »

Cyprien courut à la fenêtre et aperçut Alice, qui se dirigeait vers l'enclos de ses autruches, son tablier plein de friandises à leur goût. C'était elle qui chantait au soleil levant.

I will not leave thee, thou lone one!
To pine on the stem,
Since the lovely are sleeping,
Go sleep with them...

« Je ne te laisserai pas, — toi toute seule, — languir sur ta tige. — Puisque les autres belles sont allées dormir, — va, dors avec elles ? »

Le jeune ingénieur ne s'était jamais cru particulièrement sensible à la poésie, et, pourtant, celle-là le pénétra profondément. Il se tint près de la croisée, retenant son haleine, écoutant, ou, pour mieux dire, buvant ces douces paroles.

La chanson s'arrêta. Miss Watkins distribuait leur pâtée à ses autruches, et c'était plaisir de les voir allongeant leurs grands cous et leurs becs maladroits au devant de sa petite main taquine. Puis, lorsqu'elle eut fini la distribution, elle remonta, toujours chantant :

It is the last rose of summer,
Left blooming alone...
Oh! who would inhabit
This black world alone ?...

« C'est la dernière rose de l'été, — restée seule en fleur. — Oh! qui voudrait habiter tout seul ce sombre monde?... »

Cyprien était debout, à la même place, les yeux humides, comme cloué sous le charme.

La voix s'éloignait, Alice allait rentrer à la ferme, elle n'en était pas à vingt mètres, lorsqu'un bruit de pas précipités la fit se retourner, puis s'arrêter soudain.

Cyprien, d'un mouvement irréfléchi mais irrésistible, était sorti de sa case, tête nue, et courait après elle.

« Mademoiselle Alice!..

— Monsieur Méré?.. »

Ils étaient maintenant face à face, en plein soleil levant, sur le chemin qui bordait la ferme. Leurs ombres élégantes se découpaient nettement contre la barrière de bois blanc, dans le paysage dénudé. A présent que Cyprien avait rejoint la jeune fille, il semblait étonné de sa démarche et se taisait, indécis.

« Vous avez quelque chose à me dire, monsieur Méré? demanda-t-elle avec intérêt.

— J'ai à vous faire mes adieux, mademoiselle Alice!... Je pars aujourd'hui même! » répondit-il d'une voix assez mal assurée.

L'incarnat léger qui animait le teint délicat de miss Watkins avait subitement disparu.

« Partir?... Vous voulez partir... pour?... demanda-t-elle, très troublée.

— Pour mon pays... pour la France, répondit Cyprien. Mes travaux sont achevés ici!... Ma mission est à son terme... Je n'ai plus rien à faire au Griqualand, et je suis obligé de rentrer à Paris... »

En parlant ainsi, d'une voix entrecoupée, il prenait l'accent d'un coupable qui s'excuse.

« Ah!... Oui!... C'est vrai!... Cela devait être!... » balbutiait Alice, sans trop savoir ce qu'elle disait.

La jeune fille était frappée de stupeur. Cette nouvelle la surprenait en plein bonheur inconscient, comme un coup de massue. Soudain, de grosses larmes se formèrent dans ses yeux, et vinrent se suspendre aux longs cils qui les ombrageaient. Et, comme si cette explosion de chagrin l'eût rappelée à la réalité, elle retrouva quelque force pour sourire :

« Partir ?... reprit-elle. Eh bien, et votre élève dévouée, vous voulez donc la quitter sans qu'elle ait achevé son cours de chimie ?... Vous voulez que j'en reste à l'oxygène et que les mystères de l'azote me soient à jamais lettre morte ?... C'est très mal, cela, monsieur ! »

Elle essayait de faire bonne contenance et de plaisanter, mais le ton de sa voix démentait ses paroles. Il y avait, sous ce badinage, un reproche profond, et qui alla droit au cœur du jeune homme. Elle lui disait en langue vulgaire :

« Eh bien, et moi ?... Vous me comptez donc pour rien ?... Vous me replongez tout simplement dans le néant !... Vous serez venu ici vous montrer, parmi ces Boërs et ces mineurs avides, comme un être supérieur et privilégié, savant, fier, désintéressé, hors ligne !... Vous m'aurez associée à vos études et à vos travaux !... Vous m'aurez ouvert votre cœur et fait partager vos hautes ambitions, vos préférences littéraires, vos goûts artistiques !... Vous m'aurez révélé la distance qu'il y a entre un penseur comme vous et les bimanes qui m'entourent !... Vous aurez mis tout en jeu pour vous faire admirer et aimer !... Vous y serez parvenu !... Puis, vous viendrez m'annoncer, de but en blanc, que vous partez, que c'est fini, que vous allez rentrer à Paris et vous hâter de m'oublier !... Et vous croyez que je vais prendre ce dénouement avec philosophie ? »

Oui, il y avait tout cela sous les paroles d'Alice, et ses yeux humides le disaient si bien, que Cyprien fut sur le point de répondre à ce reproche inexprimé mais éloquent. Peu s'en fallut qu'il ne s'écriât :

« Il le faut !... J'ai demandé hier à votre père de vous laisser devenir ma femme !... Il a refusé, sans même me laisser d'espoir !... Comprenez-vous maintenant pourquoi je pars ? »

Le souvenir de sa promesse lui revint à temps. Il s'était engagé à ne jamais parler à la fille de John Wakins du rêve qu'il avait formé, et il se serait jugé méprisable en ne tenant pas sa parole.

Mais, en même temps, il sentait combien ce projet de départ immédiat, si subitement arrêté sous le coup de sa déconvenue, était brutal, presque sauvage. Il lui apparaissait impossible d'abandonner ainsi, sans préparation, sans délai, cette charmante enfant qu'il aimait, et qui lui rendait, — ce n'était que trop visible, — une affection si sincère et si profonde !

Cette résolution, qui s'était imposée à lui, deux heures plus tôt, avec le caractère de la nécessité la plus impérieuse, lui faisait maintenant horreur. Il n'osait même plus l'avouer.

Tout à coup, il la renia.

« Quand je parle de partir, mademoiselle Alice, dit-il, ce n'est pas ce matin... ni même aujourd'hui, je pense!... J'ai encore des notes à prendre... des préparatifs à compléter!... En tout cas, j'aurai l'honneur de vous revoir et de causer avec vous... de votre plan d'études! »

Sur quoi, tournant brusquement sur ses talons, Cyprien s'enfuit, comme un fou, revint à sa case, se jeta dans son fauteuil de bois, et se mit à réfléchir profondément.

Le cours de ses pensées était changé.

« Renoncer à tant de grâce, faute d'un peu d'argent! se disait-il. Abandonner la partie au premier obstacle! Est-ce bien aussi courageux que je l'imagine? Ne vaudrait-il pas mieux sacrifier quelques préjugés et tenter de me rendre digne d'elle?... Tant de gens font fortune, en quelques mois, à chercher des diamants! Pourquoi ne ferais-je pas de même? Qui m'empêche, moi aussi, de déterrer une pierre de cent carats, comme c'est arrivé à d'autres; ou mieux, de découvrir un gisement nouveau? J'ai sûrement plus de connaissances théoriques et pratiques que la plupart de tous ces hommes! Pourquoi la science ne me donnerait-elle pas ce que le travail, aidé d'un peu de chance, leur a donné?... Après tout, je ne risque pas grand chose à essayer!... Même au point de vue de ma mission, il peut ne pas m'être inutile de mettre la main à la pioche et de tâter du métier de mineur!... Et, si je réussis, si je deviens riche par ce moyen primitif, qui sait si John Watkins ne se laissera pas fléchir et ne reviendra pas sur sa décision première? Le prix vaut bien que l'on tente l'aventure!... »

Cyprien se remit à marcher dans le laboratoire; mais, cette fois, ses bras étaient inactifs, sa pensée seule travaillait.

Tout à coup, il s'arrêta, mit son chapeau et sortit.

Après avoir pris le sentier qui descendait vers la plaine, il se dirigea à grands pas vers le Vandergaart-Kopje.

En moins d'une heure, il y arriva.

A ce moment, les mineurs rentraient en foule au camp pour leur second déjeuner. Cyprien, passant en revue tous ces visages hâlés, se demandait à qui il s'adresserait pour obtenir les renseignements qui lui étaient nécessaires, lorsqu'il reconnut dans un groupe la face loyale de Thomas Steel, l'ex-mineur du Lancashire. Deux ou trois fois déjà, il avait eu occasion de le rencontrer, depuis leur arrivée simultanée en Griqualand, et de constater que le brave garçon prospérait à vue d'œil, comme l'indiquaient suffisamment sa mine fleurie, ses habits flambant neufs, et surtout la large ceinture de cuir qui s'étalait sur ses flancs.

Cyprien se décida à l'aborder et à lui faire part de ses projets — ce qui fut dit en quelques mots.

« Affermer un claim? Rien de plus aisé, si vous avez de la monnaie! lui répondit le mineur. Il y en a justement un près du mien! Quatre cents livres sterling (1), c'est donné! Avec cinq ou six nègres, qui l'exploiteront pour votre compte, vous êtes sûr d'y « faire » au moins sept ou huit cents francs de diamants par semaine!

— Mais je n'ai pas dix mille francs, et je ne possède pas le plus petit nègre! dit Cyprien.

— Eh bien, achetez une part de claim, — un huitième ou même un seizième, — et travaillez-le vous-même! Un millier de francs suffira pour cette acquisition!

— Ce serait plutôt dans mes moyens, répondit le jeune ingénieur. Mais vous-même, monsieur Steel, comment avez-vous fait, si je ne suis pas trop curieux? Vous êtes donc arrivé ici avec un capital?

— Je suis arrivé avec mes bras et trois piécettes d'or dans ma poche, répliqua l'autre. Mais j'ai eu du bonheur. J'ai travaillé d'abord, de compte à demi, sur un huitième, dont le propriétaire aimait mieux rester au café que s'occuper de ses affaires. Il était convenu que nous partagerions les trouvailles, et j'en ai fait d'assez belles, — notamment une pierre de cinq carats que nous avons vendue deux cents livres sterling! Alors je me suis lassé de travailler pour ce fainéant et j'ai acheté un seizième que j'ai exploité moi-même. Comme je n'y ramassais que de petites pierres, je m'en suis débarrassé, il y a dix jours. Je travaille à nouveau, de compte à demi, avec un homme d'Australie, sur son claim, mais nous n'avons guère fait que cinq livres à nous deux dans la première semaine.

— Si je trouvais une bonne part de claim à acheter, pas trop cher, seriez-vous disposé à vous associer avec moi pour l'exploiter? demanda le jeune ingénieur.

— Tout de même, répondit Thomas Stell, — à une condition cependant : c'est que chacun de nous garderait pour lui ce qu'il trouverait! Ce n'est

---

1. 10,000 francs.

pas que je me méfie, monsieur Méré! Mais voyez-vous, depuis que je suis ici, je me suis aperçu que je perds presque toujours au partage, parce que le pic et la pioche, ça me connaît, et que j'abats deux ou trois fois plus d'ouvrage que les autres!

— Cela me paraîtrait juste, répondit Cyprien.

— Ah! fit tout à coup le Lancashireman en s'interrompant. Une idée, et peut-être une bonne!... Si nous prenions, à nous deux, l'un des claims de John Watkins?

— Comment, un de ses claims? Est-ce que tout le sol du Kopje n'est pas à lui?

— Sans doute, monsieur Méré, mais vous savez que le gouvernement colonial s'en empare aussitôt qu'il est reconnu gisement de diamants. C'est lui qui l'administre, le cadastre et morcelle les claims, en retenant la plus grande partie du prix de cession et ne payant au propriétaire qu'une redevance fixe. A la vérité, cette redevance, quand le Kopje est aussi vaste que celui-ci, constitue encore un fort beau revenu, et, d'autre part, le propriétaire a toujours la préférence pour le rachat d'un aussi grand nombre de claims qu'il peut en faire travailler. C'est justement le cas de John Watkins. Il en a plusieurs en exploitation, outre la nue propriété de toute la mine. Mais il ne peut pas les exploiter aussi bien qu'il le voudrait, parce que la goutte l'empêche de venir sur les lieux, et je pense qu'il vous ferait de bonnes conditions, si vous lui proposiez d'en prendre un.

— J'aimerais mieux que la négociation restât entre vous et lui, répondit Cyprien.

— Qu'à cela ne tienne, répliqua Thomas Steel. Nous pouvons en avoir bientôt le cœur net! »

Trois heures plus tard, le demi-claim numéro 942, dûment marqué de piquets et reconnu sur le plan, était affermé en bonne forme à MM. Méré et Thomas Steel, sur paiement d'une prime de quatre-vingt-dix livres (1), et versement entre les mains du receveur des droits de patente. En outre, il était spécialement stipulé dans le bail que les concessionnaires partageraient avec John Watkins les produits de leur exploitation et lui remettraient à titre de « royalty » les trois premiers diamants au-dessus de dix carats, qui pourraient être trouvés par eux. Rien ne démontrait que cette éventualité se présenterait, mais en somme elle était possible, — tout était possible.

1. 2,250 francs.

Il reconnut la face loyale de Thomas Steel. (Page 37.)

Au total, l'affaire pouvait être considérée comme exceptionnellement belle pour Cyprien, et Mr. Watkins le lui déclara avec sa franchise ordinaire, en trinquant avec lui, après la signature du contrat.

« Vous avez pris le bon parti, mon garçon ! dit-il en lui tapant sur l'épaule. Il y a de l'étoffe en vous ! Je ne serais pas surpris que vous ne devinssiez un de nos meilleurs mineurs du Griqualand ! »

Cyprien ne put s'empêcher de voir dans ces paroles un heureux présage pour l'avenir.

Et miss Watkins, qui était présente à l'entrevue, avait un si clair rayon de

L'un d'eux hissait les seaux de terre. (Page 42.)

soleil dans ses yeux bleus! Non! On n'aurait jamais pu croire qu'ils avaient passé la matinée à pleurer.

D'un accord tacite, on évita, d'ailleurs, toute explication sur l'attristante scène du matin. Cyprien restait, c'était évident, et, en somme, c'était l'essentiel.

Le jeune ingénieur partit donc d'un cœur léger, afin de faire ses préparatifs de déménagement, n'emportant au surplus que quelques habits dans une légère valise, car il comptait s'établir sous la tente, au Vandergaart-Kopje, et ne revenir à la ferme que pour y passer ses moments de loisir.

V

PREMIÈRE EXPLOITATION

Dès le lendemain matin, les deux associés se mirent au travail. Leur claim était situé près de la bordure du Kopje et devait être riche, si la théorie de Cyprien Méré se trouvait fondée. Malheureusement, ce claim avait déjà été vigoureusement exploité et plongeait dans les entrailles de la terre jusqu'à une profondeur de cinquante et quelques mètres.

A certains égards, pourtant, c'était là un avantage, parce que, se trouvant ainsi à un niveau plus bas que les claims voisins, il bénéficiait, selon la loi du pays, de toutes les terres et par conséquent de tous les diamants qui pouvaient y tomber des alentours.

La besogne était très simple. Les deux associés commençaient par détacher au pic et à la pioche, bien régulièrement, une certaine quantité de terre. Cela fait, l'un d'eux remontait au bord de la mine et hissait, le long du câble en fer, les seaux de terre qui lui étaient envoyés d'en bas.

Cette terre était alors transportée en charrette à la case de Thomas Steel. Là, après avoir été écrasée grossièrement avec de grosses bûches, puis débarrassée des cailloux sans valeur, on la faisait passer dans un tamis à mailles de quinze millimètres de côté pour en séparer les pierres plus petites, qu'on examinait attentivement avant de les jeter au rebut. Enfin, la terre était criblée dans un tamis très serré pour en séparer la poussière, et elle était alors dans de bonnes conditions pour être triée.

Lorsqu'elle avait été versée sur une table, devant laquelle les deux mineurs s'étaient assis, ceux-ci, armés d'une sorte de râcloir fait d'un morceau de fer-blanc, la passaient en revue avec le plus grand soin, poignées par poignées, et ils la rejetaient sous la table, d'où elle était transportée au dehors et abandonnée, quand l'examen avait pris fin.

Toutes ces opérations avaient pour but de découvrir, s'il s'en trouvait, quelque diamant, parfois à peine aussi gros qu'une demi-lentille. Encore les deux associés s'estimaient-ils fort heureux, lorsque la journée ne s'écoulait pas sans qu'ils en eussent aperçu un seul. Ils apportaient une grande ardeur à cet ouvrage, et triaient très minutieusement la terre du claim ; mais, en somme, pendant les premiers jours, les résultats furent à peu près négatifs.

Cyprien, surtout, semblait avoir peu de chance. S'il se trouvait un petit diamant dans sa terre, c'était presque toujours Thomas Steel qui l'apercevait. Le premier qu'il eut la satisfaction de découvrir, ne pesait pas, y compris sa gangue, un sixième de carat.

Le carat est un poids de quatre grains, soit à peu près la cinquième partie d'un gramme[1]. Un diamant de première eau, c'est-à-dire bien pur, limpide et sans couleur, vaut, une fois taillé, environ deux cent cinquante francs, s'il pèse un carat. Mais, si les diamants plus petits ont une valeur proportionnellement très inférieure, la valeur des plus gros croît très rapidement. On compte, en général, que la valeur marchande d'une pierre de belle eau est égale au carré de son poids, exprimé en carats, multiplié par le prix courant dudit carat. Si l'on suppose, par conséquent, que le prix du carat soit deux cent cinquante francs, une pierre de dix carats, de même qualité, vaudra cent fois plus, c'est-à-dire vingt-cinq mille francs.

Mais les pierres de dix carats, et même d'un carat, sont fort rares. C'est précisément pourquoi elles sont si chères. Et d'autre part, les diamants du Griqualand sont presque tous colorés en jaune, — ce qui diminue considérablement leur valeur en joaillerie.

La trouvaille d'une pierre pesant un sixième de carat, après sept ou huit jours de travail, était donc une bien maigre compensation à toutes les peines et fatigues qu'elle avait coûtées. Mieux aurait valu, à ce taux, labourer la terre, garder des troupeaux ou casser des cailloux sur les chemins. C'est ce que Cyprien se disait intérieurement. Cependant, l'espoir de rencontrer un beau diamant, qui récompenserait d'un seul coup le labeur de plusieurs semaines ou même de plusieurs mois, le soutenait comme il soutient tous les mineurs, même les moins confiants. Quant à Thomas Steel, il travaillait à la façon d'une machine, sans y penser, par suite de la vitesse acquise, — au moins en apparence.

Les deux associés déjeunaient ordinairement ensemble, se contentant de sandwiches et de bière qu'ils achetaient à un buffet en plein vent, mais ils

---

1. Exactement 0^{gr},2052.

dînaient à une des nombreuses tables d'hôte qui se partageaient la clientèle du camp. Le soir, après s'être séparés pour aller chacun de son côté, Thomas Steel se rendait à quelque salle de billard, pendant que Cyprien entrait pour une heure ou deux à la ferme.

Le jeune ingénieur avait fréquemment le déplaisir d'y rencontrer son rival, James Hilton, un grand garçon aux cheveux roux, au teint blanc, la face criblée de ces taches que l'on appelle des éphélides. Que ce rival fît évidemment des progrès rapides dans la faveur de John Watkins, en buvant encore plus de gin et en fumant encore plus de tabac de Hambourg que lui, cela n'était pas douteux.

Alice, il est vrai, ne semblait avoir que le plus parfait dédain pour les élégances villageoises et la conversation peu relevée du jeune Hilton. Mais sa présence n'en était pas moins insupportable à Cyprien. Aussi, parfois, incapable de la souffrir, se sentant inhabile à se maîtriser, il disait bonsoir à la compagnie et s'en allait.

« Le Frenchman n'est pas content! disait alors John Watkins en clignant de l'œil à son compère. Il paraît que les diamants ne viennent pas tout seuls sous sa pioche! »

Et James Hilton de rire le plus bêtement du monde.

Le plus souvent, ces soirs-là, Cyprien entrait achever sa veillée chez un vieux brave homme de Boër, établi tout près du camp, qui s'appelait Jacobus Vandergaart.

C'est de son nom que venait celui du Kopje, dont il avait autrefois occupé le sol aux premiers temps de la concession. Même, s'il fallait l'en croire, c'était par un véritable déni de justice qu'il en avait été dépossédé au profit de John Watkins. Complètement ruiné maintenant, il vivait, dans une vieille case de terre, de ce métier de tailleur de diamants qu'il avait jadis exercé à Amsterdam, sa ville natale.

Il arrivait assez souvent, en effet, que les mineurs, curieux de connaître le poids exact que garderaient leurs pierres une fois taillées, les lui apportaient, soit pour les cliver, soit pour les soumettre à des opérations plus délicates. Mais ce travail exige une main sûre et une bonne vue, et le vieux Jacobus Vandergaart, excellent ouvrier en son temps, avait aujourd'hui grand'peine à exécuter les commandes.

Cyprien, qui lui avait donné à monter en bague son premier diamant, s'était bien vite pris d'affection pour lui. Il aimait à venir s'asseoir dans le modeste atelier, pour faire un bout de causette ou tout simplement avec l'intention de lui tenir compagnie, tandis qu'il travaillait à son établi de lapidaire. Jacobus Vandergaart, avec sa barbe blanche, son front chauve, recouvert d'une calotte de velours noir, son long nez armé d'une paire de bésicles rondes, avait tout à fait l'air d'un vieil alchimiste du quinzième siècle, au milieu de ses outils bizarres et de ses flacons d'acides.

Dans une sébile, sur un établi placé devant la fenêtre, se trouvaient les diamants bruts qu'on avait confiés à Jacobus Vandergaart, et dont la valeur était parfois considérable. Voulait-il en cliver un dont la cristallisation ne lui paraissait pas parfaite, il commençait par bien constater, à la loupe, la direction des cassures qui divisent tous les cristaux en lames à faces parallèles ; puis, il faisait, avec le tranchant d'un diamant déjà clivé, une incision dans le sens voulu, introduisait une petite lame d'acier dans cette incision, et frappait un coup sec.

Le diamant se trouvait clivé sur une face, et l'opération se répétait alors sur les autres.

Jacobus Vandergaart voulait-il au contraire « tailler » la pierre, ou, pour parler plus nettement, l'user selon une forme déterminée, il commençait par arrêter la figure qu'il voulait lui donner, en dessinant à la craie, sur la gangue, les facettes projetées. Puis, il plaçait successivement chacune de ces faces en contact avec un second diamant, et il les soumettait l'une contre l'autre à une friction prolongée. Les deux pierres s'usaient mutuellement, et la facette se formait peu à peu.

Jacobus Vandergaart arrivait ainsi à donner à la gemme une des formes, maintenant consacrées par l'usage, et qui rentrent toutes dans les trois grandes divisions suivantes : le « brillant double taille, » le « brillant simple taille » et la « rose. »

Le brillant double se compose de soixante-quatre facettes, d'une table et d'une culasse.

Le brillant simple figure uniquement la moitié d'un brillant double.

La rose a le dessous plat et le dessus bombé en dôme à facettes.

Très exceptionnellement, Jacobus Vandergaart avait à tailler une « briolette, » c'est-à-dire un diamant qui, n'ayant ni dessous ni dessus, affecte la forme d'une petite poire. Dans l'Inde, on perce les briolettes d'un trou, vers leur bout effilé, pour y passer un cordon.

Quant aux « pendeloques, » que le vieux lapidaire avait plus souvent l'occasion de tailler, ce sont des demi-poires avec table et culasse, chargées de facettes du côté antérieur.

Le diamant une fois taillé, il restait à le polir pour que le travail fût achevé. Cette opération s'effectuait à l'aide d'une meule, sorte de disque d'acier, d'environ vingt-huit centimètres de diamètre, posé à plat sur la table, et qui tournait sur un pivot sous l'action d'une grande roue et d'une manivelle, à raison de deux à trois mille révolutions par minute. Contre ce disque humecté d'huile et saupoudré de poussière de diamant provenant des tailles précédentes, Jacobus Vandergaart pressait, l'une après l'autre, les faces de sa pierre, jusqu'à ce qu'elles eussent acquis un poli parfait. La manivelle était tournée, tantôt par un petit garçon hottentot qu'il engageait à la journée, lorsque c'était nécessaire, tantôt par un ami comme Cyprien, qui ne se refusait point à lui rendre ce service par pure obligeance.

Tout en travaillant, on causait. Souvent même, Jacobus Vandergaart, remontant ses lunettes sur son front, s'arrêtait court pour conter quelque histoire du temps passé. Il savait tout, en effet, sur cette Afrique australe qu'il habitait depuis quarante ans. Et ce qui donnait tant de charme à sa conversation, c'est précisément parce qu'elle reproduisait la tradition du pays, — tradition toute fraîche encore et toute vivante.

Avant tout, le vieux lapidaire ne tarissait pas sur le sujet de ses griefs patriotiques et personnels. Les Anglais étaient, à son sens, les plus abominables spoliateurs que la terre eût jamais portés. Toutefois, il faut lui laisser la responsabilité de ses opinions, quelque peu exagérées, — et les lui pardonner peut-être.

« Rien d'étonnant, répétait-il volontiers, si les États-Unis d'Amérique se sont déclarés indépendants, comme l'Inde et l'Australie ne tarderont pas à le faire! Quel peuple voudrait tolérer une tyrannie pareille!... Ah! monsieur Méré, si le monde savait toutes les injustices que ces Anglais, si fiers de leurs guinées et de leur puissance navale, ont semées sur le globe, il ne resterait pas assez d'outrages dans la langue humaine pour les leur jeter à la face! »

Cyprien, n'approuvant ni ne désapprouvant, écoutait sans rien répondre.

« Voulez-vous que je vous conte ce qu'ils m'ont fait, à moi qui vous parle? reprenait Jacobus Vandergaart en s'animant. Écoutez-moi, et vous me direz s'il peut y avoir deux opinions là-dessus! »

Et Cyprien l'ayant assuré que rien ne lui ferait plus de plaisir, le bonhomme continua de la sorte :

« Je suis né à Amsterdam en 1806, pendant un voyage que mes parents y avaient fait. Plus tard, j'y suis revenu pour apprendre mon métier, mais toute mon enfance s'est passée au Cap, où ma famille avait émigré depuis une cinquantaine d'années. Nous étions Hollandais et très fiers de l'être, lorsque la Grande-Bretagne s'empara de la colonie, — à titre provisoire, disait-elle! Mais, John Bull ne lâche pas ce qu'il a une fois pris, et, en 1815, nous fûmes solennellement déclarés sujets du Royaume-Uni, par l'Europe assemblée en Congrès!

« Je vous demande un peu de quoi l'Europe se mêlait à propos de provinces africaines!

« Sujets anglais, mais nous ne voulions pas l'être, monsieur Méré! Dès lors, pensant que l'Afrique était assez vaste pour nous donner une patrie qui fût bien à nous, — à nous seuls! — nous quittâmes la colonie du Cap pour nous enfoncer dans les terres encore sauvages qui bordaient la contrée vers le nord. On nous appelait « Boërs, » c'est-à-dire paysans, ou encore « Voortrekkers, » c'est-à-dire pionniers avancés.

« A peine avions-nous défriché ces territoires neufs, à peine nous y étions-nous créé, à force de travail, une existence indépendante, que le gouvernement britannique les réclama comme siens, — toujours sous ce prétexte que nous étions sujets anglais!

« Alors eut lieu notre grand exode. C'était en 1833. De nouveau, nous émigrâmes en masse. Après avoir chargé sur des wagons, attelés de bœufs, nos meubles, nos outils et nos grains, nous nous enfonçâmes plus avant dans le désert.

« A cette époque, le territoire de Natal était presque entièrement dépeuplé. Un conquérant sanguinaire, nommé Tchaka, véritable Attila nègre de la race des Zoulous, y avait exterminé plus d'un million d'êtres humains, de 1812 à 1828. Son successeur Dingaan y régnait encore par la terreur. Ce fut ce roi sauvage qui nous autorisa à nous établir dans le pays où s'élèvent aujourd'hui les villes de Durban et de Port-Natal.

« Mais, c'était dans l'arrière-pensée de nous attaquer, quand notre état serait prospère, que ce fourbe de Dingaan nous avait donné cette autorisation! Aussi, chacun s'arma-t-il pour la résistance, et ce n'est que par des efforts inouïs, et, je puis le dire, par des prodiges de valeur, pendant plus de cent combats, dans lesquels nos femmes et nos enfants mêmes luttaient à nos côtés, qu'il nous fut possible de rester en possession de ces terres, arrosées de nos sueurs et de notre sang.

Les deux mineurs passaient cette terre en revue. (Page 42.)

« Or, à peine avions-nous définitivement triomphé du despote noir et détruit sa puissance, que le gouverneur du Cap envoya une colonne britannique avec mission d'occuper le territoire de Natal, au nom de Sa Majesté la Reine d'Angleterre!... Vous le voyez, nous étions toujours sujets anglais! Ceci se passait en 1842.

« D'autres émigrants de nos compatriotes avaient de même conquis le Transvaal et annihilé sur le fleuve Orange le pouvoir du tyran Moselekatze. Eux aussi, ils se virent confisquer, par un simple ordre du jour, la patrie nouvelle qu'ils avaient payée de tant de souffrances!

« Toujours nous allions plus loin... » (Page 40.)

« Je passe sur les détails. Cette lutte dura vingt ans. Toujours nous allions plus loin, et toujours la Grande-Bretagne allongeait sur nous sa main rapace, comme sur autant de serfs qui appartenaient à sa glèbe, même après l'avoir quittée !

« Enfin, après bien des peines et des luttes sanglantes, il nous fut possible de faire reconnaître notre indépendance dans l'État libre d'Orange. Une proclamation royale, signée de la reine Victoria, datée du 8 avril 1854, nous garantissait la libre possession de nos terres et le droit de nous gouverner à notre guise. Nous nous constituâmes définitivement en République, et l'on peut dire que notre État, fondé sur le respect scrupuleux de la loi, sur le libre développement des énergies individuelles et sur l'instruction répandue à flots dans toutes les classes, pourrait encore servir de modèle à bien des nations, qui doivent se croire plus civilisées qu'un petit État de l'Afrique Australe !

« Le Griqualand en faisait partie. C'est alors que je m'établis, comme fermier, dans la maison même où nous sommes en ce moment, avec ma pauvre femme et mes deux enfants ! C'est alors que je traçai mon kraal ou parc à bestiaux sur l'emplacement même de la mine où vous travaillez ! Dix ans plus tard, John Watkins arriva dans le pays et y bâtit sa première case. On ignorait alors qu'il y eût des diamants sur ces terrains, et, pour mon compte, j'avais eu si peu d'occasions, depuis plus de trente ans, de pratiquer mon ancien métier, que c'est à peine si je me rappelais l'existence de ces pierres précieuses !

« Tout à coup, vers 1867, le bruit se répandit que nos terres étaient diamantifères. Un Boër des bords de l'Hart avait trouvé des diamants jusque dans les déjections de ses autruches, jusque dans les murs d'argile de sa ferme [1].

« Aussitôt le gouvernement anglais, fidèle à son système d'accaparement, au mépris de tous les traités et de tous les droits, déclara que le Griqualand lui appartenait.

« En vain notre République protesta !... En vain, elle offrit de soumettre le différend à l'arbitrage d'un chef d'État européen !... L'Angleterre refusa l'arbitrage et occupa notre territoire.

« Du moins pouvait-on espérer encore que les droits privés seraient respectés de nos injustes maîtres ! Pour mon compte, resté veuf et sans enfants, à la suite de la terrible épidémie de 1870, je ne me sentais plus le courage d'aller chercher une nouvelle patrie, de me refaire un nouveau foyer, — le sixième ou le septième de ma longue carrière ! Je restai donc en Griqualand.

---

1. Ce Boër s'appelait Jacobs. Un certain Niekirk, négociant hollandais, qui voyageait par là en compagnie d'un chasseur d'autruches nommé O'Reilly, reconnut dans les mains des enfants du Boër, qui s'en amusaient, un diamant qu'il acheta pour quelques sous et qu'il vendit douze mille cinq cents francs à sir Philip Woodehouse, gouverneur du Cap. Cette pierre, immédiatement taillée et expédiée à Paris, figura à l'exposition universelle du Champ de Mars, en 1867. Depuis cette époque, une valeur moyenne de quarante millions en diamants a été annuellement extraite du sol du Griqualand. Une circonstance assez curieuse, c'est que l'existence des gisements diamantifères, en ce pays, avait été connue jadis, puis oubliée. De vieilles cartes du xve siècle portent en ce point la mention : *Here Diamonds.*
« Ici il y a des diamants. »

Presque seul dans le pays, je demeurai étranger à cette fièvre de diamant qui s'emparait de tout le monde, et je continuai à cultiver mon potager, comme si le gisement de Du Toit's Pan n'avait pas été découvert à une portée de fusil de ma maison !

« Or, quel ne fut pas un jour mon étonnement, lorsque je constatai que le mur de mon kraal, bâti en pierres sèches, selon l'usage, avait été démoli pendant la nuit et reporté à trois cents mètres plus loin au milieu de la plaine. A la place du mien, John Watkins, aidé d'une centaine de Cafres, en avait élevé un autre, qui se reliait au sien et qui enfermait dans son domaine un renflement de terre sablonneuse et rougeâtre, jusqu'à ce moment ma propriété incontestée.

« Je me plaignis à ce spoliateur... Il ne fit qu'en rire ! Je menaçai de plaider... Il m'engagea à le faire !

« Trois jours plus tard, j'avais l'explication de l'énigme. Ce renflement de terre, qui m'appartenait, était une mine de diamants. John Watkins, après en avoir acquis la certitude, s'était empressé d'opérer le déplacement de mon enclos ; puis, il avait couru à Kimberley déclarer officiellement la mine à son propre nom.

« Je plaidai... Puissiez-vous ne jamais savoir, monsieur Méré, ce qu'il en coûte de plaider en pays anglais !... Un à un, je perdis mes bœufs, mes chevaux, mes moutons !... Je vendis jusqu'à mon mobilier, jusqu'à mes hardes pour nourrir ces sangsues humaines qu'on appelle des soliciters, des attorneys, des sherifs, des huissiers !... Bref, après un an de marches et de contre-marches, d'attentes, d'espoirs sans cesse déçus, d'anxiétés et de révoltes, la question de propriété fut enfin définitivement réglée en appel, sans recours ni cassation possible...

« Je perdais mon procès, et, par surcroît, j'étais ruiné ! Un jugement en bonne forme déclarait mes prétentions mal fondées, me déboutait de ma demande et disait qu'il était impossible au tribunal de reconnaître clairement le droit réciproque des parties, mais qu'il importait pour l'avenir de leur fixer une limite invariable. Aussi, arrêtait-on au vingt-cinquième degré de longitude, à l'est du méridien de Greenwich, la ligne qui allait séparer désormais les deux domaines. Le terrain situé à l'occident de ce méridien devait rester attribué à John Watkins, et le terrain situé à l'orient attribué à Jacobus Vandergaart.

« Ce qui paraît avoir dicté aux juges cette singulière décision, c'est qu'en effet, ce vingt-cinquième degré de longitude passe sur les plans du district, au travers du territoire que mon kraal avait occupé.

« Mais la mine, hélas! était à l'occident. Elle échut donc naturellement à John Watkins!

« Toutefois, et comme pour marquer d'une tache indélébile l'opinion que le pays a gardée de ce jugement inique, on appelle toujours cette mine le Vandergaart-Kopje!

« Eh bien, monsieur Méré, n'ai-je pas un peu le droit de dire que les Anglais sont des coquins? » dit le vieux Boër en terminant sa trop véridique histoire.

VI

MOEURS DU CAMP.

Ce sujet de conversation, on en conviendra, ne devait rien avoir d'agréable pour le jeune ingénieur. Il ne pouvait guère goûter de pareils renseignements sur l'honorabilité de l'homme qu'il persistait à considérer comme son futur beau-père. Aussi s'était-il bientôt habitué à regarder l'opinion de Jacobus Vandergaart sur l'affaire du Kopje comme une idée fixe de plaideur, dont il fallait beaucoup rabattre.

John Watkins, à qui il avait un jour touché deux mots de cette affaire, après avoir éclaté de rire pour toute réponse, s'était tapé le front de son doigt indicateur, en secouant la tête, comme pour dire que la raison du vieux Vandergaart déménageait de plus en plus!

N'était-il pas possible, en effet, que le vieillard, sous l'impression de la découverte de la mine diamantifère, se fût mis dans le cerveau, sans motifs suffisants, qu'elle était sa propriété? Après tout, les tribunaux lui avaient absolument donné tort, et il paraissait bien peu vraisemblable que les juges n'eussent pas adopté la théorie la mieux justifiée. Voilà ce que se disait le jeune ingénieur pour s'excuser vis-à-vis de lui-même d'entretenir des relations avec John Watkins, après avoir appris ce que Jacobus Vandergaart pensait de lui.

Un autre voisin du camp, chez lequel Cyprien aimait aussi à entrer, à l'occasion, parce qu'il y retrouvait la vie du Boër dans toute sa couleur originale, était un fermier, nommé Mathys Pretorius, bien connu de tous les mineurs du Griqualand.

Quoique à peine âgé d'une quarantaine d'années, Mathys Pretorius, lui aussi, avait longtemps erré dans le vaste bassin du fleuve Orange, avant de venir s'établir dans ce pays. Mais cette existence nomade n'avait pas eu pour effet, comme pour le vieux Jacobus Vandergaart, de l'amaigrir et de l'irriter. Elle l'avait ahuri plutôt et engraissé à un tel point qu'il avait peine à marcher. On pouvait le comparer à un éléphant.

Presque toujours assis dans un immense fauteuil de bois, bâti spécialement pour donner place à ses formes majestueuses, Mathys Pretorius ne sortait qu'en voiture, dans une sorte de char-à-bancs d'osier, attelé d'une gigantesque autruche. L'aisance, avec laquelle l'échassier traînait après lui cette énorme masse, était faite assurément pour donner une haute idée de sa force musculaire.

Mathys Pretorius venait habituellement au camp pour conclure avec les cantiniers quelque marché de légumes. Il y était très populaire, quoique, à la vérité, d'une popularité peu enviable, car elle était basée sur son extrême pusillanimité. Aussi, les mineurs prenaient-ils plaisir à lui faire des peurs affreuses, en lui disant mille folies.

Tantôt on lui annonçait une invasion imminente de Bassoutos ou de Zoulous! D'autres fois, en sa présence, on feignait de lire dans un journal, un projet de loi, portant peine de mort dans l'étendue des possessions britanniques, contre tout individu convaincu de peser plus de trois cents livres! Ou bien, on annonçait qu'un chien enragé venait d'être signalé sur la route de Driesfontein, et le pauvre Mathys Pretorius, qui était obligé de la prendre pour rentrer chez lui, trouvait mille prétextes afin de rester au camp.

Mais ces craintes chimériques n'étaient rien auprès de la terreur sincère qu'il avait de voir découvrir une mine de diamants sur son domaine. Il se faisait d'avance une peinture horrible de ce qui arriverait alors, si des hommes avides, envahissant son potager, bouleversant ses plates-bandes, venaient, par surcroît, l'exproprier! Car, comment douter que le sort de Jacobus Vandergaart ne fût alors le sien! Les Anglais sauraient bien trouver des raisons pour démontrer que sa terre était à eux.

Ces sombres pensées, quand elles s'emparaient de son cerveau, lui mettaient la mort dans l'âme. Si, par malheur, il apercevait un « prospecteur [1] » errant autour de son logis, il en perdait le boire et le manger !... Et pourtant, il engraissait toujours !

Un de ses persécuteurs les plus acharnés était maintenant Annibal Pantalacci. Ce méchant Napolitain — qui, par parenthèse, semblait prospérer à souhait, car il employait trois Cafres sur son claim et arborait un énorme diamant au devant de sa chemise — avait découvert la faiblesse du malheureux Boër. Aussi se donnait-il, au moins une fois par semaine, le plaisir médiocrement drôle d'aller exécuter des sondages ou bêcher la terre aux environs de la ferme Pretorius.

Ce domaine s'étendait sur la rive gauche du Vaal, à deux milles environ au-dessus du camp, et il comprenait des terrains alluviaux qui pouvaient, effectivement, fort bien être diamantifères, quoique rien jusqu'à ce jour ne fût venu l'indiquer.

Annibal Pantalacci, pour mener à bien cette sotte comédie, avait soin de se placer très en vue, devant les fenêtres mêmes de Mathys Pretorius, et, la plupart du temps, il emmenait avec lui quelques compères pour leur donner l'agrément de cette mystification.

On pouvait voir alors le pauvre homme, à demi caché derrière son rideau de cotonnade, suivre avec anxiété tous leurs mouvements, épier leurs gestes, prêt à courir à l'étable et à atteler son autruche pour s'enfuir, s'il se croyait menacé d'une invasion sur son domaine.

Aussi, pourquoi avait-il eu le malheur de confier à un de ses amis qu'il tenait nuit et jour son oiseau de trait tout harnaché, et le caisson de son char-à-bancs garni de provisions, pour être en mesure de décamper au premier symptôme décisif ?

« Je m'en irai chez les Bushmen, au nord du Limpopo ! disait-il. Il y a dix ans, je faisais avec eux le commerce de l'ivoire, et mieux vaudrait cent fois, je vous l'assure, se trouver au milieu des sauvages, des lions et des chacals, que de rester parmi ces Anglais insatiables ! »

Or, le confident de l'infortuné fermier n'avait rien eu de plus pressé, — selon l'invariable coutume des confidents, — que de mettre ces projets dans le

---

1. On appelle ainsi les gens qui vont à la recherche d'un gisement de minerai ou de pierres précieuses, soit en s'en remettant au hasard du soin de le leur faire rencontrer, soit en procédant à des sondages systématiques.

domaine public! Inutile de dire si Annibal Pantalacci en faisait son profit pour le plus grand amusement des mineurs du Kopje.

Une autre victime habituelle des mauvaises plaisanteries de ce Napolitain était, comme par le passé, le Chinois Lî.

Lui aussi, il s'était établi au Vandergaart-Kopje, où il avait tout simplement ouvert une blanchisserie, et l'on sait si les enfants du Céleste Empire s'entendent à ce métier de blanchisseurs!

En effet, cette fameuse boîte rouge, qui avait tant intrigué Cyprien, pendant les premiers jours de son voyage du cap au Griqualand, ne renfermait rien que des brosses, de la soude, des pains de savon et du bleu-azur. En somme, il n'en fallait pas plus à un Chinois intelligent pour faire fortune en ce pays!

En vérité, Cyprien ne pouvait s'empêcher de rire, lorsqu'il rencontrait Lî, toujours silencieux et réservé, chargé de son grand panier de linge qu'il rapportait à ses pratiques.

Mais ce qui l'exaspérait, c'est qu'Annibal Pantalacci était véritablement féroce avec le pauvre diable. Il lui jetait des bouteilles d'encre dans son baquet à lessive, tendait des cordes en travers de sa porte pour le faire tomber, le clouait sur son banc en lui plantant un couteau dans le pan de sa blouse. Surtout, il ne manquait pas, lorsque l'occasion s'en présentait, de lui allonger un coup de pied dans les jambes en l'appelant « chien de païen! » et, s'il lui avait octroyé sa clientèle, c'était tout exprès pour se livrer hebdomadairement à cet exercice. Jamais il ne trouvait son linge assez bien blanchi, quoique Lî le lavât et le repassât à merveille. Pour le moindre faux pli, il entrait dans des colères épouvantables et il rossait le malheureux Chinois comme si celui-ci eût été son esclave.

Tels étaient les grossiers plaisirs du camp; mais, parfois, ils tournaient au tragique. S'il arrivait, par exemple, qu'un nègre, employé dans la mine, fût accusé du vol d'un diamant, tout le monde se faisait un devoir d'escorter le coupable devant le magistrat, en le bourrant préalablement de solides coups de poing. De telle sorte que, si, d'aventure, le juge acquittait le prévenu, les coups de poing ne lui en restaient pas moins pour compte! Il faut dire, d'ailleurs, qu'en pareil cas, les acquittements étaient rares. Le juge avait plus tôt fait de prononcer une condamnation que d'avaler un quartier d'orange au sel, — un des plats favoris du pays. La sentence portait d'ordinaire une condamnation à quinze jours de travaux forcés et à vingt coups de *cat of nine tails*, ou « chat à

Jacobus Vandergaart. (Page 51.)

neuf queues, » sorte de martinet à nœuds, dont on se sert encore en Grande-Bretagne et dans les possessions anglaises pour fouetter les prisonniers.

Mais il y avait un crime que les mineurs pardonnaient encore moins volontiers que celui du vol, c'était le crime de recel.

Ward, le Yankee, arrivé en Griqualand en même temps que le jeune ingénieur, en fit un jour la cruelle expérience pour s'être laissé vendre des diamants par un Cafre. Or, un Cafre ne peut pas posséder légalement des diamants, la loi lui interdisant la faculté d'en acheter au claim ou de les travailler à son compte.

Li chargé de son panier de linge. (Page 55.)

Le fait ne fut pas plus tôt connu, — c'était le soir, à l'heure où tout le camp était en rumeur, après le dîner, — qu'une foule furieuse se porta vers la cantine du coupable, la saccagea de fond en comble, puis l'incendia, et aurait très vraisemblablement pendu le Yankee à la potence que des hommes de bonne volonté dressaient déjà, si, fort heureusement pour lui, une douzaine de policemen à cheval n'étaient arrivés assez à temps pour le sauver en l'emmenant en prison.

Au surplus, les scènes de violence étaient fréquentes au milieu de cette population mêlée, fougueuse, à demi sauvage. Là, toutes les races se heurtaient dans une cohue disparate! Là, la soif de l'or, l'ivrognerie, l'influence d'un climat torride, les désappointements et les déboires, concouraient à enflammer les cerveaux et à troubler les consciences! Peut-être, si tous ces hommes avaient été heureux dans leurs fouilles, peut-être auraient-ils gardé plus de calme et de patience! Mais, pour l'un d'eux, auquel arrivait de loin en loin cette chance de trouver une pierre de grande valeur, il y en avait des centaines qui végétaient péniblement, gagnant à peine de quoi suffire à leurs besoins, si même ils ne tombaient pas dans la plus sombre misère! La mine était comme un tapis vert, sur lequel on risquait non seulement son capital, mais son temps, sa peine, sa santé. Et bien restreint était le nombre des joueurs heureux dont le hasard guidait le pic dans l'exploitation des claims du Vandergaart-Kopje!

C'est ce que Cyprien commençait à voir de jour en jour plus clairement, et il se demandait s'il devait continuer ou non un métier si peu rémunérateur, lorsqu'il fut amené à modifier son genre de travail.

Un matin, il se trouva face à face avec une bande d'une douzaine de Cafres, qui arrivaient au camp pour chercher à s'y occuper.

Ces pauvres gens venaient des lointaines montagnes qui séparent la Cafrerie proprement dite du pays des Bassoutos. Ils avaient fait plus de cent cinquante lieues à pied, le long du fleuve Orange, marchant en file indienne, vivant de ce qu'ils pouvaient trouver sur leur route, c'est-à-dire de racines, de baies, de sauterelles. Ils étaient dans un effrayant état de maigreur, pareils à des squelettes plutôt qu'à des êtres vivants. Avec leurs jambes émaciées, leurs longs torses nus, à la peau parcheminée qui semblait recouvrir une carcasse vide, leurs côtes saillantes, leurs joues caves, ils avaient l'air plus disposés à dévorer un beefsteak de chair humaine qu'à abattre de bonnes journées d'ouvrage. Aussi, personne ne paraissait-il enclin à les embaucher, et ils restaient accroupis au bord du chemin, indécis, mornes, abrutis par la misère.

Cyprien se sentit profondément ému à leur aspect. Il leur fit signe d'attendre, revint jusqu'à l'hôtel où il prenait ses repas, et commanda un énorme chaudron de farine de maïs, délayée dans l'eau bouillante, qu'il fit porter aux pauvres diables, avec quelques boîtes de viande conservée et deux bouteilles de rhum.

Puis, il se donna le plaisir de les voir se livrer à ce festin sans précédent pour eux.

Vraiment, on eût dit des naufragés, recueillis sur un radeau, après quinze jours de jeûne et d'angoisses! Ils mangèrent tant, qu'en moins d'un quart d'heure, ils auraient pu éclater comme des obus. Il fallut, dans l'intérêt de leur santé, mettre un terme à ces agapes, sous peine de voir un étouffement général anéantir tous les convives!

Seul, un de ces nègres, à la physionomie intelligente et fine, — le plus jeune de tous, autant qu'on en pouvait juger, — avait apporté quelque retenue dans la satisfaction de sa fringale. Et, ce qui est plus rare, il songea à remercier son bienfaiteur, à quoi les autres ne pensaient guère. Il se rapprocha de Cyprien, lui prit la main d'un mouvement naïf et gracieux, puis la passa sur sa tête crépue.

« Comment t'appelles-tu? » lui demanda à tout hasard le jeune ingénieur, touché de cette marque de gratitude.

Le Cafre, qui, par hasard, comprenait quelques mots d'anglais, répondit à l'instant :

« Matakit. »

Son regard pur et confiant plut à Cyprien. Aussi, l'idée lui vint-elle d'engager ce grand garçon bien découplé pour travailler sur son claim, et l'idée ne pouvait qu'être bonne.

« Après tout, se dit-il, c'est ce que tout le monde fait dans le district! Mieux vaut pour ce pauvre Cafre de m'avoir pour patron que de tomber sur un Pantalacci quelconque! »

Puis, reprenant :

« Eh bien, Matakit, tu viens chercher du travail, n'est-ce pas? » lui demanda-t-il.

Le Cafre fit un signe affirmatif.

« Veux-tu travailler chez moi? Je te nourrirai, je te fournirai les outils, et je te donnerai vingt shillings par mois! »

C'était le tarif, et Cyprien savait qu'il n'aurait pu proposer davantage, sans soulever contre lui toutes les colères du camp. Mais il se réservait déjà de compenser cette maigre rémunération par des dons de vêtements, d'ustensiles de ménage et de tout ce qu'il savait être précieux dans la pensée des Cafres.

Pour toute réponse, Matakit, souriant, montra ses deux rangées de dents blanches et plaça derechef sur sa tête la main de son protecteur. Le contrat était signé.

Cyprien emmena immédiatement chez lui son nouveau serviteur. Il prit dans sa valise un pantalon de toile, une chemise de flanelle, un vieux chapeau, et il les donna à Matakit, qui ne pouvait en croire ses yeux. Se voir, dès son arrivée au camp, vêtu d'un costume aussi splendide, dépassait de beaucoup les rêves les plus hardis du pauvre diable. Il ne savait comment exprimer sa reconnaissance et sa joie. Il gambadait, riait, pleurait à la fois.

« Matakit, tu me parais un bon garçon ! disait Cyprien. Je vois bien que tu comprends quelque peu l'anglais !.. Ne sais-tu donc pas en parler un seul mot ? »

Le Cafre fit un signe négatif.

« Eh bien ! puisqu'il en est ainsi, je t'engage à apprendre le français ! » reprit Cyprien.

Et, sans plus tarder, il donna à son élève une première leçon, lui indiquant le nom des objets usuels et le lui faisant répéter.

Or, non seulement Matakit se trouvait être un brave garçon, mais c'était aussi un esprit intelligent, doué d'une mémoire vraiment exceptionnelle. En moins de deux heures, il avait appris plus de cent mots et il les prononçait assez correctement.

Le jeune ingénieur, émerveillé d'une pareille facilité, se promit de la mettre à profit.

Il fallut sept à huit jours de repos et de nourriture substantielle au jeune Cafre pour se refaire des fatigues de son voyage et pouvoir être en état de travailler. Or, ces huit jours furent si bien employés par son professeur et par lui, qu'à la fin de la semaine, Matakit était déjà en état d'énoncer ses idées en français, — d'une manière incorrecte à la vérité, mais en somme parfaitement intelligible. Aussi, Cyprien en profita-t-il pour se faire raconter toute son histoire. Elle était fort simple.

Matakit ne savait même pas le nom de son pays, qui était dans les montagnes du côté où le soleil se lève. Tout ce qu'il pouvait dire, c'est qu'on y était fort misérable. Alors, il avait voulu faire fortune, à l'exemple de quelques guerriers de sa tribu qui s'étaient expatriés et, comme eux, il était venu aux Champs des Diamants.

Qu'espérait-il y gagner ? Tout bonnement une capote rouge et dix fois dix pièces d'argent.

En effet, les Cafres dédaignent les pièces d'or. Cela vient d'un préjugé indéracinable, que leur ont donné les premiers Européens qui ont fait le commerce avec eux.

Et que ferait-il de ces pièces d'argent, l'ambitieux Matakit?

Eh bien, il se procurerait une capote rouge, un fusil et de la poudre, puis rentrerait à son kraal. Là, il achèterait une femme, qui travaillerait pour son compte, soignerait sa vache et cultiverait son champ de maïs. Dans ces conditions, il serait un homme considérable, un grand chef. Tout le monde envierait son fusil et sa haute fortune, et il mourrait chargé d'ans et de considération. Ce n'était pas plus compliqué.

Cyprien resta tout songeur en écoutant ce programme si simple. Fallait-il donc le modifier, élargir l'horizon de ce pauvre sauvage, montrer pour but à son activité des conquêtes plus importantes qu'une capote rouge et un fusil à pierre? Ou ne valait-il pas mieux lui laisser son ignorance naïve, afin qu'il s'en allât achever en paix, dans son kraal, la vie qu'il enviait? Question grave, que le jeune ingénieur n'osait résoudre, mais que Matakit se chargea bientôt de trancher.

En effet, à peine en possession des premiers éléments de la langue française, le jeune Cafre montra une avidité extraordinaire pour apprendre. Il questionnait sans cesse, il voulait tout savoir, le nom de chaque objet, son usage, son origine. Puis, ce furent la lecture, l'écriture, le calcul, qui le passionnèrent. En vérité, il était insatiable!

Cyprien en eut bientôt pris son parti. Devant une vocation aussi évidente, il n'y avait pas à hésiter. Il se décida donc à donner tous les soirs une leçon d'une heure à Matakit, qui, en dehors des travaux de la mine, consacra à son instruction tout le temps dont il pouvait disposer.

Miss Watkins, touchée elle aussi de cette ardeur peu commune, entreprit de faire répéter ses leçons au jeune Cafre. Il se les récitait, d'ailleurs, à lui-même tout le long du jour, soit pendant qu'il donnait de grands coups de pioche au fond du claim, soit quand il hissait les seaux de terre ou triait les cailloux. Sa vaillance à l'ouvrage était si communicative, qu'elle gagnait tout le personnel, comme une contagion, et le travail de la mine semblait se faire avec plus de soin.

D'ailleurs, sur la recommandation de Matakit lui-même, Cyprien avait pris à gages un autre Cafre de sa tribu, nommé Bardik, dont le zèle et l'intelligence méritaient également d'être appréciés.

C'est alors que le jeune ingénieur eut une chance qui ne lui était pas encore arrivée : il trouva une pierre de près de sept carats, qu'il vendit immédiatement cinq mille francs, toute fruste, au courtier Nathan.

C'était, vraiment, une fort belle affaire. Un mineur, qui n'eût cherché dans le produit de son travail qu'une rémunération normale, aurait dû se montrer à bon droit satisfait. Oui! sans doute, mais Cyprien ne l'était pas.

« Quand il m'arriverait tous les deux ou trois mois une chance pareille, se disait-il, en serais-je beaucoup plus avancé ? Ce n'est pas un diamant de sept carats qu'il me faut, c'est mille ou quinze cents pierres pareilles... sinon miss Watkins m'échappera pour échoir à ce James Hilton ou à quelque rival qui ne vaudra pas mieux ! »

Or, Cyprien se livrait un jour à ces tristes réflexions, en retournant au Kopje, après son lunch, par une accablante journée de chaleur et de poussière, — cette poussière rouge, aveuglante, qui flotte presque constamment dans l'atmosphère des mines de diamants, — lorsque, soudain, il recula d'horreur, en arrivant au détour d'une case isolée. Un lamentable spectacle s'offrait à ses yeux.

Un homme était pendu au timon d'une charrette à bœufs, dressée debout contre le mur de la case, l'arrière à terre et la flèche en l'air. Immobile, les pieds allongés, les mains inertes, ce corps tombait comme un fil à plomb, en faisant un angle de vingt degrés avec le timon, dans une nappe de lumière éblouissante.

C'était sinistre.

Cyprien, d'abord stupéfait, se sentit saisi d'un violent sentiment de pitié, lorsqu'il eût reconnut le Chinois Li, suspendu par le cou, au moyen de sa longue natte de cheveux, entre ciel et terre.

Le jeune ingénieur n'hésita pas sur ce qu'il avait tout d'abord à faire. Grimper au bout de ce timon, saisir le corps du patient sous les bras, le hisser afin d'arrêter les effets de la strangulation, puis trancher la natte avec son couteau de poche, — ce fut pour lui l'affaire d'une demi-minute. Cela fait, il se laissa glisser avec précaution, et déposa son fardeau à l'ombre de la case.

Il était temps. Li n'était pas froid encore. Son cœur battait faiblement, mais il battait. Bientôt il eut rouvert les yeux, et, chose singulière, il parut reprendre connaissance en même temps qu'il revoyait le jour.

Sur la physionomie impassible du pauvre diable, même au sortir de cette terrible épreuve, il n'y avait ni terreur ni étonnement appréciable. On aurait dit qu'il venait tout simplement de se réveiller d'un sommeil léger.

Cyprien lui fit avaler quelques gouttes d'eau, coupée de vinaigre, qu'il avait dans sa gourde.

« Pouvez-vous parler maintenant? » demanda-t-il machinalement, oubliant que Li ne devait pas le comprendre.

L'autre, cependant, fit un signe affirmatif.

« Qui vous a pendu ainsi?

— Moi, répondit le Chinois, sans avoir l'air de se douter qu'il eût fait là rien d'extraordinaire ou de répréhensible.

— Vous?... C'est un suicide que vous avez tenté là, malheureux!... Et pourquoi?

— Li avait trop chaud!... Li s'ennuyait!... » répondit le Chinois.

Et il referma aussitôt les yeux, comme pour échapper à de nouvelles questions.

Cyprien s'aperçut, à ce moment, de cette circonstance étrange que l'entretien s'était poursuivi en français.

« Vous parlez aussi l'anglais? reprit-il.

— Oui, » répondit Li, en soulevant ses cils.

On eût dit deux boutonnières obliques, ouvertes aux côtés de son petit nez camus.

Cyprien crut retrouver dans ce regard un peu de cette ironie qu'il y avait parfois surprise pendant le voyage du Cap à Kimberley.

« Vos raisons sont absurdes! lui dit-il sévèrement. On ne se suicide pas parce qu'il fait trop chaud!... Parlez-moi sérieusement!... Il y a encore là-dessous, je gage, quelque mauvais tour de ce Pantalacci? »

Le Chinois baissa la tête.

« Il voulait me couper ma natte, dit-il, en baissant la voix, et je suis sûr qu'il y aurait réussi, avant un ou deux jours! »

Au même instant, Li aperçut cette fameuse natte dans la main de Cyprien et constata que le malheur qu'il redoutait par-dessus toutes choses, était consommé.

« Oh! monsieur!... Quoi!... Vous... vous m'avez coupé!... s'écria-t-il d'un ton déchirant.

— Il le fallait bien pour vous décrocher, mon ami! répondit Cyprien. Mais, que diable! vous n'en vaudrez pas un sou de moins dans ce pays-ci!... Rassurez-vous!... »

Le Chinois paraissait si désolé de cette amputation, que Cyprien, craignant de le voir chercher un nouveau procédé de suicide, se décida à retourner à sa case en l'emmenant avec lui.

Ces pauvres gens venaient des lointaines montagnes. (Page 58.)

Li le suivit docilement, s'attabla près de son sauveur, se laissa sermonner, promit de ne pas renouveler sa tentative, et, sous l'influence d'une tasse de thé brûlant, il donna même quelques renseignements vagues sur sa biographie.

Li, né à Canton, avait été élevé pour le commerce dans une maison anglaise. Puis, il était passé à Ceylan, de là en Australie et finalement en Afrique. Nulle part la fortune ne lui avait souri. Le blanchissage n'allait pas mieux au district minier que vingt autres métiers dont il avait essayé. Mais sa bête noire était Annibal Pantalacci. Cet être-là le rendait misérable, et, sans lui,

MŒURS DU CAMP.

Cyprien reçonnut le Chinois. (Page 62.)

peut-être se fût-il accommodé de cette précaire existence du Griqualand ! En somme, c'était pour échapper à ses persécutions qu'il avait voulu en finir avec la vie.

Cyprien réconforta le pauvre garçon, lui promit de le protéger contre le Napolitain, lui donna à blanchir tout le linge qu'il put trouver, et le renvoya, non seulement consolé, mais guéri sans retour de sa superstition à l'endroit de son appendice capillaire.

Et sait-on comment s'y était pris le jeune ingénieur ? Il avait tout simplement, mais gravement, déclaré à Li que la corde de pendu portait bonheur, et que son guignon allait sûrement prendre fin, maintenant qu'il avait sa natte dans sa poche.

« En tout cas, Pantalacci ne pourrait plus la lui couper ! »

Ce raisonnement, éminemment chinois, acheva la cure.

VII

L'ÉBOULEMENT

Il y avait cinquante jours que Cyprien n'avait pas trouvé un seul diamant dans sa mine. Aussi se dégoûtait-il de plus en plus de ce métier de mineur, qui lui paraissait un métier de dupe, quand on ne dispose pas d'un capital suffisant pour acheter un claim de premier choix et une douzaine de Cafres capables de le travailler.

Donc, un matin, laissant Matakit et Bardik partir avec Thomas Steel, Cyprien resta seul sous sa tente. Il voulait répondre à une lettre de son ami Pharamond Barthès, qui lui avait fait parvenir de ses nouvelles par un marchand d'ivoire en route pour le Cap.

Pharamond Barthès était enchanté de sa vie de chasses et d'aventures. Il avait déjà tué trois lions, seize éléphants, sept tigres, plus un nombre incalculable de girafes, d'antilopes sans compter le menu gibier.

« Comme les conquérants historiques, disait-il, il nourrissait la guerre par la guerre. Non seulement il arrivait à entretenir, du produit de sa chasse, tout le petit corps expéditionnaire qu'il s'était adjoint, mais il lui aurait été aisé, s'il l'avait voulu, de réaliser des bénéfices considérables sur la vente des fourrures et des ivoires, ou par des échanges avec les tribus cafres au milieu desquelles il se trouvait. »

Il terminait en disant :

« Ne vas-tu pas venir faire un tour avec moi au bord du Limpopo ? J'y serai vers la fin du mois prochain, et je me propose de le descendre jusqu'à la baie Delagoa, pour revenir par mer à Durban, où je me suis engagé à ramener mes

Bassoutos... Laisse donc ton horrible Griqualand pour quelques semaines, et viens me rejoindre... »

Cyprien relisait cette lettre, lorsqu'une détonation formidable, suivie d'une grande rumeur dans tout le camp, le fit se lever en toute hâte et se précipiter hors de sa tente.

La foule des mineurs, en grand désordre et grande émotion, courait vers la mine.

« Un éboulement ! » criait-on de toutes parts.

La nuit avait, en effet, été très fraîche, presque glaciale, tandis que la journée de la veille pouvait compter parmi les plus chaudes qu'on eût subies depuis longtemps. C'était, d'ordinaire, à la suite de ces brusques changements de température, des rétractions qui en étaient la conséquence au milieu du massif des terres laissées à découvert, que se produisait ce genre de cataclysmes.

Cyprien se hâta de se diriger vers le Kopje.

En y arrivant, il vit d'un coup d'œil ce qui s'était passé.

Tout un énorme pan de terre, haut de soixante mètres au moins, long de deux cents, s'était fendu verticalement, en formant une fissure qui ressemblait à la brèche d'un rempart démantelé. Plusieurs milliers de quintaux de graviers s'en étaient détachés, roulant dans les claims, les remplissant de sable, de déblais, de cailloux. Ce qui s'était trouvé sur la crête, à ce moment, hommes, bœufs, charrettes, n'avait fait qu'un saut dans l'abîme et gisait au fond.

Par bonheur, le plus grand nombre des travailleurs n'était pas encore redescendu sur le sol inférieur de la mine, ou la moitié du camp aurait été ensevelie sous les décombres.

La première pensée de Cyprien fut pour son associé Thomas Steel. Il eût bientôt le plaisir de le reconnaître parmi les hommes qui cherchaient à se rendre compte du désastre au bord de la fissure. Aussitôt, il courut à lui et l'interrogea.

« Oui, nous l'avons échappée belle ! dit le Lancashireman en lui serrant la main.

— Et Matakit ? demanda Cyprien.

— Le pauvre garçon est là-dessous ! répondit Thomas Steel, en montrant les décombres qui s'étaient amoncelées sur leur propriété commune. Je l'avais à peine fait descendre, et j'attendais qu'il eût fini de remplir son premier seau pour le hisser, quand l'éboulement s'est produit !

— Mais nous ne pouvons pas rester là sans rien faire pour tenter de le sauver ! s'écria Cyprien. Peut-être vit-il encore !... »

Thomas Steel secoua la tête.

« Qu'il vive sous quinze à vingt tonnes de terre, c'est peu probable ! dit-il. Du reste, il faudrait au moins dix hommes travaillant deux ou trois jours pour vider la mine !

— N'importe ! répondit résolument le jeune ingénieur. Il ne sera pas dit que nous aurons laissé une créature humaine, enfouie dans ce tombeau, sans essayer de l'en tirer ! »

Puis, s'adressant à l'un des Cafres par l'intermédiaire de Bardik, qui se trouvait là, il annonça qu'il offrait une haute paie de cinq shillings par jour à tous ceux qui voudraient s'embaucher sous ses ordres pour déblayer son claim.

Une trentaine de nègres s'offrirent aussitôt, et, sans perdre un instant, on se mit à l'œuvre. Les pics, les pioches, les pelles ne manquaient pas ; les seaux et les câbles étaient tout prêts, les tombereaux aussi. Un grand nombre de mineurs blancs, apprenant qu'il s'agissait de déterrer un pauvre diable enseveli sous l'éboulement, offrirent bénévolement leurs concours. Thomas Steel, électrisé par l'entrain de Cyprien, ne se montrait pas le moins actif pour diriger cette opération de sauvetage.

A midi, on avait déjà retiré plusieurs tonnes de sable et de pierres, entassées au fond du claim.

A trois heures, Bardik poussa un cri rauque : il venait d'apercevoir, sous sa pioche, un pied noir qui sortait de terre.

On redoubla d'efforts, et, quelques minutes plus tard, le corps entier de Matakit était exhumé. Le malheureux Cafre était couché sur le dos, immobile, mort selon toute apparence. Par un hasard singulier, un des seaux de cuir, qui lui servaient pour son travail, s'était renversé sur sa face et la recouvrait comme eut fait un masque.

Cette circonstance, que Cyprien remarqua tout de suite, lui donna à penser qu'il pourrait peut-être rappeler le malheureux à la vie ; mais, en réalité, cet espoir était bien faible, car le cœur ne battait plus, la peau était froide, les membres raidis, les mains crispées par l'agonie, et la figure — de cette pâleur livide qui est celle des nègres — était effroyablement contractée par l'asphyxie.

Cyprien ne perdit pas courage. Il fit transporter Matakit dans la case de

Thomas Steel, qui était la plus rapprochée. On l'étendit sur la table qui servait d'ordinaire au triage des graviers, et il fut soumis à ces frictions systématiques, à ces mouvements de la cage thoracique, destinés à établir une sorte de respiration artificielle, qu'on met ordinairement en œuvre pour ranimer les noyés. Cyprien savait que ce traitement est également applicable à tous les genres d'asphyxie, et, dans le cas présent, il n'y avait pas autre chose à faire, car aucune plaie, aucune fracture, ni même aucun ébranlement sérieux n'étaient apparents.

« Voyez donc, monsieur Méré, il serre encore dans sa main une motte de terre! » fit observer Thomas Steel, qui concourait de son mieux à frictionner ce grand corps noir.

Et il y allait de bon cœur, le brave fils du Lancashire! S'il avait été en train de polir « à l'huile de bras, » comme on dit, l'arbre de couche d'une machine à vapeur de douze cents chevaux, il n'aurait pu appliquer à son opération une poigne plus énergique!

Ces efforts ne tardèrent pas à donner un résultat appréciable. La raideur cadavérique du jeune Cafre parut se relâcher peu à peu. La température de sa peau se modifia sensiblement. Cyprien, qui épiait, au niveau du cœur, le moindre signe de vie, crut percevoir sous sa main un faible frémissement de bon augure.

Bientôt, ces symptômes s'accentuèrent. Le pouls se mit à battre, une inspiration légère souleva d'une manière presque insensible la poitrine de Matakit; puis, une expiration plus forte indiqua un retour manifeste aux fonctions vitales.

Tout à coup, deux éternuements vigoureux secouèrent de la tête aux pieds cette grande carcasse noire, naguère encore si complètement inerte. Matakit ouvrit les yeux, respira, reprit connaissance.

« Hurrah! hurrah! Le camarade est hors d'affaire! cria Thomas Steel, qui, ruisselant de sueur, suspendit ses frictions. Mais voyez donc, monsieur Méré, il ne lâche toujours pas cette motte de terre qu'il serre dans ses doigts crispés! »

Le jeune ingénieur avait bien d'autres soins que de s'arrêter à observer ce détail! Il faisait avaler une cuillerée de rhum à son malade, il le soulevait pour lui faciliter le travail respiratoire. Finalement, lorsqu'il le vit bien revenu à la vie, il l'enveloppa dans des couvertures, et, avec l'aide de trois ou quatre hommes de bonne volonté, il le transporta dans sa propre habitation à la ferme Watkins.

Là, le pauvre Cafre fut couché sur son lit. Bardik lui fit prendre une tasse de thé fumant. Au bout d'un quart d'heure, Matakit s'endormait d'un sommeil paisible et calme : il était sauvé.

Cyprien se sentit au cœur cette allégresse incomparable que l'homme éprouve, après avoir arraché une vie humaine aux griffes de la mort. Tandis que Thomas Steel et ses auxiliaires, fortement altérés par tant de manœuvres thérapeutiques, allaient célébrer leur succès chez le cantinier le plus voisin, en l'arrosant de flots de bière, Cyprien, voulant rester auprès de Matakit, prit un livre, n'interrompant de temps à autre sa lecture que pour le regarder dormir, comme un père qui surveille le sommeil de son fils convalescent.

Depuis six semaines que Matakit était entré à son service, Cyprien n'avait eu que des motifs d'être satisfait et même émerveillé de lui. Son intelligence, sa docilité, son ardeur au travail, étaient incomparables. Il était brave, bon, obligeant, d'un caractère singulièrement doux et gai. Aucune besogne ne le rebutait, aucune difficulté ne paraissait être au-dessus de son courage. C'était à se dire, parfois, qu'il n'y avait pas de sommet social qu'un Français, doué de facultés semblables, n'eût pu prétendre à atteindre. Et il fallait que ces dons précieux fussent venus se loger sous la peau noire et le crâne crépu d'un simple Cafre !

Pourtant Matakit avait un défaut, — un défaut très grave, — qui tenait évidemment à son éducation première et aux habitudes par trop lacédémoniennes qu'il avait prises dans son kraal. Faut-il le dire ? Matakit était quelque peu voleur, mais presque inconsciemment. Lorsqu'il voyait un objet à sa convenance, il trouvait tout naturel de se l'approprier.

En vain son maître, alarmé de voir cette tendance, lui faisait-il à ce propos les remontrances les plus sévères ! En vain l'avait-il menacé de le renvoyer, s'il le prenait encore en faute ! Matakit promettait de n'y plus retomber, il pleurait, il implorait son pardon, et, dès le lendemain, si l'occasion s'offrait à lui, il recommençait.

Ses larcins n'étaient pas d'ordinaire bien importants. Ce qui excitait plus particulièrement sa convoitise n'avait pas grande valeur : c'étaient un couteau, une cravate, un porte-crayon, quelque vétille pareille. Mais Cyprien n'en était pas moins navré de constater une tare semblable dans une nature si sympathique.

« Attendons !... espérons ! se disait-il. Peut-être arriverai-je à lui faire comprendre ce qu'il y a de mal à voler ainsi ! »

Et Cyprien, tout en le regardant dormir, songeait à ces contrastes si bizarres qu'expliquait le passé de Matakit au milieu des sauvages de sa caste!

Vers la tombée de la nuit, le jeune Cafre se réveilla aussi frais, aussi dispos que s'il n'avait pas subi deux ou trois heures d'une suspension à peu près complète des fonctions respiratoires. Il pouvait maintenant raconter ce qui était arrivé.

Le seau, dont sa face s'était trouvée accidentellement coiffée, et une longue échelle, en faisant arc-boutant au-dessus de lui, l'avaient d'abord protégé contre les effets mécaniques de l'éboulement, puis, garanti assez longtemps d'une asphyxie complète, en lui laissant, au fond de sa prison souterraine, une petite provision d'air. Il s'était fort bien rendu compte de cette heureuse circonstance et avait tout fait pour en profiter, en ne respirant plus qu'à de longs intervalles. Mais, peu à peu, l'air s'était altéré. Matakit avait senti ses facultés graduellement s'obscurcir. Enfin il était tombé dans une sorte de sommeil lourd et plein d'angoisse, d'où il ne sortait, par instants, que pour tenter un suprême effort d'inspiration. Puis, tout s'était effacé. Il n'avait plus eu conscience de ce qui lui arrivait, et il était mort... car c'était bien de la mort qu'il revenait!

Cyprien le laissa causer un instant, le fit boire et manger, l'obligea, malgré ses protestations, à rester pour la nuit dans le lit sur lequel il l'avait déposé. Enfin, bien certain désormais que tout danger était passé, il le laissa seul, afin d'aller faire sa visite habituelle à la maison Watkins.

Le jeune ingénieur avait besoin de conter à Alice ses impressions de la journée, le dégoût qu'il prenait de la mine, — dégoût que le déplorable accident du matin ne faisait qu'accentuer davantage. Il était écœuré à l'idée d'exposer la vie de Matakit pour la chance très problématique de conquérir quelques mauvais diamants.

« Faire moi-même ce métier, passe encore! se disait-il. Mais l'imposer pour un misérable salaire à ce malheureux Cafre, qui ne me doit rien, c'est simplement odieux! »

Il dit donc à la jeune fille quels étaient ses révoltes et ses déboires. Il lui parla de la lettre qu'il avait reçue de Pharamond Barthès. En vérité, ne ferait-il pas mieux de suivre le conseil de son ami? Que perdrait-il à partir pour les bords du Limpopo et à tenter la fortune de la chasse? Ce serait plus noble, à coup sûr, que de gratter la terre, comme un avare, ou de la faire gratter à son compte par quelque pauvres diables?

Tout ce qui s'était trouvé sur la crête. (Page 67.)

« Qu'en pensez-vous, miss Watkins, demanda-t-il, vous qui avez tant de fine sagesse et de sens pratique? Donnez-moi un conseil! J'en ai grand besoin! J'ai perdu l'équilibre moral! Il me faut une main amie pour me remettre d'aplomb! »

Ainsi parlait-il en toute sincérité, trouvant un plaisir qu'il ne s'expliquait pas, lui si réservé d'ordinaire, à étaler ainsi, devant cette douce et charmante confidente, la misère de son indécision.

La causerie se poursuivait en français, depuis quelques minutes, et empruntait un grand caractère d'intimité à cette simple circonstance, quoique John

Le malheureux Cafre était couché sur le dos. (Page 68.)

Watkins, endormi depuis quelques instants sur sa troisième pipe, n'eût jamais paru se soucier de ce que disaient les jeunes gens en anglais ou en n'importe quel idiome.

Alice écoutait Cyprien avec une sympathie profonde.

« Tout ce que vous me dites, répondit-elle, il y a longtemps déjà que je le pense pour vous, monsieur Méré! J'ai peine à comprendre comment un ingénieur, un savant tel que vous, vous avez pu vous résoudre de gaieté de cœur à mener une vie pareille! N'est-ce pas un crime contre vous-même et contre la science? Donner votre temps précieux à un ouvrage de manœuvre, qu'un simple Cafre ou un vulgaire Hottentot fait mieux que vous, c'est mal, je vous l'assure! »

Cyprien n'aurait eu qu'un mot à dire pour expliquer à la jeune fille ce problème qui l'étonnait et la choquait si fort. Et qui sait même, si elle n'exagérait pas un peu son indignation pour lui arracher un aveu?... Mais cet aveu, il s'était juré de le garder pour lui, il se serait méprisé de le prononcer; il le retint sur ses lèvres.

Miss Watkins poursuivit en disant :

« Si vous tenez tant à trouver des diamants, monsieur Méré, que n'en cherchez-vous plutôt là où vous auriez vraiment chance d'en trouver, — dans votre creuset? Comment! Vous êtes chimiste, vous savez mieux que personne ce que sont ces misérables pierres, auxquelles on donne tant de prix, et c'est à un labeur ingrat et machinal que vous les demandez? Pour moi, j'en reviens à mon idée : si j'étais à votre place, je chercherais plutôt à fabriquer des diamants qu'à essayer d'en découvrir de tout faits ! »

Alice parlait avec une telle animation, une telle foi dans la science et dans Cyprien lui-même, que le cœur du jeune homme était comme baigné d'une rosée rafraîchissante.

Malheureusement, John Watkins sortit à ce moment de sa torpeur pour demander des nouvelles du Vandergaart-Kopje. Il fallut donc revenir à la langue anglaise, abandonner cet aparté si attachant. Le charme était rompu.

Mais la semence venait d'être jetée en bonne terre et devait germer. Le jeune ingénieur, en rentrant chez lui, songeait à ces paroles si vibrantes, et si justes pourtant, que lui avait fait entendre miss Watkins. Ce qu'elles pouvaient avoir de chimérique disparaissait à ses yeux pour ne laisser voir que ce qu'elles avaient de généreux, de confiant et de vraiment tendre.

« Et pourquoi pas, après tout? se disait-il. La fabrication du diamant, qui pouvait paraître utopique, il y a un siècle, est aujourd'hui en quelque sorte un fait accompli ! MM. Frémy et Peil, à Paris, ont produit du rubis, de l'émeraude et du saphir, qui ne sont que des cristaux d'alumine, différemment colorés! M. Mac-Tear, de Glasgow, M. J. Ballantine Hannay, de la même ville, ont obtenu, en 1880, des cristaux de carbone, qui avaient toutes les propriétés du diamant et dont le seul défaut était de coûter horriblement cher, — beaucoup plus cher que les diamants naturels du Brésil, de l'Inde ou du Griqualand, — et, par conséquent, de ne pas répondre aux besoins du commerce! Mais, lorsque la solution scientifique d'un problème est trouvée, la solution industrielle ne peut être loin! Pourquoi ne pas la chercher?... Tous ces savants, qui l'ont manquée jusqu'ici, sont des théoriciens, des hommes de cabinet et de laboratoire! Ils n'ont pas étudié le diamant sur place, dans son terrain natif, à son berceau pour ainsi dire! Moi, je puis bénéficier de leurs travaux, de leur expérience et aussi de la mienne! J'ai extrait le diamant de mes propres mains! J'ai analysé, étudié sous tous les aspects les terrains où il se trouve! Si quelqu'un doit arriver, avec un peu de chance, à surmonter les dernières difficultés, c'est moi!... Ce doit être moi! »

Voilà ce que se répétait Cyprien, et ce qu'il retourna dans son esprit pendant la plus grande partie de la nuit.

Sa résolution fut bientôt prise. Dès le lendemain matin, il avertit Thomas Steel qu'il ne comptait plus, — au moins provisoirement, — ni travailler ni faire travailler son claim. Il convint même avec lui que, s'il trouvait à se défaire de sa part, il en serait libre; puis, il s'enferma dans son laboratoire pour songer à ses nouveaux projets.

VIII

LA GRANDE EXPÉRIENCE

Au cours de brillantes recherches sur la solubilité des corps solides dans les gaz — recherches qui l'avaient occupé toute l'année précédente — Cyprien n'avait pas été sans remarquer que certaines substances, la silice et l'alumine, par exemple, insolubles dans l'eau, sont dissoutes par la vapeur d'eau à une haute pression et à une température très élevée.

De là, cette résolution qu'il prit d'examiner d'abord s'il ne pourrait pas arriver de même à trouver un fondant gazeux du carbone, afin d'obtenir ensuite une cristallisation.

Mais toutes ses tentatives dans cette direction restèrent infructueuses, et, après plusieurs semaines de vains essais, il dut se déterminer à changer de batteries.

Batteries était le mot, car, ainsi qu'on va le voir, un canon y devait jouer son rôle.

Diverses analogies portaient le jeune ingénieur à admettre que le diamant pourrait bien se former dans les Kopjes de la même manière que le soufre dans les solfatares. Or, on sait que le soufre résulte d'une demi-oxydation de l'hydrogène sulfuré ; après qu'une partie s'est changée en acide sulfureux, le reste se dépose en cristaux sur les parois de la solfatare.

« Qui sait, se disait Cyprien, si les gisements de diamants ne sont pas de véritables carbonatares? Puisqu'un mélange d'hydrogène et de carbone y arrive nécessairement, avec les eaux et les dépôts alluviaux, sous forme de gaz des marais, pourquoi ne serait-ce pas l'oxydation de l'hydrogène, jointe à l'oxydation partielle du carbone, qui amènerait la cristallisation du carbone en excès? »

De cette idée à essayer de faire jouer à un corps quelconque, dans une réaction analogue mais artificielle, la fonction théorique de l'oxygène, il n'y avait pas loin pour un chimiste.

Et c'est à l'exécution immédiate de ce programme que Cyprien s'arrêta définitivement.

Avant tout, il s'agissait d'imaginer un dispositif expérimental, qui se rapprochât autant que possible des conditions supposées de production du diamant naturel. De plus, ce dispositif, il le fallait très simple. Tout ce qui se fait de grand dans la nature ou dans l'art a ce caractère. Quoi de moins compliqué que les plus belles découvertes conquises par l'humanité, — la gravitation, la boussole, l'imprimerie, la machine à vapeur, le télégraphe électrique?

Cyprien alla faire lui-même, dans les profondeurs de la mine, des provisions de terre d'une qualité qu'il croyait être particulièrement favorable à son expérience. Puis, il composa avec cette terre un mortier épais, dont il enduisit soigneusement l'intérieur d'un tube d'acier, long d'un demi-mètre, épais de cinq centimètres et qui mesurait huit centimètres de calibre.

Ce tube n'était autre chose qu'un segment de canon hors de service, qu'il avait pu acheter, à Kimberley, d'une compagnie de volontaires, dont le licenciement s'opérait, après une campagne contre les tribus cafres du voisinage. Ledit canon, convenablement scié dans l'atelier de Jacobus Vandergaart, avait fourni précisément l'engin qu'il fallait, c'est-à-dire un récipient d'une résistance suffisante pour supporter une énorme pression à l'intérieur.

Après avoir placé dans ce tube, préalablement fermé à l'une de ses deux extrémités, des fragments de cuivre et environ deux litres d'eau, Cyprien le remplit de « gaz des marais ; » puis il le luta avec soin, et fit boulonner aux deux bouts des obturateurs métalliques d'une solidité à toute épreuve.

L'appareil était alors construit. Il n'y avait plus qu'à le soumettre à une chaleur intense.

Il fut donc placé dans un grand fourneau à réverbère, dont le feu devait être entretenu jour et nuit, de manière à obtenir une chauffe à blanc, qui devait durer pendant deux semaines.

Tube et fourneau étaient, d'ailleurs, enveloppés d'une épaisse couche de terre réfractaire, destinée à conserver la plus grande quantité de chaleur possible, et à ne se refroidir que très lentement, lorsque le moment en serait venu.

Le tout ressemblait assez à une énorme ruche d'abeilles ou à une hutte d'Esquimaux.

Matakit était maintenant en état de rendre quelques services à son maître. Ce n'était pas sans une attention extrême qu'il avait suivi tous les préparatifs de l'expérience, et, quand il sut qu'il s'agissait de fabriquer du diamant, il ne se montra pas le moins ardent à concourir au succès de l'entreprise. Il eut bientôt appris à alimenter le feu, de telle sorte que l'on put s'en remettre à lui du soin de l'entretenir.

On s'imaginerait malaisément, d'ailleurs, combien ces dispositions, si peu compliquées, furent longues et difficiles à établir. A Paris, dans un grand laboratoire, l'expérience aurait pu être mise en train deux heures après avoir été conçue, et il ne fallut pas moins de trois semaines à Cyprien, au milieu de ce pays à demi sauvage, pour réaliser imparfaitement sa conception. Encore fut-il singulièrement servi par les circonstances, notamment en trouvant à point nommé, non seulement le vieux canon, mais aussi le charbon qui lui était nécessaire. En effet, ce combustible était si rare à Kimberley qu'il fallut, pour s'en procurer une tonne, s'adresser à trois négociants à la fois.

Enfin, toutes les difficultés furent surmontées, et, lorsque le feu eut été une première fois allumé, Matakit s'occupa de ne plus le laisser s'éteindre.

Le jeune Cafre, il faut le dire, était très fier de ces fonctions. Elles ne devaient pourtant pas être absolument nouvelles pour lui, et, sans doute, il avait déjà mis la main dans sa tribu à plus d'une cuisine plus ou moins infernale.

En effet, Cyprien avait constaté plus d'une fois, depuis que Matakit était entré à son service, qu'il jouissait parmi les autres Cafres d'une véritable réputation de sorcier. Quelques secrets de chirurgie élémentaire, deux ou trois tours de passe-passe, qu'il tenait de son père, formaient d'ailleurs tout son bagage de magicien. Mais on venait le consulter pour des maladies réelles ou imaginaires, pour des rêves à expliquer, pour des différends à régler. Jamais à court, Matakit avait toujours quelque recette à indiquer, quelque présage à formuler, quelque sentence à rendre. Les recettes étaient parfois bizarres et les sentences saugrenues, mais ses compatriotes en étaient satisfaits. Que fallait-il de plus ?

Il faut ajouter que les cornues et les flacons, dont il était maintenant entouré dans le laboratoire du jeune ingénieur, sans parler des opérations mystérieuses auxquelles il était admis à collaborer, ne contribuèrent pas peu à rehausser son prestige.

Cyprien ne pouvait s'empêcher de sourire, par moments, des airs solennels que le brave garçon prenait pour remplir ses modestes fonctions de chauffeur et de préparateur, renouvelant le charbon du fourneau, tisonnant la braise, époussetant quelque rangée d'éprouvettes ou de creusets. Et pourtant, il y avait quelque chose d'attendrissant dans cette gravité même : c'était l'expression naïve du respect que la science inspirait à une nature fruste, mais intelligente et avide de savoir.

Matakit avait, au surplus, ses heures de gaminerie et de gaieté, spécialement quand il se trouvait en compagnie de Li. Une étroite amitié s'était établie entre ces deux êtres, bien qu'ils fussent si différents d'origine, pendant les visites, maintenant assez fréquentes, que le Chinois faisait à la ferme Watkins. Tous deux ils parlaient suffisamment le français, tous deux ils avaient été sauvés par Cyprien d'une mort imminente, et ils lui en gardaient une vive reconnaissance. Il était donc tout naturel qu'ils se sentissent portés l'un vers l'autre par une sympathie sincère, et cette sympathie s'était promptement changée en affection.

Entre eux, Li et Matakit donnaient au jeune ingénieur un nom touchant et simple, qui exprimait bien la nature du sentiment dont ils étaient animés à son égard. Ils l'appelaient « le petit père, » ne parlant de lui que dans les termes de l'admiration et du dévouement le plus exalté.

Ce dévouement se manifestait de la part de Li par l'attention scrupuleuse qu'il mettait à blanchir et à repasser le linge de Cyprien, — de la part de Matakit, par le soin religieux qu'il avait d'exécuter avec ponctualité toutes les instructions de son maître.

Mais, parfois, les deux camarades se laissaient aller un peu plus loin dans leur ardeur à satisfaire le « petit père. » Il arrivait, par exemple, que Cyprien trouvait sur sa table — il prenait maintenant ses repas chez lui — des fruits ou des friandises qu'il n'avait nullement commandés, et dont l'origine restait inexpliquée, car on ne les voyait pas figurer sur les comptes des fournisseurs. Ou bien, c'étaient des chemises qui portaient, en revenant du blanchissage, des boutons d'or de provenance inconnue. Puis encore, de temps en temps, un siège élégant et commode, un coussin brodé, une peau de panthère, un bibelot de prix, venaient mystérieusement s'ajouter à l'ameublement de la maison.

Et, lorsque Cyprien interrogeait à ce sujet soit Li, soit Matakit, il ne pouvait tirer d'eux que des réponses évasives :

« Je ne sais pas !... Ce n'est pas moi !... Cela ne me regarde pas !... »

Cyprien aurait aisément pris son parti de ces prévenances ; mais, ce qui les rendait gênantes, c'est qu'il se disait que la source n'en était peut-être pas très pure. Ces présents n'avaient-ils point coûté que la peine de les prendre ? Cependant, rien ne venait confirmer ces suppositions, et les enquêtes, souvent fort minutieuses, faites au sujet de ces étranges accessions, ne produisaient aucun résultat.

Et, derrière lui, Matakit et Li échangeaient des sourires fuyants, des regards sournois, des signes cabalistiques, qui signifiaient évidemment :

« Eh ! le petit père !... Il n'y voit que du feu ! »

D'ailleurs, d'autres soucis, infiniment plus graves, occupaient l'esprit de Cyprien. John Watkins paraissait décidé à marier Alice, et, dans cette intention, depuis quelque temps, il faisait de sa demeure un véritable musée de prétendants. Non seulement James Hilton y était presque chaque soir en permanence, mais tous les mineurs célibataires, que le succès de leur exploitation semblait douer, dans l'opinion du fermier, des qualités indispensables au gendre qu'il avait rêvé, se voyaient attirés chez lui, retenus à dîner, et, finalement, offerts au choix de sa fille.

L'Allemand Friedel et le Napolitain Pantalacci étaient du nombre. Tous deux comptaient maintenant parmi les mineurs les plus heureux du camp de Vandergaart. La considération, qui s'attache partout au succès, ne leur faisait défaut ni au Kopje ni à la ferme. Friedel était plus pédant et plus tranchant

Alice écoutait Cyprien. (Page 73.)

que jamais, depuis que son dogmatisme s'étayait de quelques milliers de livres sterling. Pour Annibal Pantalacci, transformé désormais en dandy colonial, resplendissant de chaînes d'or, de bagues, d'épingles en diamants, il portait des habits de toile blanche, qui faisaient paraître son teint encore plus jaune et plus terreux.

Mais, avec ses bouffonneries, ses chansonnettes napolitaines et ses prétentions au bel esprit, ce ridicule personnage essayait vainement d'amuser Alice. Non, certes, qu'elle lui témoignât un dédain particulier ou parût se douter du motif qui l'amenait à la ferme. Elle se contentait de ne point l'écouter

Matakit s'occupa de ne plus laisser le feu s'éteindre. (Page 77.)

volontiers et ne riait jamais ni de ses lazzi ni de ses attitudes. Bien que trop ignorante des laideurs morales pour soupçonner le triste envers de son ramage, elle ne voyait en lui qu'un passant vulgaire et non moins ennuyeux que la plupart des autres. Cela semblait évident aux yeux de Cyprien, et il eût cruellement souffert de voir en conversation réglée avec cet être méprisable celle qu'il plaçait si haut dans son respect et sa tendresse.

Et il en eût d'autant plus souffert que sa fierté l'aurait empêché d'en rien témoigner, trouvant trop humiliant de tenter un effort pour avilir aux yeux de miss Watkins même un si indigne rival. Quel droit en avait-il d'ailleurs?

Sur quoi baser ses critiques? Il ne savait rien d'Annibal Pantalacci, et n'était guidé que par une répulsion instinctive dans le jugement défavorable qu'il portait sur lui. Vouloir le montrer sous un jour tragique aurait tout simplement prêté à rire. Voilà ce que Cyprien comprenait clairement, et il aurait été au désespoir, si Alice eût paru prêter quelque attention à un tel homme.

Au surplus, il s'était replongé avec acharnement dans un travail qui l'absorbait nuit et jour. Ce n'est pas un procédé de fabrication du diamant, mais dix, mais vingt expériences qu'il avait en préparation, se proposant de les enter, quand son premier essai aurait pris fin. Il ne se contentait plus des données théoriques et des formules, dont il couvrait, pendant des heures entières, ses cahiers de notes. A tout instant, il courait jusqu'au Kopje, en rapportait de nouveaux échantillons de roches et de terres, recommençait des analyses cent fois faites, mais avec une rigueur et une précision qui ne laissaient place à aucune erreur. Plus le danger de voir miss Watkins lui échapper devenait pressant, plus il était résolu à ne rien épargner pour le vaincre.

Et pourtant, telle était au fond sa défiance de lui-même, qu'il n'avait rien voulu dire à la jeune fille de l'expérience en cours d'exécution. Miss Watkins savait seulement que, suivant son conseil, il s'était remis à la chimie, et elle en était heureuse.

IX

UNE SURPRISE

Le jour où l'expérience semblait devoir être définitivement activée fut un grand jour.

Il y avait déjà deux semaines que le feu n'était plus entretenu, — ce qui avait permis à l'appareil de se refroidir graduellement. Cyprien, jugeant que la cristallisation du carbone devait être faite si toutefois elle avait pu s'opérer dans ces conditions, se détermina à enlever la couche de terre qui formait calotte autour du fourneau.

Ce fut à grands coups de pioche qu'il fallut l'attaquer, cette calotte, car elle s'était durcie comme une brique dans le four d'un briquetier. Mais enfin elle céda aux efforts de Matakit et laissa bientôt voir, d'abord la partie supérieure du fourneau, — ce qu'on appelle le chapiteau, — puis le fourneau tout entier.

Le cœur du jeune ingénieur battait cent vingt pulsations à la minute, au moment où le jeune Cafre, aidé de Li et de Bardik, enlevait ce chapiteau.

Que l'expérience eût réussi, il n'y croyait guère, étant de ceux qui doutent toujours d'eux-mêmes! Mais enfin c'était possible, après tout! Et quelle joie s'il en était ainsi! Toutes ses espérances de bonheur, de gloire, de fortune, ne tenaient-elles pas dans ce gros cylindre noir, qui réparaissait à ses yeux, après tant de semaines d'attente!

O misère!... Le canon avait éclaté.

Oui! sous la formidable pression de la vapeur d'eau et du gaz des marais, portés à une température des plus élevées, l'acier même n'avait pu résister. Le tube, bien qu'il mesurât cinq centimètres d'épaisseur, avait crevé comme une simple éprouvette. Il présentait sur un de ses côtés, presque en son milieu, une fissure béante comme une large bouche, noircie, tordue par les flammes, et qui semblait ricaner méchamment au nez du savant déconténancé.

C'était jouer de malheur! Tant de peines pour en arriver à ce résultat négatif! En vérité, Cyprien se serait senti moins humilié, si, grâce à des précautions mieux prises, son appareil avait pu supporter l'épreuve du feu! Que le cylindre se trouvât vide de carbone cristallisé, certes, il était dix fois préparé à ce désappointement! Mais, avoir chauffé, refroidi, disons le mot, avoir choyé pendant un mois ce vieux rouleau d'acier, bon désormais à jeter au rebut, c'était le comble de la malechance! Volontiers, il l'aurait envoyé d'un coup de pied au bas de la côte, si le tube n'eût été trop lourd pour se laisser traiter avec ce sans-gêne!

Cyprien allait donc l'abandonner dans le fourneau, et il se préparait à sortir, tout attristé, pour aller annoncer à Alice ce lamentable résultat, lorsqu'une curiosité de chimiste, qui survivait en lui, le poussa à approcher une allumette de l'ouverture du tube, afin d'en examiner l'intérieur.

« Sans doute, pensait-il, la terre dont je l'ai garni intérieurement, s'est transformée en brique comme l'enveloppe extérieure du fourneau. »

La supposition était fondée. Cependant, par un phénomène assez singulier et que Cyprien ne s'expliqua pas tout d'abord, une sorte de boule d'argile semblait s'être détachée de ce revêtement de terre, après s'être durcie séparément dans le tube.

Cette boule, d'un rouge noirâtre, ayant à peu près le diamètre d'une orange, pouvait aisément passer par la fissure. Cyprien la retira donc et la prit assez nonchalamment pour l'examiner. Puis, reconnaissant que c'était bien un fragment de glaise, séparé de la paroi, qui avait subi la cuisson isolément, il allait le jeter de côté, lorsqu'il s'aperçut qu'il sonnait creux, comme une pièce de poterie.

Cela faisait une espèce de petite cruche close, dans laquelle dansait une sorte de grelot très lourd.

« Une vraie tirelire ! » se dit Cyprien.

Mais, s'il avait dû, sous peine de mort, donner l'explication de ce mystère, il en aurait été incapable.

Cependant, il voulut en avoir le cœur net. Il prit donc un marteau et cassa la tirelire.

C'en était bien une, en effet, et qui contenait un trésor inestimable. Non ! il n'y avait pas à se méprendre sur la nature du gros caillou, qui apparut alors aux yeux émerveillés du jeune ingénieur ! Ce caillou était un diamant, enveloppé d'une gangue, absolument pareille à celle des diamants ordinaires, mais un diamant de dimensions colossales, invraisemblables, sans précédent !

Qu'on en juge ! Ce diamant était plus gros qu'un œuf de poule, assez semblable d'aspect à une pomme de terre, et il devait peser au moins trois cents grammes.

« Un diamant !... Un diamant artificiel ! répétait à mi-voix Cyprien stupéfait. J'ai donc trouvé la solution du problème de cette fabrication, en dépit de l'accident arrivé au tube !... Je suis donc riche !... Alice, ma chère Alice est à moi ! »

Puis, se reprenant à ne rien croire de ce qu'il voyait :

« Mais c'est impossible !... C'est une illusion, un mirage !... répétait-il sous la morsure du doute. Ah ! je saurai bientôt à quoi m'en tenir ! »

Et, sans même prendre le temps de mettre son chapeau, éperdu, fou de joie, comme le fut Archimède au sortir du bain dans lequel il était plongé, lorsqu'il découvrit son fameux principe, voilà Cyprien qui descend tout d'une traite le chemin de la ferme et tombe, à la façon d'un obus, chez Jacobus Vandergaart.

Il trouva le vieux lapidaire occupé à examiner des pierres que Nathan, le courtier en diamants, venait de lui donner à tailler.

« Ah ! monsieur Nathan, vous êtes là fort à point ! s'écria Cyprien. Voyez !... et vous aussi, monsieur Vandergaart, voyez ce que je vous apporte, et dites-moi ce que c'est ! »

Il avait posé son caillou sur la table et s'était croisé les bras.

Nathan, le premier, prit ce caillou, pâlit de surprise, et, les yeux écarquillés, la bouche béante, il le passa à Jacobus Vandergaart. Celui-ci, après avoir élevé l'objet devant ses yeux, sous la lumière de la fenêtre, le considéra à son tour par-dessus ses bésicles. Puis, il le remit sur la table et regardant Cyprien :

« Cela, c'est le plus gros diamant qu'il y ait au monde, dit-il tranquillement.

— Oui !... le plus gros ! répéta Nathan. Quatre ou cinq fois gros comme le *Koh-i-noor*, la « Montagne de lumière, » l'orgueil du Trésor royal d'Angleterre, qui pèse cent soixante-dix-neuf carats !

— Deux ou trois fois gros comme le *Grand Mogol*, la plus grosse pierre connue, qui pèse deux cent quatre-vingts carats ! reprit le vieux lapidaire.

— Quatre ou cinq fois comme le diamant du Czar, qui pèse cent quatre-vingt-treize carats ! riposta Nathan, de plus en plus stupéfait.

— Sept ou huit fois comme le *Régent*, qui pèse cent trente-six carats ! reprit Jacobus Vandergaart.

— Vingt ou trente fois comme le diamant de Dresde, qui n'en pèse que trente et un ! s'écria Nathan.

Et il ajouta :

« J'estime qu'après la taille, celui-ci pèsera encore au moins quatre cents carats ! Mais comment oserait-on même risquer une évaluation pour une pierre pareille ! Cela échappe à tout calcul !

— Pourquoi pas ? répondit Jacobus Vandergaart, qui était resté le plus calme des deux. Le *Koh-i-noor* est estimé trente millions de francs, le *Grand Mogol* douze millions, le diamant du Czar huit millions, le *Régent* six millions !... Eh bien, celui-ci doit certainement en valoir une centaine au bas mot !

— Eh ! tout dépend de sa couleur et de sa qualité ! répliqua Nathan, qui commençait à reprendre ses sens et jugeait peut-être utile de poser des jalons, pour l'avenir, en vue d'un marché possible. S'il est incolore et de première eau, la valeur en sera inestimable ! Mais s'il est jaune, comme la plupart de nos diamants du Griqualand, cette valeur sera infiniment moins élevée!... Je ne sais pourtant si je ne préférerais encore, pour une pierre de cette dimension, une belle teinte bleue de saphir, comme celle du diamant de Hope, ou rose, comme celle du *Grand Mogol*, ou même vert émeraude, comme celle du diamant de Dresde.

— Mais non!... mais non ! s'écria le vieux lapidaire avec feu. Je suis, moi, pour les diamants incolores ! Parlez-moi du *Koh-i-noor* ou du *Régent* ! Voilà de véritables gemmes !... Auprès d'elles, les autres ne sont que des pierres de fantaisie ! »

Cyprien n'écoutait déjà plus.

« Messieurs, vous m'excuserez, dit-il précipitamment, mais je suis obligé de vous quitter à l'instant ! »

Et, après avoir repris son précieux caillou, il remonta, toujours courant, le chemin de la ferme.

Sans même songer à frapper, il ouvrit la porte du parloir, se trouva en présence d'Alice, et, avant d'avoir réfléchi à l'emportement de sa conduite, il l'avait prise dans ses bras, embrassée sur les deux joues.

« Eh bien ! qu'est ceci? » s'écria Mr. Watkins, scandalisé de ces démonstrations inattendues.

Il était assis à la table, en face d'Annibal Pantalacci, en train de faire avec ce mauvais farceur une partie de piquet.

« Miss Watkins, excusez-moi ! balbutia Cyprien, tout surpris de sa propre audace, mais rayonnant de joie. Je suis trop heureux !... Je suis fou de bonheur !... Regardez !... Voilà ce que je vous apporte ! »

Et il jeta, plutôt qu'il ne déposa, son diamant sur la table entre les deux joueurs.

De même que Nathan et Jacobus Vandergaart, ceux-ci comprirent tout de suite de quoi il s'agissait. Mr. Watkins, qui n'avait encore attaqué que très modérément sa ration quotidienne de gin, était dans un état suffisamment lucide.

« Vous avez trouvé cela... vous-même... dans votre claim? s'écria-t-il vivement.

— Trouvé cela? répondit Cyprien triomphant. J'ai fait mieux !... Je l'ai fabriqué moi-même de toutes pièces !... Ah ! monsieur Watkins, la chimie a du bon, après tout ! »

Et il riait, et il serrait dans ses mains les doigts fins d'Alice, qui, toute surprise de ces démonstrations passionnées, mais enchantée du bonheur de son ami, souriait doucement.

« C'est pourtant à vous que je dois cette découverte, mademoiselle Alice! reprit Cyprien. Qui m'a conseillé de me remettre à la chimie? Qui a exigé que je cherche la fabrication du diamant artificiel, sinon votre charmante, votre adorable fille, monsieur Watkins?... Oh! je puis lui rendre hommage, comme les anciens preux à leur dame, et proclamer qu'à elle revient tout le mérite de l'invention!... Y aurais-je jamais songé sans elle! »

Mr. Watkins et Annibal Pantalacci regardaient le diamant, puis se regardaient l'un l'autre, en secouant la tête. Ils étaient littéralement plongés dans le plus complet ahurissement.

« Vous dites que vous avez fabriqué ça... vous-même?... reprit John Watkins. C'est donc une pierre fausse?

— Une pierre fausse?... s'écria Cyprien. Eh bien, oui!... une pierre fausse!... Mais Jacobus Vandergaart et Nathan l'estiment cinquante millions au bas mot, et peut-être cent! Si ce n'est qu'un diamant artificiel, obtenu par un procédé dont je suis l'inventeur, il n'est pas moins parfaitement authentique!... Vous voyez que rien n'y manque... pas même sa gangue!

— Et vous vous chargez de faire d'autres diamants semblables? demanda John Watkins en insistant.

— Si je m'en charge, monsieur Watkins, mais évidemment! Je vous en ferai à la pelle, des diamants!... Je vous en ferai de dix fois, de cent fois plus gros que celui-ci, si vous le désirez!... Je vous en ferai en nombre assez grand pour paver votre terrasse, pour macadamiser les chemins du Griqualand, si le cœur vous en dit!... Il n'y a que le premier pas qui coûte, et, la première pierre une fois obtenue, le reste n'est qu'un détail, une simple affaire de dispositions techniques à régler!

— Mais s'il en est ainsi, reprit le fermier, devenu blême, ce sera la ruine pour les propriétaires de mines, pour moi, pour tout le pays du Griqualand!

— Évidemment! s'écria Cyprien. Quel intérêt voulez-vous qu'on trouve encore à fouiller la terre pour y chercher de petits diamants presque sans valeur, du moment où il sera aussi aisé d'en fabriquer industriellement de toutes dimensions que de faire des pains de quatre livres!

— Mais, c'est monstrueux!... répliqua John Watkins. C'est une infamie!... C'est une abomination!... Si ce que vous dites est fondé, si réellement vous possédez ce secret... »

Le cœur du jeune ingénieur battait. (Page 83.)

Il s'arrêta, suffoqué.

« Vous voyez, dit froidement Cyprien, je ne parle pas en l'air, puisque je vous ai apporté mon premier produit !... Et je pense qu'il est d'assez belle taille pour vous convaincre !

— Eh bien! répondit enfin Mr. Watkins, qui avait fini par reprendre haleine, si c'est vrai... on devrait vous fusiller à l'instant même, dans la grande rue du camp, monsieur Méré!... Voilà mon opinion!

— Et c'est aussi la mienne! » crut devoir ajouter Annibal Pantalacci avec un geste de menaces.

Une curiosité de chimiste... (Page 83.)

Miss Watkins s'était levée, toute pâle.

« Me fusiller parce que j'ai résolu un problème de chimie, posé depuis cinquante ans? répondit le jeune ingénieur en haussant les épaules. En vérité, ce serait un peu vif!

— Il n'y a pas de quoi rire, monsieur! répliqua le fermier furieux. Avez-vous pensé aux conséquences de ce que vous appelez votre découverte... à tout le travail des mines arrêté... au Griqualand dépossédé de sa plus glorieuse industrie... à moi qui vous parle, réduit à la mendicité?

— Ma foi, je vous avoue que je n'ai guère réfléchi à tout cela! répondit très franchement Cyprien. Ce sont là des conséquences inévitables du progrès industriel, et la science pure n'a pas à s'en inquiéter !... Au surplus, pour vous personnellement, monsieur Watkins, soyez sans crainte ! Ce qui est à moi est à vous, et, vous savez bien pour quel motif j'ai été porté à diriger mes recherches dans cette voie ! »

John Watkins vit tout d'un coup le parti qu'il y avait à tirer de la découverte du jeune ingénieur, et, quoi qu'en pût penser le Napolitain, il n'hésita pas, comme on dit, à changer son fusil d'épaule.

« Après tout, reprit-il, il se peut que vous ayez raison, et vous parlez en brave garçon que vous êtes, monsieur Méré ! Oui !... réflexion faite, je compte bien qu'il y aura moyen de s'entendre ! Pourquoi feriez-vous une quantité excessive de diamants ? Ce serait le plus sûr moyen d'avilir votre découverte ! Ne serait-il pas plus sage d'en garder le secret avec soin, d'en user avec modération, de fabriquer seulement une ou deux pierres pareilles à celle-ci, par exemple, ou même de vous en tenir à ce premier succès, puisqu'il vous assure du coup un capital considérable et fait de vous l'homme le plus riche du pays ?... De la sorte, tout le monde sera content, les choses continueront à marcher comme par le passé, et vous ne serez pas venu vous mettre à la traverse d'intérêts respectables !. »

C'était là un nouvel aspect de la question, auquel Cyprien n'avait pas encore songé. Mais le dilemme se posait subitement, devant ses yeux, dans sa rigueur impitoyable : ou bien garder pour lui le secret de sa découverte, le laisser ignorer au monde et en abuser pour s'enrichir, ou bien, comme le disait avec raison John Watkins, avilir du même coup tous les diamants naturels et artificiels, et, par conséquent, renoncer à la fortune, pour arriver... à quoi ?... à ruiner tous les mineurs du Griqualand, du Brésil et de l'Inde !

Placé dans cette alternative, Cyprien hésita peut-être, mais ce ne fut qu'un instant. Et pourtant, il comprenait que choisir le parti de la sincérité, de l'honneur, de la fidélité à la science, c'était renoncer sans retour à l'espoir même qui avait été le principal mobile de sa découverte !

La douleur était pour lui aussi amère, aussi poignante qu'elle était inattendue, puisqu'il retombait subitement du haut d'un si beau rêve !

« Monsieur Watkins, dit-il gravement, si je gardais pour moi le secret de ma découverte, je ne serais plus qu'un faussaire ! Je vendrais à faux poids et je tromperais le public sur la qualité de la marchandise ! Les résultats obtenus par un savant ne lui appartiennent pas en propre ! Ils font partie du patrimoine de tous ! En réserver pour soi, dans un intérêt égoïste et personnel, la moindre parcelle, ce serait se rendre coupable de l'acte le plus vil qu'un homme puisse commettre ! Je ne le ferai pas !... Non !... Je n'attendrai pas une semaine, pas un jour, pour mettre dans le domaine public la formule que le hasard, aidé d'un peu de réflexion, a fait tomber en mes mains ! Ma seule restriction sera, comme il est juste et convenable, de l'offrir, cette formule, d'abord à ma patrie, à la France qui m'a mis en état de la servir !... Dès demain, j'adresserai à l'Académie des Sciences le secret de mon procédé ! Adieu, monsieur, je vous dois d'avoir aperçu nettement un devoir auquel je ne songeais pas !... Miss Watkins, j'avais fait un beau rêve !... Il faut y renoncer, hélas ! »

Avant que la jeune fille n'eût pu faire un mouvement vers lui, Cyprien avait repris son diamant, puis, saluant miss Watkins et son père, il sortit.

X

OU JOHN WATKINS RÉFLÉCHIT.

En quittant la ferme, Cyprien, le cœur brisé, mais résolu à faire ce qu'il considérait comme un devoir professionnel, se rendit de nouveau chez Jacobus Vandergaart. Il le trouva seul. Le courtier Nathan avait eu hâte de le quitter pour être le premier à répandre dans le camp une nouvelle qui intéressait si directement les mineurs.

Cette nouvelle n'y causait pas une médiocre rumeur, quoiqu'on ignorât encore que l'énorme diamant du « Monsieur, » comme on appelait Cyprien, fût un diamant artificiel. Mais le « Monsieur » s'inquiétait bien des commérages du Kopje ! Il avait hâte de vérifier, avec le vieux Vandergaart, la qualité et la couleur de cette pierre, avant de rédiger un rapport à son sujet, et c'est pourquoi il revenait chez lui.

« Mon cher Jacobus, dit-il en prenant place auprès de lui, ayez donc l'obligeance de me tailler une facette sur cette bosse-là, afin que nous puissions voir un peu ce qui se cache sous la gangue.

— Rien de plus aisé, dit le vieux lapidaire, en prenant le caillou des mains de son jeune ami. Vous avez, ma foi, fort bien choisi l'endroit! ajouta-t-il en constatant la présence d'un léger renflement sur l'un des côtés de la gemme, qui, à part ce défaut, était d'un ovale presque parfait. Nous ne risquons pas, en taillant de ce côté, d'engager l'avenir! »

Sans plus tarder, Jacobus Vandergaart se mit à l'ouvrage, et, après avoir choisi dans sa sébile une pierre brute de quatre à cinq carats, qu'il fixa fortement au bout d'une sorte de manette, il se mit à user l'une contre l'autre les deux pellicules extérieures.

« Ce serait plus tôt fait en clivant, dit-il, mais qui oserait s'amuser à donner un coup de marteau sur une pierre de ce prix! »

Ce travail, très long et très monotone, ne prit pas moins de deux heures. Lorsque la facette fut assez large pour permettre de juger quelle était la nature de la pierre, il fallut la polir sur la meule, et cela prit beaucoup de temps.

Cependant, il faisait encore grand jour, lorsque ces préliminaires furent achevés. Cyprien et Jacobus Vandergaart, cédant enfin à leur curiosité, se rapprochèrent pour vérifier le résultat de l'opération.

Une belle facette couleur de jais, mais d'une limpidité et d'un éclat incomparables, s'offrit à leurs regards.

Le diamant était noir! Singularité presque unique, en tout cas très exceptionnelle, qui ajoutait encore, s'il est possible, à sa valeur.

Les mains de Jacobus Vandergaart tremblaient d'émotion en le faisant miroiter au soleil couchant.

« C'est la gemme la plus extraordinaire et la plus belle qui ait jamais réfléchi les rayons du jour! disait-il avec une sorte de respect religieux. Que sera-ce donc, lorsqu'elle pourra les réfracter, après avoir été taillée sur toutes ses faces!

— Vous chargeriez-vous d'entreprendre ce travail? demanda vivement Cyprien.

— Oui, certes, mon cher enfant! Ce serait l'honneur et le couronnement de ma longue carrière!... Mais peut-être feriez-vous mieux de choisir une main plus jeune et plus ferme que la mienne ?

— Non! répondit affectueusement Cyprien. Personne, j'en suis sûr, ne mettra à l'œuvre plus de soin et plus d'habileté que vous! Gardez ce diamant, mon cher Jacobus, et taillez-le à votre loisir. Vous en ferez un chef-d'œuvre! C'est une affaire entendue. »

Le vieillard tournait et retournait la pierre dans ses doigs et semblait hésiter à formuler sa pensée.

« Une chose m'inquiète, finit-il par dire. Savez-vous que je ne me fais pas beaucoup à cette pensée d'avoir chez moi un joyau de pareille valeur! C'est cinquante millions de francs au bas mot, et peut-être plus, que je tiens là dans la paume de la main! Il n'est pas très prudent de se charger d'une responsabilité pareille!

— Personne n'en saura rien, si vous ne le dites pas, monsieur Vandergaart, et, pour mon compte, je vous garantis le secret!

— Hum! on s'en doutera! Vous pouvez avoir été suivi, lorsque vous veniez ici!... On supposera ce qu'on ne saura pas avec certitude!... Le pays est si étrangement peuplé!.. Non! Je ne dormirai pas tranquille!

— Peut-être avez-vous raison? répondit Cyprien, comprenant bien l'hésitation du vieillard. Mais que faire!

— C'est à quoi je songe! » reprit Jacobus Vandergaart, qui resta silencieux pendant quelques moments.

Puis reprenant :

« Écoutez, mon cher enfant, dit-il. Ce que je vais vous proposer est délicat et suppose que vous ayez en moi une confiance absolue! Mais vous me connaissez assez pour ne pas trouver étrange que la pensée me vienne de prendre tant de précautions!... Il faut que je parte à l'instant même avec mes outils et cette pierre, pour aller me réfugier en quelque coin où je ne serai pas connu, — à Bloemfontein ou à Hope-Town, par exemple. J'y prendrai une chambre modeste, je m'enfermerai pour travailler dans le plus grand secret, et je ne reviendrai qu'après avoir fini mon œuvre. Peut-être arriverai-je à dépister ainsi les malfaiteurs!... Mais, je le répète, je suis presque honteux de suggérer un pareil plan...

— Que je trouve fort sage, répondit Cyprien, et je ne saurais trop vous engager à le réaliser!

— Comptez que ce sera long, qu'il me faudra un mois au moins, et qu'il peut m'arriver bien des accidents en route!

— N'importe, monsieur Vandergaart, si vous croyez que c'est le meilleur parti à prendre! Et après tout, si le diamant s'égare, le mal ne sera pas grand! »

Jacobus Vandergaart regarda son jeune ami avec une sorte d'épouvante.

« Un tel coup de fortune lui aurait-il fait perdre la raison? » se demandait-il.

Cyprien comprit sa pensée et se mit à sourire. Il lui expliqua donc d'où provenait le diamant et comment il pouvait désormais en fabriquer d'autres autant qu'il le voudrait. Mais, soit que le vieux lapidaire n'ajoutât qu'une foi médiocre à ce récit, soit qu'il eût un motif personnel de ne pas vouloir rester seul dans cette case isolée, en tête-à-tête avec une pierre de cinquante millions, il insista pour partir sur l'heure.

C'est pourquoi, après avoir rassemblé, dans un vieux sac de cuir, ses outils et ses hardes, Jacobus Vandergaart attacha à sa porte une ardoise sur laquelle il écrivit : *Absent pour affaires,* fourra la clef dans sa poche, mit le diamant dans son gilet et partit.

Cyprien l'accompagna pendant deux ou trois milles sur la route de Bloemfontein, et ne le quitta que sur ses instances réitérées.

Il était nuit close, lorsque le jeune ingénieur rentra chez lui, pensant peut-être plus à miss Watkins qu'à sa fameuse découverte.

Cependant, sans prendre le temps de faire honneur au dîner préparé par Matakit, il s'établit à sa table de travail et se mit à rédiger la note qu'il comptait adresser par le prochain courrier au secrétaire perpétuel de l'Académie des Sciences. C'était une description minutieuse et complète de son expérience, suivie d'une théorie fort ingénieuse de la réaction qui avait dû donner naissance à ce magnifique cristal de carbone.

« Le caractère le plus remarquable de ce produit, disait-il entre autres choses, est dans son identité complète avec le diamant naturel, et surtout dans la présence d'une gangue extérieure. »

En effet, Cyprien n'hésitait pas à attribuer cet effet si curieux au soin qu'il avait pris de tapisser son récipient d'un enduit de terre, choisi avec soin dans le Vandergaart-Kopje. La façon, dont une partie de cette terre s'était détachée de la paroi pour former autour du cristal une véritable coque, n'était pas aisée à expliquer, et c'est un point que les expériences ultérieures élucideraient sans doute. On pouvait peut-être imaginer qu'il y avait eu là un phénomène entièrement nouveau d'affinité chimique, et l'auteur se proposait d'en faire l'objet d'une étude approfondie. Il n'avait pas la prétention de donner du premier coup la théorie complète et définitive de sa découverte. Ce qu'il voulait, c'était tout d'abord la communiquer sans retard au monde savant, prendre date pour la France, appeler enfin la discussion et la lumière sur des faits encore inexpliqués et obscurs pour lui-même.

Ce mémoire commencé, sa comptabilité scientifique ainsi mise à jour, en attendant qu'il pût la compléter par de nouvelles observations, avant de l'adresser à qui de droit, le jeune ingénieur soupa quelque peu et alla se coucher.

Le lendemain matin, Cyprien quittait sa demeure et se promenait, tout pensif, sur les divers terrains de mines. Certains regards, rien moins que sympathiques, l'accueillaient visiblement à son passage. S'il ne s'en apercevait pas, c'est qu'il avait oublié toutes les conséquences de sa grande découverte, si durement établies la veille par John Watkins, c'est-à-dire la ruine, en un délai plus ou moins long, des concessionnaires et des concessions du Griqualand. Cela, cependant, était bien fait pour inquiéter au milieu d'un pays à demi sauvage, où l'on n'hésite pas à se faire justice de ses propres mains, où la garantie du travail, et par conséquent du commerce qui en découle, est la loi suprême. Que la fabrication du diamant artificiel devînt une industrie pratique, et tous les millions enfouis dans les mines du Brésil comme dans celles de l'Afrique australe, sans parler des milliers d'existences déjà sacrifiées, étaient irrémédiablement perdus. Sans doute, le jeune ingénieur pouvait garder le secret de son expérience ; mais, à ce sujet, sa déclaration avait été très nette : il était décidé à ne pas le faire.

D'autre part, pendant la nuit, — une nuit de torpeur durant laquelle John Watkins ne rêva que de diamants invraisemblables, d'une valeur de plusieurs milliards, — le père d'Alice avait pu méditer et réfléchir à ceci. Qu'Annibal Pantalacci et autres mineurs vissent avec inquiétude et colère la révolution que la découverte de Cyprien allait apporter dans l'exploitation des terrains diamantifères, rien de plus naturel, puisqu'ils les exploitaient pour leur propre compte. Mais lui, simple propriétaire de la ferme Watkins, sa situation n'était pas la même. Sans doute, si les claims étaient abandonnés par suite de la baisse des gemmes, si toute cette population de mineurs finissait par abandonner les champs du Griqualand, la valeur de sa ferme s'amoindrirait dans une proportion notable, ses produits n'auraient plus un écoulement facile, ses maisons ou ses cases ne se loueraient plus, faute de locataires, et peut-être serait-il un jour dans l'obligation d'abandonner un pays devenu improductif.

« Bon! se disait John Watkins, avant d'en venir là, plusieurs années se passeront encore! La fabrication des diamants artificiels n'en est point arrivée à l'état pratique, même avec les procédés de monsieur Méré! Peut-être y a-t-il eu beaucoup de hasard dans son affaire! Mais en attendant, hasard ou non, il n'en a pas moins fait une pierre d'une valeur énorme, et si, dans les conditions d'un diamant naturel, elle vaut une cinquantaine de millions, elle

« C'est le plus gros diamant... » (Page 85.)

en vaudra plusieurs encore, bien qu'ayant été produite artificiellement! Oui! il faut retenir ce jeune homme, à tout prix! Il faut, au moins pendant quelque temps, l'empêcher d'aller crier sur les toits son immense découverte! Il faut que cette pierre entre définitivement dans la famille Watkins et n'en sorte plus que contre un nombre respectable de millions! Quant à retenir celui qui l'a fabriquée, cela n'est vraiment que trop facile, — même sans s'engager d'une façon définitive! Alice est là, et, avec Alice, je saurai bien retarder son départ pour l'Europe!... Oui!... dussé-je la lui promettre en mariage!... dussé-je même la lui donner! »

Le diamant était noir. (Page 92.)

A coup sûr, John Watkins, sous la pression d'une cupidité dévorante, aurait été jusque-là! Dans toute cette affaire, il ne voyait que lui, il ne songeait qu'à lui! Et bientôt, si le vieil égoïste pensa à sa fille, ce fut uniquement pour se dire :

« Mais après tout, Alice n'aura point à se plaindre! Ce jeune fou de savant est fort bien! Il l'aime, et j'imagine qu'elle n'est point restée insensible à son amour! Or, qu'y a-t-il de mieux que d'unir deux cœurs faits l'un pour l'autre... ou tout au moins, de leur faire espérer cette union, jusqu'au moment où toute cette affaire sera bien éclaircie!... Ah! par saint John, mon patron, au diable

Annibal Pantalacci et ses camarades, et chacun pour soi, même au pays du Griqualand ! »

Ainsi raisonnait John Watkins, en manœuvrant cette balance idéale, dans laquelle il venait de faire équilibre à l'avenir de sa fille avec un simple morceau de carbone cristallisé, et il était tout heureux de penser que les plateaux se tenaient sur la même ligne horizontale.

Aussi, le lendemain, sa résolution était-elle prise : il ne brusquerait rien, il laisserait venir les choses, se doutant bien du chemin qu'elles prendraient pour arriver.

Tout d'abord, il lui importait de revoir son locataire, — ce qui était facile, puisque le jeune ingénieur venait chaque jour à la ferme, — mais aussi, il voulait revoir le fameux diamant qui avait pris dans son rêve des proportions fabuleuses.

Mr. Watkins se rendit donc à la case de Cyprien, qui, vu l'heure matinale, s'y trouvait encore.

« Eh bien, mon jeune ami, lui dit-il d'un ton de belle humeur, comment avez-vous passé cette nuit... cette première nuit qui a suivi votre grande découverte ?

— Mais, très bien, monsieur Watkins, très bien ! répondit froidement le jeune homme.

— Quoi ? vous avez pu dormir !

— Comme à l'ordinaire !

— Tous ces millions, qui sont sortis de ce fourneau, reprit Mr. Watkins, n'ont pas troublé votre sommeil ?

— En aucune façon, répondit Cyprien. Comprenez donc bien ceci, monsieur Watkins, ce diamant ne vaudrait des millions qu'à la condition d'être l'œuvre de la nature et non celle d'un chimiste...

— Oui !... oui !... monsieur Cyprien ! Mais êtes-vous certain de pouvoir en faire un autre... ou d'autres ?... En répondriez-vous ? »

Cyprien hésita, sachant combien, dans une expérience de ce genre, il pouvait y avoir de déconvenues.

« Vous le voyez ! reprit John Watkins. Vous n'en répondriez pas !... Donc, jusqu'à nouvel essai et succès, votre diamant conservera une valeur énorme !... Dès lors, pourquoi aller dire, au moins maintenant, que c'est une pierre artificielle ?

— Je vous répète, répondit Cyprien, que je ne puis cacher un secret scientifique de cette importance !

— Oui... oui!... je sais! reprit John Watkins, en faisant signe au jeune homme de se taire, comme s'il eût pu être entendu du dehors. Oui!... oui!... Nous recauserons de cela!... Mais ne vous préoccupez pas de Pantalacci et des autres!... Ils ne diront rien de votre découverte, puisque leur intérêt est de ne rien dire!... Croyez-moi... attendez!... et surtout pensez que ma fille et moi, nous sommes bien heureux de votre succès!... Oui!... bien heureux!... Mais, ne pourrais-je revoir ce fameux diamant?... C'est à peine si, hier, j'ai eu le temps de l'examiner!... Voudriez-vous me permettre...

— C'est que je ne l'ai plus! répondit Cyprien.

— Vous l'avez expédié en France! s'écria Mr. Watkins, anéanti à cette pensée.

— Non... pas encore!... A l'état brut, on ne pourrait juger de sa beauté! Rassurez-vous!

— A qui l'avez-vous donc remis? De par tous les saints d'Angleterre, à qui?

— Je l'ai donné à tailler à Jacobus Vandergaart, et j'ignore où il l'a emporté.

— Vous avez confié un pareil diamant à ce vieux fou? s'écria John Watkins, véritablement furieux. Mais c'est de la démence, monsieur! C'est de la démence!

— Bah! répondit Cyprien, que voulez-vous que Jacobus ou n'importe qui fasse d'un diamant dont la valeur, pour ceux à qui son origine est inconnue, est au moins de cinquante millions? Pensez-vous qu'il soit aisé de le vendre secrètement? »

Mr. Watkins parut frappé de cet argument. Un diamant d'un tel prix, bien évidemment, il ne devait pas être facile de s'en défaire. Néanmoins, le fermier n'était pas tranquille, et il eût donné beaucoup, oui... beaucoup!... pour que l'imprudent Cyprien ne l'eût pas confié au vieux lapidaire... ou tout au moins, pour que le vieux lapidaire fût déjà revenu au Griqualand avec sa précieuse gemme!

Mais Jacobus Vandergaart avait demandé un mois, et, si impatient que fût John Watkins, il lui fallait bien attendre.

Il va sans dire que, les jours suivants, ses commensaux habituels, Anniba Pantalacci, herr Friedel, le juif Nathan, ne se firent point faute de dauber l'honnête lapidaire. Souvent ils en parlaient en l'absence de Cyprien, et toujours pour faire observer à John Watkins que le temps s'écoulait et que Jacobus Vandergaart ne reparaissait pas.

« Et pourquoi reviendrait-il en Griqualand, disait Friedel, puisqu'il lui est si facile de garder ce diamant, d'une si énorme valeur, dont rien encore ne trahit l'origine artificielle ?

— Parce qu'il ne trouverait pas à le vendre ! répondait Mr. Watkins, en reproduisant l'argument du jeune ingénieur, qui ne suffisait plus maintenant à le rassurer.

— Belle raison ! ripostait Nathan.

— Oui ! belle raison ! ajoutait Annibal Pantalacci, et, croyez-moi, le vieux crocodile est déjà loin à cette heure ! Rien de plus aisé, pour lui surtout, que de dénaturer la pierre et de la rendre méconnaissable ! Vous ne savez même pas quelle en est la couleur ! Qui l'empêche de la couper en quatre ou six, et d'en faire par le clivage plusieurs diamants de dimensions encore fort respectables ? »

Ces discussions portaient le trouble dans l'âme de Mr. Watkins, qui commençait à penser que Jacobus Vandergaart ne reparaîtrait pas.

Seul, Cyprien croyait fermement à la probité du vieux lapidaire, et affirmait hautement qu'il reviendrait au jour dit. Il avait raison.

Jacobus Vandergaart revint quarante-huit-heures plus tôt. Telle avait été sa diligence et son ardeur à l'ouvrage, qu'en vingt-sept jours, il avait fini de tailler le diamant. Il rentra, pendant la nuit, pour le passer à la meule et achever de le polir, et, le matin du vingt-neuvième jour, Cyprien vit le vieillard se présenter chez lui.

« Voilà le caillou, » dit-il simplement en déposant sur la table une petite boîte de bois.

Cyprien ouvrit la boîte et resta ébloui.

Sur un lit de coton blanc, un énorme cristal noir, en forme de rhomboïde dodécaèdre, jetait des feux prismatiques d'un éclat tel que le laboratoire en semblait illuminé. Cette combinaison, d'une couleur d'encre, d'une transparence adamantine absolument parfaite, d'un pouvoir réfringent sans égal, produisait l'effet le plus merveilleux et le plus troublant. On se sentait en présence d'un phénomène vraiment unique, d'un jeu de la nature probablement sans précédent. Toute idée de valeur mise à part, la splendeur du joyau éclatait par elle-même.

« Ce n'est pas seulement le plus gros diamant, c'est le plus beau qu'il y ait au monde ! dit gravement Jacobus Vandergaart, avec une pointe d'orgueil paternel. Il pèse quatre cent trente-deux carats ! Vous pouvez vous flatter d'avoir fait un chef-d'œuvre, mon cher enfant, et votre coup d'essai a été un coup de maître ! »

Cyprien n'avait rien répondu aux compliments du vieux lapidaire. Pour lui, il n'était que l'auteur d'une découverte curieuse, — rien de plus. Beaucoup d'autres s'y étaient acharnés sans réussir, là où il venait de vaincre, sans doute, sur ce terrain de la chimie inorganique. Mais quelles conséquences utiles pour l'humanité aurait cette fabrication du diamant artificiel? Inévitablement, elle ruinerait, dans un temps donné, tout ceux qui vivaient du commerce des pierres précieuses, et, en somme, elle n'enrichirait personne.

Aussi, en y réfléchissant, le jeune ingénieur revenait-il de l'enivrement auquel il s'était abandonné pendant les premières heures qui avaient suivi sa découverte. Oui! maintenant, ce diamant, si admirable qu'il fût au sortir des mains de Jacobus Vandergaart, ne lui apparaissait plus que comme une pierre sans valeur, et à laquelle devait manquer bientôt le prestige même de la rareté.

Cyprien avait repris l'écrin, sur lequel scintillait l'incomparable gemme, et après avoir serré la main du vieillard, il s'était dirigé vers la ferme de Mr. Watkins.

Le fermier était dans sa chambre basse, toujours inquiet, toujours troublé, en attendant le retour, qui lui paraissait si improbable, de Jacobus Vandergaart. Sa fille était près de lui, le calmant du mieux qu'elle le pouvait.

Cyprien poussa la porte et resta un instant sur le seuil.

« Eh bien?... demanda vivement John Watkins, en se levant d'un mouvement rapide.

— Eh bien, l'honnête Jacobus Vandergaart est arrivé ce matin même ! répondit Cyprien.

— Avec le diamant?

— Avec le diamant, admirablement taillé, et qui pèse encore quatre cent trente-deux carats !

— Quatre cent trente-deux carats ! s'écria John Watkins. Et vous l'avez apporté?

— Le voici. »

Le fermier avait pris l'écrin, il l'avait ouvert, et ses deux gros yeux scintillaient presque autant que ce diamant qu'il regardait avec l'hébétement admiratif d'un extatique ! Puis, quand il lui fut donné de tenir dans ses doigts, sous cette forme légère et portative, matérielle et éclatante à la fois, la valeur colossale que représentait la gemme, son ravissement prit des accents si emphatiques qu'ils en étaient risibles.

Mr. Watkins avait des larmes dans la voix et parlait au diamant comme à un être animé :

« Oh! la belle, la superbe, la splendide pierre!... disait-il. Te voilà donc revenue, mignonne!... Que tu es brillante!... Que tu es lourde!... Combien tu dois valoir de bonnes guinées sonnantes!... Que va-t-on faire de toi, ma toute belle?... T'envoyer au Cap et de là à Londres pour te faire voir et admirer?... Mais qui sera assez riche pour t'acheter? La reine elle-même ne pourrait se permettre un pareil luxe!... Son revenu de deux ou trois ans y passerait!... Il faudra un vote du Parlement, une souscription nationale!... On la fera, va, sois tranquille!... Et tu iras, toi aussi, dormir à la Tour de Londres, à côté du *Koh-i-noor*, qui ne sera plus qu'un petit garçon à ton côté!... Qu'est-ce que tu peux bien valoir, ma belle? »

Et, après s'être livré à un calcul mental :

« Le diamant du czar a été payé par Catherine II un million de roubles comptant et quatre-vingt-seize mille francs de rente viagère! Il n'y aura sûrement rien d'exagéré à demander pour celui-ci un million sterling et cinq cent mille francs de rente perpétuelle! »

Puis, frappé d'une idée subite :

« Monsieur Méré, ne pensez-vous pas qu'on devrait élever à la pairie le propriétaire d'une pierre pareille? Tous les genres de mérite ont droit à être représentés à la Chambre Haute, et posséder un diamant de cette taille n'est certes pas un mérite vulgaire!... Vois donc, ma fille, vois!... Ce n'est pas assez de deux yeux pour admirer une pareille pierre! »

Miss Watkins, pour la première fois de sa vie, regarda un diamant avec quelque intérêt.

« Il est vraiment très beau!... Il brille comme un morceau de charbon qu'il est, mais comme un charbon incandescent! » dit-elle en le prenant délicatement sur son lit de coton.

Puis, d'un mouvement instinctif que toute jeune fille aurait eu à sa place, elle s'approcha de la glace, placée au-dessus de la cheminée, et posa le merveilleux joyau sur son front, au milieu de ses blonds cheveux.

« Une étoile sertie en or! dit galamment Cyprien, en se laissant aller, contre son habitude, à faire un madrigal.

— C'est vrai!... On dirait une étoile! s'écria Alice en battant joyeusement des mains. Eh bien, il faut lui laisser ce nom ! Baptisons-la l'*Étoile du Sud!*.. Le voulez-vous, monsieur Cyprien ? N'est-elle pas noire comme les beautés indigènes de ce pays et brillante comme les constellations de notre ciel austral ?

— Va pour l'*Étoile du Sud!* dit John Watkins, qui n'attachait au nom qu'une importance médiocre. Mais, prends garde de la laisser tomber ! reprit-il avec épouvante, sur un brusque mouvement de la jeune fille. Elle se briserait comme verre !

— Vraiment?... C'est si fragile que cela ? répondit Alice en remettant assez dédaigneusement la gemme dans son écrin. Pauvre étoile, tu n'es donc qu'un astre pour rire, un vulgaire bouchon de carafe !

— Un bouchon de carafe !... s'écria Mr. Watkins suffoqué. Les enfants ne respectent rien !...

— Mademoiselle Alice, dit alors le jeune ingénieur, c'est vous qui m'avez encouragé à chercher la fabrication artificielle du diamant ! C'est donc à vous que cette pierre doit d'exister aujourd'hui !... Mais, à mes yeux, c'est un joyau qui n'aura plus aucune valeur marchande, lorsqu'on connaîtra sa provenance !... Votre père me permettra, sans doute, de vous l'offrir en souvenir de votre heureuse influence sur mes travaux !

— Hein ! fit Mr. Watkins, ne pouvant dissimuler ce qu'il éprouvait à cette proposition... inattendue.

— Mademoiselle Alice, reprit Cyprien, ce diamant est à vous !... Je vous l'offre... je vous le donne ! »

Et miss Watkins, pour toute réponse, tendait au jeune homme une main que celui-ci pressait tendrement dans les siennes.

XI

L'ÉTOILE DU SUD.

La nouvelle du retour de Jacobus Vandergaart s'était promptement répandue. Aussi, la foule des visiteurs afflua-t-elle bientôt à la ferme pour voir la merveille du Kopje. On ne tarda pas non plus à apprendre que le diamant appartenait à

Cyprien l'accompagna. (Page 94.)

miss Watkins, et que son père, plus qu'elle-même, en était le véritable détenteur. De là, une surexcitation de la curiosité publique à propos de ce diamant, œuvre de l'homme et non de la nature.

Il faut faire observer ici que rien n'avait encore transpiré sur l'origine artificielle du diamant en question. D'une part, les mineurs du Griqualand n'eussent pas été assez malavisés pour ébruiter un secret qui pouvait amener leur ruine immédiate. D'autre part, Cyprien, ne voulant rien donner au hasard, n'avait encore rien dit à cet égard, et s'était décidé à ne point envoyer son mémoire relatif à l'*Étoile du Sud*, avant d'avoir contrôlé son succès par

« Je sais, » reprit Watkins en faisant signe... (Page 99.)

une seconde expérience. Ce qu'il avait fait une première fois, il voulait être certain de pouvoir le faire une seconde.

La curiosité publique était donc extrêmement surexcitée, et John Watkins n'aurait pu décemment se refuser à la satisfaire, d'autant plus qu'elle flattait sa vanité. Il plaça donc l'*Étoile du Sud* sur un léger lit de coton, au sommet d'une petite colonne de marbre blanc qui se dressait au milieu de la cheminée dans son parloir, et, tout le jour, il se tint en permanence, assis au fond de son fauteuil, surveillant l'incomparable joyau et le montrant au public.

James Hilton fut le premier à lui faire observer combien une telle conduite était imprudente. Se rendait-il bien compte des dangers qu'il appelait sur sa tête, en exhibant ainsi, à tous les yeux, l'énorme valeur qu'il abritait sous son toit ? Suivant Hilton, il était indispensable de demander à Kimberley une garde spéciale de gens de police, ou la nuit prochaine pourrait bien ne point se passer sans encombre.

Mr. Watkins, effrayé de cette perspective, s'empressa de suivre le judicieux conseil de son hôte, et ne respira plus qu'en voyant arriver, vers le soir, une escouade de policemen montés. Ces vingt-cinq hommes furent logés dans les dépendances de la ferme.

L'affluence des curieux ne fit que croître, les jours suivants, et la célébrité de l'*Étoile du Sud* eut bientôt franchi les limites du district pour se répandre jusqu'aux villes les plus lointaines. Les journaux de la colonie consacrèrent articles sur articles à décrire ses dimensions, sa forme, sa couleur et son éclat. Le câble télégraphique de Durban se chargea de transmettre ces détails, par Zanzibar et Aden, à l'Europe et à l'Asie d'abord, puis aux deux Amériques et à l'Océanie. Des photographes sollicitèrent l'honneur de prendre le portrait du merveilleux diamant. Des dessinateurs spéciaux vinrent, au nom des journaux illustrés, en reproduire l'image. Enfin, ce fut un événement pour le monde entier.

La légende s'en mêla. Il circula parmi les mineurs des contes fantastiques sur les propriétés mystérieuses qu'on lui attribuait. On se disait à voix basse qu'une pierre noire ne pouvait manquer de « porter malheur ! » Des gens expérimentés secouèrent la tête en déclarant qu'ils aimaient mieux voir cette pierre du diable chez Watkins que chez eux. Bref, les médisances et même les calomnies, qui sont partie inhérente de la célébrité, ne firent pas défaut à l'*Étoile du Sud*, — laquelle, tout naturellement, ne s'en inquiéta guère, et continua de verser

..... des torrents de lumière
Sur ses obscurs blasphémateurs !

Mais il n'en était pas de même de John Watkins, que ces commérages avaient le don d'exaspérer. Il lui semblait qu'ils diminuaient quelque chose de la valeur de la pierre, et il les ressentait comme des outrages personnels. Depuis que le gouverneur de la colonie, les officiers des garnisons voisines, les magistrats, les fonctionnaires, tous les corps constitués, étaient venus rendre hommage à son joyau, il voyait presque un sacrilège dans les libres commentaires qu'on se permettait d'exprimer à son sujet.

Aussi, afin de réagir contre ces billevesées, autant que pour satisfaire son goût de ripaille, il résolut de donner un grand banquet en l'honneur de ce cher diamant, qu'il comptait bien convertir en espèces monnayées, — quoi qu'eût pu dire Cyprien, et quel que fût le désir de sa fille de le garder sous forme de gemme.

Telle est, hélas! l'influence de l'estomac sur les opinions d'un grand nombre d'hommes, que l'annonce de ce repas suffit à modifier du jour au lendemain l'opinion publique dans le camp de Vandergaart. On vit les gens, qui s'étaient montrés les plus malveillants pour l'*Étoile du Sud*, changer subitement de gamme, dire qu'après tout cette pierre était bien innocente de la mauvaise influence qu'on lui attribuait, et solliciter humblement une invitation chez John Watkins.

On parlera longtemps de ce festin dans le bassin du Vaal. Ce jour-là, il y avait quatre-vingts convives, attablés sous une tente, dressée contre l'un des côtés du parloir, dont le mur avait été abattu pour la circonstance. Un « baron royal, » ou rôti colossal, composé d'une échine de bœuf, occupait le centre de la table, flanqué de moutons entiers et de spécimens de tous les gibiers du pays. Des montagnes de légumes et de fruits, des tonneaux de bière et de vin, gerbés de distance en distance et mis en perce, complétaient l'ordonnance de ce repas véritablement pantagruélique.

L'*Étoile du Sud*, placée sur son socle, entourée de bougies allumées, présidait, derrière le dos de John Watkins, à la fête épulatoire, donnée en son honneur.

Le service était fait par une vingtaine de Cafres, enrôlés pour l'occasion, sous la direction de Matakit, qui s'était offert pour les commander, — avec la permission de son maître.

Il y avait là, outre la brigade de police que Mr. Watkins avait tenu à remercier ainsi de sa surveillance, tous les principaux personnages du camp et des environs, Mathys Pretorius, Nathan, James Hilton, Annibal Pantalacci, Friedel, Thomas Steel et cinquante autres.

Il n'était pas jusqu'aux animaux de la ferme, aux bœufs, aux chiens, et surtout aux autruches de miss Watkins, qui ne prissent leur part de la fête en venant mendier quelques bribes du festin.

Alice, placée en face de son père, au bas bout de la table, en faisait les honneurs avec sa grâce accoutumée, mais non sans un chagrin secret, bien qu'elle comprît le motif de leur abstention : ni Cyprien Méré, ni Jacobus Vandergaart n'assistaient à ce repas.

Le jeune ingénieur avait toujours évité autant que possible la société des Friedel, des Pantalacci et consorts. En outre, depuis sa découverte, il connaissait leurs intentions peu bienveillantes à son égard, et même leurs menaces envers le découvreur de cette fabrication artificielle, qui pouvait les ruiner de fond en comble. Il s'était donc abstenu de paraître au repas. Quant à Jacobus Vandergaart, auprès de qui John Watkins avait fait faire d'actives démarches pour tenter une réconciliation, il avait repoussé avec hauteur toutes ces ouvertures.

Le banquet tirait à sa fin. S'il s'était passé dans le plus grand ordre, c'est que la présence de miss Watkins avait imposé un décorum suffisant aux plus rudes convives, bien que Mathys Pretorius eût, comme toujours, servi de cible aux mauvaises plaisanteries d'Annibal Pantalacci ; — celui-ci faisait passer à l'infortuné Boër les avis les plus stupéfiants ! Un feu d'artifice allait être tiré sous la table !... On n'attendait que la retraite de miss Watkins pour condamner l'homme le plus gros de la réunion à boire coup sur coup douze bouteilles de gin !... Il était question de couronner la fête par un grand pugilat et un combat général à coups de revolver !...

Mais il fut interrompu par John Watkins qui, en sa qualité de président du banquet, venait de frapper sur la table du manche de son couteau, pour annoncer les toasts traditionnels.

Le silence se fit. L'amphitryon, redressant sa haute taille, appuya ses deux pouces au bord de la nappe et commença son speech d'une voix quelque peu embarrassée par de trop nombreuses libations.

Il dit que ce jour resterait le grand souvenir de sa vie de mineur et de colon !... Après avoir passé par les épreuves qu'avait connues sa jeunesse, se voir maintenant dans ce riche pays du Griqualand, entouré de quatre-vingts amis, réunis pour fêter le plus gros diamant du monde, c'était une de ces joies qu'on n'oublie pas !... Il est vrai que demain un des honorables compagnons qui l'entouraient pouvait trouver une pierre plus grosse encore !... C'était là le piquant et la poésie de la vie de mineur !... (*Vive approbation.*) Ce bonheur, il le souhaitait sincèrement à ses hôtes !... (*Sourires, applaudissements.*) Il croyait même pouvoir affirmer que celui-là seul était difficile à satisfaire qui, à sa place, ne s'en déclarerait pas satisfait !... Pour conclure, il invita ses hôtes à boire à la prospérité du Griqualand, à la fermeté du prix sur les marchés aux diamants, — en dépit de toute concurrence quelle qu'elle fût, — enfin à l'heureux voyage que l'*Étoile du Sud* allait entreprendre par delà les terres pour porter, au Cap d'abord, à l'Angleterre ensuite, le rayonnement de sa splendeur!

« Mais, dit Thomas Steel, n'y aura-t-il pas quelque danger à expédier au Cap une pierre de ce prix?

— Oh! elle sera bien escortée!... répondit Mr. Watkins. Bien des diamants ont voyagé dans ces conditions et sont arrivés à bon port!

— Même celui de M. Durieux de Sancy, dit Alice, et cependant, sans le dévouement de son domestique...

— Eh! que lui est-il donc arrivé de si extraordinaire? demanda James Hilton.

— Voici l'anecdote, répondit Alice, sans se faire prier :

« M. de Sancy était un gentilhomme français, de la cour de Henri III. Il possédait un fameux diamant, aujourd'hui encore appelé de son nom. Ce diamant, par parenthèse, avait déjà eu des aventures nombreuses. Il avait appartenu notamment à Charles-le-Téméraire, qui le portait sur lui quand il fut tué sous les murs de Nancy. Un soldat suisse trouva la pierre sur le cadavre du duc de Bourgogne et la vendit un florin à un pauvre prêtre, qui la céda pour cinq ou six à un juif. A l'époque où elle était entre les mains de M. de Sancy, le Trésor royal se trouva dans un grand embarras, et M. de Sancy consentit à mettre son diamant en gage pour en avancer la valeur au roi. Le prêteur se trouvait à Metz. Il fallut donc confier le joyau à un serviteur afin qu'il le lui apportât.

« — Ne craignez-vous point que cet homme ne s'enfuie en Allemagne? disait-on à M. de Sancy.

« — Je suis sûr de lui! » répondait-il.

« En dépit de cette assurance, ni l'homme ni le diamant n'arrivèrent à Metz. Aussi, la cour de se moquer fort de M. de Sancy.

« — Je suis sûr de mon domestique, répétait-il. Il faut qu'il ait été assassiné! »

« Et de fait, en le cherchant, on finit par retrouver son cadavre dans le fossé d'un chemin.

« Ouvrez-le! dit M. de Sancy. Le diamant doit être dans son estomac! »

« On fit comme il disait, et l'affirmation se trouva justifiée. L'humble héros, dont l'histoire n'a même pas gardé le nom, avait été fidèle jusque dans la mort au devoir et à l'honneur, « effaçant par l'éclat de son action, a dit un vieux « chroniqueur, l'éclat et la vertu du joyau qu'il emportait. »

« Je serais fort surprise, ajouta Alice, en terminant son histoire, si, le cas échéant, l'*Étoile du Sud* n'inspirait pas un dévouement pareil pendant son voyage! »

Une acclamation unanime salua ces paroles de miss Watkins, quatre-vingts bras élevèrent un nombre égal de verres, et tous les yeux se tournèrent instinctivement vers la cheminée pour rendre un hommage effectif à l'incomparable gemme.

L'*Étoile du Sud* n'était plus sur le socle où, tout à l'heure encore, elle scintillait derrière John Watkins!

L'étonnement de ces quatre-vingts faces était si manifeste, que l'amphitryon se retourna aussitôt pour en voir la cause.

A peine l'eût-il constatée, qu'on le vit s'affaisser sur son fauteuil, comme s'il eût été frappé de la foudre.

On s'empressa autour de lui, on défit sa cravate, on lui jeta de l'eau sur la tête... Il revint enfin de son anéantissement. —

« Le diamant!... hurla-t-il d'une voix tonnante. Le diamant!... Qui a pris le diamant?

— Messieurs, que personne ne sorte! » dit le chef de la brigade de police en faisant occuper les issues de la salle.

Tous les convives se regardaient avec stupeur ou échangeaient leurs impressions à voix basse. Il n'y avait pas cinq minutes que la plupart d'entre eux avaient ou, du moins, pensaient avoir vu le diamant. Mais il fallait bien se rendre à l'évidence : le diamant avait disparu.

« Je demande que toutes les personnes présentes soient fouillées avant de sortir! proposa Thomas Steel avec sa franchise ordinaire.

— Oui!... oui!... » répondit l'assemblée d'une voix qui semblait être unanime.

Cet avis parut rendre une lueur d'espoir à John Watkins.

L'officier de police fit donc ranger tous les convives sur l'un des côtés de la salle et commença par se soumettre lui-même à l'opération demandée. Il retourna ses poches, ôta ses souliers, fit tâter ses vêtements à qui voulut. Puis, il procéda à un examen analogue sur la personne de chacun de ses hommes. Enfin, les convives défilèrent un à un devant lui et furent successivement soumis à à une investigation minutieuse.

Ces investigations ne donnèrent pas le moindre résultat.

Tous les coins et recoins de la salle du banquet furent alors passés en revue avec le plus grand soin... On n'y trouva aucune trace du diamant.

« Restent les Cafres, chargés du service! dit l'officier de police, qui ne voulait pas en avoir le démenti.

— C'est clair!... Ce sont les Cafres! fut-il répondu. Ils sont assez voleurs pour avoir fait le coup! »

Les pauvres diables étaient pourtant sortis un peu avant le toast de John Watkins, aussitôt qu'on n'avait plus eu besoin de leur ministère. Ils étaient accroupis, au dehors, en rond, autour d'un grand feu allumé en plein air, et, après avoir fait honneur aux viandes qui restaient du festin, ils préludaient à un concert de leur façon, à la mode de la Cafrerie. Guitares formées d'une calebasse, flûtes dans lesquelles l'on souffle avec le nez, tams-tams sonores de toutes variétés, commençaient déjà cette cacophonie assourdissante, qui précède toute grande manifestation musicale des indigènes du Sud-Afrique.

Ces Cafres ne savaient même pas exactement ce qu'on voulait d'eux, lorsqu'on les fit rentrer pour les fouiller jusque dans leurs rares vêtements. Ils comprirent seulement qu'il s'agissait d'un vol de diamant de grand prix.

Pas plus que les recherches précédentes, celles-ci ne furent utiles et fructueuses.

« Si le voleur se trouve parmi ces Cafres, — et il doit y être — il a eu dix fois le temps de mettre son larcin en lieu sûr! fit très justement remarquer un des convives.

— C'est évident, dit l'officier de police, et il n'y a peut-être qu'un moyen de le faire se dénoncer, c'est de s'adresser à un devin de sa race. L'expédient réussit parfois...

— Si vous le permettez, dit Matakit, qui se trouvait encore avec ses compagnons, je puis tenter l'expérience! »

Cette offre fut aussitôt acceptée, et les convives se rangèrent autour des Cafres; puis, Matakit, habitué à ce rôle de devin, se mit en mesure de commencer son enquête.

Tout d'abord, il commença par aspirer deux ou trois prises de tabac dans une tabatière de corne qui ne le quittait jamais.

« Je vais maintenant procéder à l'épreuve des baguettes! » dit-il, après cette opération préliminaire.

Il alla chercher dans un buisson voisin une vingtaine de gaules, qu'il mesura

L'affluence des curieux ne fit que croître. (Page 106.)

très exactement et coupa de longueur égale, soit douze pouces anglais. Puis, il les distribua aux Cafres, rangés en ligne, après en avoir mis une de côté pour lui-même.

« Vous allez vous retirer où vous voudrez pendant un quart d'heure, dit-il d'un ton solennel à ses compagnons, et vous ne reviendrez que lorsque vous entendrez battre le tam-tam ! Si le voleur se trouve parmi vous, sa baguette se sera allongée de trois doigts ! »

Les Cafres se dispersèrent, très visiblement impressionnés par ce petit discours, sachant bien qu'avec les procédés sommaires de la justice du Gri-

Ils étaient accroupis autour d'un grand feu. (Page 111.)

qualand, on était vite pris, et, sans avoir le temps de se défendre, encore plus vite pendu.

Quant aux convives, qui avaient suivi avec intérêt les détails de cette mise en scène, ils s'empressèrent naturellement de la commenter chacun en sens divers.

« Le voleur n'aura garde de revenir, s'il se trouve parmi ces hommes! objectait l'un.

— Eh bien! cela même le désignera! répondit l'autre.

— Bah! Il sera plus malin que Matakit et se contentera de couper trois doigts de sa baguette, afin de conjurer l'allongement qu'il redoute!

— C'est très probablement ce qu'espère le devin, et c'est ce raccourcissement maladroit qui suffira à dénoncer le coupable ! »

Cependant, les quinze minutes s'étaient écoulées, et Matakit, frappant brusquement sur le tam-tam, rappela ses justiciables.

Ils revinrent tous jusqu'au dernier, se rangèrent devant lui et rendirent leurs baguettes.

Matakit les prit, en forma faisceau et les trouva toutes parfaitement égales. Il allait donc les remettre de côté et déclarer l'épreuve concluante pour l'honneur de ses compatriotes, lorsqu'il se ravisa et mesura les baguettes qu'on venait de lui rendre en les comparant à celle qu'il avait gardée.

Toutes étaient plus courtes de trois doigts !

Les pauvres diables avaient jugé prudent de prendre cette précaution contre un allongement qui, dans leurs idées superstitieuses, pouvait fort bien se produire. Cela n'indiquait pas précisément chez eux une conscience parfaitement pure, et, sans doute, ils avaient tous volé quelque diamant dans la journée.

Un éclat de rire général accueillit la constatation de ce résultat inattendu. Matakit, baissant les yeux, paraissait on ne peut plus humilié qu'un moyen, dont l'efficacité lui avait souvent été démontrée dans son kraal, fût devenu aussi vain dans la vie civilisée.

« Monsieur, il ne nous reste plus qu'à reconnaître notre impuissance ! dit alors l'officier de police en saluant John Watkins, qui était resté sur son fauteuil, abîmé dans le désespoir. Peut-être serons-nous plus heureux demain, en promettant une forte récompense à quiconque pourra nous mettre sur la trace du voleur !

— Le voleur ! s'écria Annibal Pantalacci ! Et pourquoi ne serait-ce pas celui-là même que vous avez chargé de juger ses semblables ?

— Qui voulez-vous dire ? demanda l'officier de police.

— Mais... ce Matakit qui, en jouant le rôle de devin, a pu espérer détourner les soupçons ! »

A ce moment, si on eût fait attention à lui, on aurait pu voir Matakit faire une singulière grimace, quitter prestement la salle et gagner au pied du côté de sa case.

« Oui ! reprit le Napolitain. Il était avec ceux de ses compagnons qui ont fait le service pendant le repas !... C'est un malin, un fourbe, que monsieur Méré a pris en affection, on ne sait pourquoi !

— Matakit est honnête, j'en répondrais! s'écria miss Watkins, prête à défendre le serviteur de Cyprien.

— Eh! qu'en sais-tu? répliqua John Watkins. Oui!... il est capable d'avoir mis la main sur l'*Étoile du Sud!*

— Il ne peut être loin! reprit l'officier de police. Dans un instant, nous l'aurons fouillé! Si le diamant est en sa possession, il recevra autant de coups de fouet qu'il pesait de carats, et, s'il n'en meurt pas, sera pendu après le quatre cent trente-deuxième!. »

Miss Watkins frémissait de crainte. Tous ces gens, à demi-sauvages, venaient d'applaudir à l'abominable sentence de l'officier de police. Mais comment retenir ces natures brutales, sans remords et sans pitié?

Un instant après, Mr. Watkins et ses hôtes étaient devant la case de Matakit, dont la porte fut enfoncée.

Matakit n'était plus là; et on l'attendit vainement pendant le reste de la nuit.

Le lendemain matin, il n'était pas de retour, et il fallut bien reconnaître qu'il avait quitté le Vandergaart-Kopje.

XII

PRÉPARATIFS DE DÉPART.

Le lendemain matin, lorsque Cyprien Méré apprit ce qui s'était passé la veille pendant le repas, son premier mouvement fut de protester contre la grave accusation dont son serviteur était l'objet. Il ne pouvait admettre que Matakit fût l'auteur d'un pareil vol, et il se rencontrait avec Alice dans le même doute à cet égard. En vérité, il eût plutôt soupçonné Annibal Pantalacci, herr Friedel, Nathan ou tout autre, qui lui paraissaient sujets à caution!

Il était peu probable, cependant, qu'un Européen se fût rendu coupable de ce crime. Pour tous ceux qui ignoraient son origine, l'*Étoile du Sud* était un diamant naturel, et par conséquent d'une valeur telle qu'il devenait bien difficile de s'en défaire.

« Et pourtant, se répétait Cyprien, il n'est pas possible que ce soit Matakit! »

Mais alors, il lui revenait à la mémoire quelques doutes à propos de certains larcins, dont le Cafre s'était quelquefois rendu coupable, même dans son service. Malgré toutes les admonestations de son maître, celui-ci, obéissant à sa nature, — très large sur la question du tien et du mien, — n'avait jamais pu se défaire de ces condamnables habitudes. Cela ne portait, il est vrai, que sur des objets sans grande valeur; mais enfin, il n'en eût pas fallu plus pour établir un petit casier judiciaire, qui ne pouvait être à l'honneur dudit Matakit!

D'ailleurs, il y avait en fait de présomption, la présence du Cafre dans la salle du festin, lorsque le diamant s'était éclipsé comme par magie; puis, cette circonstance singulière qu'on ne l'avait plus retrouvé à sa case, quelques instants après; puis enfin, sa fuite, trop explicable peut-être, car il n'était plus permis de douter qu'il n'eût quitté le pays.

En effet, Cyprien attendit vainement pendant la matinée que Matakit reparût, ne pouvant décidément pas croire à la culpabilité de son serviteur; mais le serviteur ne revint pas. On put même constater que le sac contenant ses économies, quelques objets ou ustensiles, nécessaires à un homme qui va se jeter à travers ces contrées presque désertes de l'Afrique Australe, avaient disparu de la case. Le doute n'était donc plus possible.

Vers dix heures, le jeune ingénieur, peut-être beaucoup plus attristé de la conduite de Matakit que de la perte du diamant, se rendit à la ferme de John Watkins.

Il trouva là, en grande conférence, le fermier, Annibal Pantalacci, James Hilton et Friedel. Au moment où il se présenta, Alice, qui l'avait vu venir, entrait aussi dans la salle, où son père et ses trois assidus discutaient à grand fracas sur le parti qu'il y avait à prendre pour rentrer en possession du diamant volé.

« Qu'on le poursuive, ce Matakit! s'écriait John Watkins, au comble de la fureur. Qu'on le reprenne, et, si le diamant n'est pas sur lui, qu'on lui ouvre le ventre, pour voir s'il ne l'a point avalé!... Ah! ma fille, tu as bien fait hier de nous raconter cette histoire!... On le lui cherchera jusque dans les entrailles, à ce coquin!

— Eh mais! répondit Cyprien sur un ton plaisant, qui ne plut guère au fermier, pour avaler une pierre de cette grosseur, il faudrait que Matakit eût un estomac d'autruche !

— Est-ce que l'estomac d'un Cafre n'est pas capable de tout, monsieur Méré ? riposta John Watkins. Si vous trouvez qu'il est convenable de rire en ce moment et à ce propos !

— Je ne ris pas, monsieur Watkins ! répondit très sérieusement Cyprien. Mais, si je regrette ce diamant, c'est uniquement parce que vous m'aviez permis de l'offrir à mademoiselle Alice...

— Et je vous en suis reconnaissante, monsieur Cyprien, ajouta miss Watkins, comme si je l'avais encore en ma possession !

— Voilà bien ces cervelles de femmes ! s'écria le fermier. Aussi reconnaissante que si elle l'avait en sa possession, ce diamant qui n'a pas son pareil au monde !...

— En vérité, ce n'est pas tout à fait la même chose ! fit observer James Hilton.

— Oh ! pas du tout ! ajouta Friedel.

— C'est tout à fait la même chose, au contraire ! répondit Cyprien, attendu que, si j'ai fabriqué ce diamant là, je saurai bien en fabriquer un autre !

— Oh ! monsieur l'ingénieur, dit Annibal Pantalacci, d'un ton qui comportait de grosses menaces à l'adresse du jeune homme, je crois que vous feriez bien de ne pas recommencer votre expérience... dans l'intérêt du Griqualand... et dans le vôtre aussi !

— Vraiment, monsieur ! riposta Cyprien. Je pense que je n'aurai point d'autorisation à vous demander à cet égard !

— Eh ! c'est vraiment l'heure de discuter là-dessus ! s'écria Mr. Watkins. Est-ce que monsieur Méré est seulement sûr de réussir dans un nouvel essai ? Un second diamant qui sortirait de son appareil aurait-il la couleur, le poids et par conséquent la valeur du premier ? Peut-il même répondre de pouvoir refaire une autre pierre, même d'un prix très inférieur ? Est-ce que, dans sa réussite, il oserait affirmer qu'il n'y a pas eu une grande part de hasard ? »

Ce que disait John Watkins était trop raisonnable pour que le jeune ingénieur n'en fût pas frappé. Cela répondait, d'ailleurs, à bien des objections qu'il s'était faites. Son expérience s'expliquait parfaitement, sans doute, avec les données de la chimie moderne ; mais le hasard n'était-il pas intervenu pour beaucoup dans ce premier succès ? Et, s'il recommençait, était-il assuré de réussir une seconde fois ?

Dans ces conditions, il importait donc de rattraper le voleur à tout prix, et, ce qui était plus utile encore, l'objet volé.

« En attendant, on n'a retrouvé aucune trace de Matakit? demanda John Watkins.

— Aucune, répondit Cyprien.

— On a fouillé tous les environs du camp?

— Oui, et bien fouillé! répondit Friedel. Le coquin a disparu, probablement pendant la nuit, et il est difficile, pour ne pas dire impossible, de savoir de quel côté il s'est dirigé!

— L'officier de police a-t-il fait une perquisition dans sa case? reprit le fermier.

— Oui, répondit Cyprien, et il n'a rien trouvé qui pût le mettre sur les traces du fugitif.

— Ah! s'écria Mr. Watkins, je donnerais cinq cents et mille livres pour que l'on pût le reprendre!

— Je comprends cela, monsieur Watkins! répondit Annibal Pantalacci. Mais j'ai bien peur que nous ne rattrapions jamais ni votre diamant, ni celui qui l'a dérobé!

— Pourquoi cela?

— Parce qu'une fois lancé, reprit Annibal Pantalacci, Matakit ne sera pas assez sot pour s'arrêter en route! Il passera le Limpopo, il s'enfoncera dans le désert, il s'en ira jusqu'au Zambèze ou jusqu'au lac Tanganayka, jusque chez les Bushmen, s'il le faut! »

En parlant ainsi, l'astucieux Napolitain disait-il sincèrement sa pensée? Ne voulait-il pas simplement empêcher qu'on ne se mît à la poursuite de Matakit, afin de se réserver ce soin à lui-même? C'est ce que Cyprien se demandait, tout en l'observant.

Mais Mr. Watkins n'était pas homme à abandonner la partie sous prétexte qu'elle serait difficile à jouer. Il eût véritablement sacrifié toute sa fortune pour rentrer en possession de cette incomparable pierre, et, à travers sa fenêtre ouverte, ses yeux, impatients, pleins de fureur, se portaient jusqu'aux bords verdoyants du Vaal, comme s'il eût eu l'espoir d'apercevoir le fugitif sur sa lisière!

« Non! s'écria-t-il, cela ne peut pas se passer ainsi!... Il me faut mon diamant!... Il faut rattraper ce gredin!... Ah! si je ne souffrais de la goutte, ce ne serait pas long, j'en réponds!

— Mon père!... dit Alice, en essayant de le calmer.

— Voyons, qui s'en charge? s'écria John Watkins en jetant un regard autour de lui. Qui veut se mettre à la poursuite du Cafre?... La récompense sera honnête, j'en donne ma parole! »

Et, comme personne ne disait mot :

« Tenez, messieurs, reprit-il, vous êtes là quatre jeunes gens qui ambitionnez la main de ma fille! Eh bien! rattrapez-moi cet homme là avec mon diamant! — Il disait maintenant « mon diamant! » — et, foi de Watkins, ma fille sera à qui me le rapportera !

— Accepté! cria James Hilton.

— J'en suis! déclara Friedel.

— Qui ne voudrait essayer de gagner un prix si précieux? » murmura Annibal Pantalacci avec un sourire jaune.

Alice, toute rouge, profondément humiliée de se voir jetée comme l'enjeu d'une telle partie, et cela en présence du jeune ingénieur, essayait vainement de cacher sa confusion.

« Miss Watkins, lui dit Cyprien à demi-voix, en s'inclinant respectueusement devant elle, je me mettrais bien sur les rangs, mais le dois-je sans votre permission?

— Vous l'avez, avec mes meilleurs souhaits, monsieur Cyprien! répondit-elle vivement.

— Alors je suis prêt à aller au bout du monde! s'écria Cyprien en se retournant vers John Watkins.

— Ma foi, vous pourriez bien n'être pas loin de compte, dit Annibal Pantalacci, et je crois que Matakit nous fera faire du chemin! Du train dont il a dû courir, il sera demain à Potchefstrom et il aura gagné le haut pays, avant même que nous ayons seulement quitté nos cases!

— Et qui nous empêche de partir aujourd'hui... sur l'heure? demanda Cyprien.

— Oh! ce n'est pas moi, si le cœur vous en dit! répliqua le Napolitain. Mais, pour mon compte, je ne vais pas m'embarquer sans biscuit! Un bon wagon, avec une douzaine de bœufs de trait et deux chevaux de selle, c'est le moins qu'il soit nécessaire de se procurer pour une expédition comme celle que je prévois! Et tout cela ne se trouve qu'à Potchefstrom ! »

Encore une fois, Annibal Pantalacci parlait-il sérieusement? Avait-il simplement pour objet de rebuter ses rivaux? L'affirmative eût été douteuse.

Matakit n'était plus là. (Page 115.)

Ce qui ne l'était pas, c'est qu'il avait absolument raison. Sans de tels moyens de locomotion, sans ces ressources, il y aurait eu folie à tenter de s'enfoncer vers le nord du Griqualand !

Cependant, un équipage de bœufs, — Cyprien ne l'ignorait pas, — coûtait huit à dix mille francs, au bas mot, et, pour sa part, il n'en possédait pas quatre mille.

« Une idée ! dit tout à coup James Hilton, qui, en sa qualité d' « Africander » d'origine écossaise, avait un tour d'esprit fortement tourné vers l'économie, pourquoi ne pas nous associer tous quatre pour cette expédition ? Les chances

PRÉPARATIFS DE DÉPART.

« Petit père, tu vas acheter ce cheval? » (Page 124.)

de chacun n'en resteront pas moins égales, et les frais seraient au moins partagés !

— Cela me paraît juste, dit Friedel.

— J'accepte, répondit sans hésiter Cyprien.

— En ce cas, fit observer Annibal Pantalacci, il faudra convenir que chacun gardera son indépendance et sera libre de quitter ses compagnons, au moment où il le jugera utile pour essayer d'atteindre le fugitif !

— Cela va de soi ! répondit James Hilton. Nous nous associons pour l'achat du wagon, des bœufs et des approvisionnements, mais chacun pourra se détacher, quand il trouvera convenable de le faire! Et tant mieux pour celui qui, le premier, atteindra le but! -

— Convenu! répondirent Cyprien, Annibal Pantalacci et Friedel.

— Quand partirez-vous? demanda John Watkins, dont cette combinaison quadruplait les chances qu'il pouvait avoir de rentrer en possession de son diamant.

— Demain, par la diligence de Potchefstrom, répondit Friedel. Il n'y a pas à songer à y arriver avant elle.

— Convenu! »

Cependant, Alice avait pris Cyprien à part et lui demandait s'il croyait véritablement que Matakit pût être l'auteur d'un pareil vol.

« Miss Watkins, lui répondit le jeune ingénieur, je suis bien forcé d'avouer que toutes les présomptions sont contre lui, puisqu'il a pris la fuite! Mais, ce qui me paraît certain, c'est que cet Annibal Pantalacci m'a tout l'air d'un monsieur qui pourrait peut-être en dire long sur la disparition du diamant! Quelle figure de potence... et le brillant associé que je prends-là!... Bah! à la guerre comme à la guerre! Mieux vaut encore, après tout, l'avoir sous la main et pouvoir surveiller ses mouvements que de le laisser agir séparément et à sa guise! »

Les quatre prétendants prirent bientôt congé de John Watkins et de sa fille. Comme il était naturel en pareilles circonstances, les adieux furent brefs et se bornèrent à un échange de poignées de main. Qu'auraient pu se dire ces rivaux, qui partaient ensemble en souhaitant de se voir mutuellement au diable?

En rentrant chez lui, Cyprien trouva Li et Bardik. Ce jeune Cafre, depuis qu'il l'avait pris à son service, s'était toujours montré fort zélé. Le Chinois et lui étaient en train de bavarder sur le pas de la porte. Le jeune ingénieur leur annonça qu'il allait partir en compagnie de Friedel, de James Hilton et d'Annibal Pantalacci pour se mettre à la poursuite de Matakit.

Tous deux échangèrent alors un regard, — un seul; puis, se rapprochant sans dire un mot de ce qu'ils pensaient du fugitif :

« Petit père, dirent-ils ensemble, emmène-nous avec toi, nous t'en prions instamment!

— Vous emmener avec moi?... Et pourquoi faire, s'il vous plaît?

— Pour préparer ton café et tes repas, dit Bardik.

— Pour laver ton linge, ajouta Li.

— Et pour empêcher les méchants de te nuire! » reprirent-ils, comme s'ils s'étaient donné le mot.

Cyprien leur adressa un regard reconnaissant.

« Soit! répondit-il, je vous emmène tous les deux, puisque vous le souhaitez! »

Là-dessus, il alla prendre congé du vieux Jacobus Vandergaart, qui, sans approuver ou désapprouver que Cyprien se joignît à cette expédition, lui serra cordialement la main en lui souhaitant bon voyage.

Le lendemain matin, lorsqu'il se dirigea, suivi de ses deux fidèles, vers le camp de Vandergaart pour y prendre la diligence de Potchefstrom, le jeune ingénieur leva les yeux vers la ferme Watkins, qui était encore plongée dans le sommeil.

Était-ce une illusion? Il crut reconnaître derrière la mousseline blanche de l'une des fenêtres une forme légère, qui, au moment où il s'éloignait, lui faisait un dernier signe d'adieu.

XIII

A TRAVERS LE TRANSVAAL.

En arrivant à Potchefstrom, les quatre voyageurs apprirent qu'un jeune Cafre, — dont le signalement se rapportait à la personne de Matakit, — avait passé la veille par la ville. C'était une chance heureuse pour le succès de leur expédition. Mais, ce qui devait la rendre bien longue, sans doute, c'est que le fugitif s'était procuré là une légère cariole, attelée d'une autruche, et qu'il serait plus difficile de le rejoindre.

En effet, il n'y a pas de meilleurs marcheurs que ces animaux, ni de plus endurants ni de plus rapides. Il faut ajouter que les autruches de trait sont très rares, même en Griqualand, car elles ne sont pas commodes à dresser. C'est pourquoi Cyprien, pas plus que ses compagnons, ne put s'en procurer à Potchefstrom.

Or, c'était dans ces conditions, — cela put être constaté, — que Matakit poursuivait sa route vers le nord, avec un équipage qui aurait mis sur les dents dix chevaux de relais.

Il ne restait donc qu'à se préparer à le suivre le plus rapidement possible. A la vérité, le fugitif avait, avec une forte avance, l'avantage d'une vitesse bien supérieure à celle du mode de locomotion que ses adversaires allaient adopter. Mais enfin les forces d'une autruche ont des limites. Matakit serait bien obligé de s'arrêter, et peut-être de perdre du temps. Au pis aller, on le rattraperait au terme de son voyage.

Cyprien eut bientôt lieu de se féliciter d'avoir emmené Li et Bardik, lorsque d'abord il s'agit pour lui de s'équiper en vue de l'expédition. Ce n'est pas une petite affaire, en pareil cas, de choisir avec discernement les objets qui pourront être vraiment utiles. Rien ne peut remplacer l'expérience du désert. Cyprien avait beau être de première force en calcul différentiel et intégral, il ne connaissait pas l'ABC de la vie du Veld, de la vie sur le « trek » ou « sur les traces de roues de wagon, » comme on dit là-bas. Or, non seulement ses compagnons ne semblaient pas disposés à l'aider de leurs conseils, mais ils avaient plutôt une tendance à l'induire en erreur.

Pour le chariot recouvert d'une bâche imperméable, pour les attelages de bœufs et les divers approvisionnements, les choses allèrent encore assez bien. L'intérêt commun commandait de les choisir judicieusement, et James Hilton s'en acquitta à merveille. Mais il n'en était pas de même pour ce qui était laissé à l'initiative individuelle de chacun, — pour l'achat d'un cheval, par exemple.

Cyprien avait déjà avisé, sur la place du marché, un fort joli poulain de trois ans, plein de feu, qu'on lui laissait pour un prix modéré ; il l'avait essayé à la selle, et, le trouvant bien dressé, il se préparait déjà à compter au marchand la somme que celui-ci demandait, — lorsque Bardik, le prenant à l'écart, lui dit :

« Comment, petit père, tu vas acheter ce cheval?

— Assurément, Bardik ! C'est le plus beau que j'aie jamais trouvé pour un prix pareil !

— Il ne faudrait pas le prendre, même si on t'en faisait cadeau ! répondit le jeune Cafre. Ce cheval ne résisterait pas huit jours au voyage dans le Transvaal!

— Que veux-tu dire? reprit Cyprien. Est-ce que tu te mêles de jouer au devin avec moi ?

— Non, petit père, mais Bardik connaît le désert et t'avertit que ce cheval n'est pas « salé. »

— Pas « salé? » As-tu donc la prétention de me faire acheter un cheval en barrique?

— Non, petit père, mais cela veut dire qu'il n'a pas encore eu la maladie du Veld. Il l'aura nécessairement bientôt, et même, s'il n'en meurt pas, il te deviendra inutile!

— Ah! fit Cyprien, très frappé de l'avertissement que lui donnait son serviteur. Et en quoi consiste cette maladie?

— C'est une fièvre ardente, accompagnée de toux, répondit Bardik. Il est indispensable de n'acheter que des chevaux qui l'aient déjà eue — ce qui se reconnaît aisément à leur aspect, — parce qu'il est rare, lorsqu'ils en ont réchappé, qu'ils soient pris une seconde fois! »

Devant une telle éventualité, il n'y avait pas à hésiter. Cyprien suspendit immédiatement sa négociation et alla aux renseignements. Tout le monde lui confirma ce que lui avait dit Bardik. C'était un fait si parfaitement notoire, dans le pays, qu'on n'en parlait même point.

Ainsi mis en garde contre son inexpérience, le jeune ingénieur devint plus prudent et s'assura les conseils d'un médecin vétérinaire de Potchefstrom.

Grâce à l'intervention de ce spécialiste, il lui fut possible de se procurer, en quelques heures, la monture qu'il fallait pour ce genre de voyage. C'était un vieux cheval gris, qui n'avait que la peau et les os et ne possédait même en propre qu'une fraction de queue. Mais il n'y avait qu'à le voir pour s'assurer que celui-là, du moins, avait été « salé, » et, quoiqu'il eût le trot un peu dur, il valait évidemment beaucoup mieux que sa mine. Templar, — c'était son nom, — jouissait dans le pays d'une véritable réputation, comme cheval de fatigue, et, lorsqu'il l'eut vu, Bardik, qui avait bien quelque droit à être consulté, se déclara pleinement satisfait.

Quant à lui, il devait être spécialement préposé à la direction du wagon et des attelages de bœufs, fonction dans laquelle son camarade Li devait lui venir en aide.

Il n'y avait donc pas à s'inquiéter de les monter, ni l'un ni l'autre, — ce que Cyprien n'aurait jamais pu faire, étant donné le prix qu'il fallut débourser pour l'acquisition de son propre cheval.

La question des armes n'était pas moins délicate. Cyprien avait bien choisi ses fusils, un excellent rifle du système Martini-Henry, et une carabine

Remington, qui ne brillaient guère par l'élégance, mais qui portaient juste et se rechargeaient rapidement. Mais ce qu'il n'aurait jamais pensé à faire, si le Chinois ne lui en eût donné l'idée, c'était à s'approvisionner d'un certain nombre de cartouches à balle explosible. Il aurait cru aussi emporter des munitions bien suffisantes en prenant cinq ou six cents charges de poudre et de plomb, et fut très surpris d'apprendre que quatre mille coups par fusil étaient un minimum commandé par la prudence dans ce pays de fauves et d'indigènes non moins redoutables.

Cyprien dut aussi se munir de deux revolvers à balle explosible, et compléta son armement par l'achat d'un superbe couteau de chasse, qui figurait depuis cinq ans à la vitrine de l'armurier de Potchefstrom, sans que personne se fût avisé de le choisir.

C'est encore Li qui insista pour que cette acquisition fût faite, assurant que rien ne serait plus utile que ce couteau. D'ailleurs, le soin qu'il prit désormais d'entretenir personnellement le fil et le poli de cette lame courte et large, assez semblable au sabre-baïonnette de l'infanterie française, montrait sa confiance dans les armes blanches, confiance qu'il partageait avec tous les hommes de sa race.

Au surplus, la fameuse caisse rouge accompagnait toujours le prudent Chinois. Il y logea, à côté d'une foule de boîtes et d'ingrédients mystérieux, soixante mètres environ de cette corde souple et mince, mais fortement tressée, que les matelots appellent de la « ligne. » Et, comme on lui demandait ce qu'il en prétendait faire :

« Ne faut-il pas étendre le linge au désert comme ailleurs? » répondit-il évasivement.

En douze heures, tous les achats étaient terminés. Des draps imperméables, des couvertures de laine, des ustensiles de ménage, d'abondantes provisions de bouche en boîtes soudées, des jougs, des chaînes, des courroies de rechange, constituaient à l'arrière du wagon le fonds du magasin général. L'avant, rempli de paille, devait servir de lit et d'abri pour Cyprien et ses compagnons de voyage.

James Hilton s'était fort bien acquitté de son mandat et semblait avoir très convenablement choisi tout ce qui pouvait être nécessaire à l'association. Il était assez vain de son expérience de colon. Aussi, pour faire montre de sa supériorité plutôt que par esprit de camaraderie, se serait-il volontiers laissé aller à renseigner ses compagnons sur les usages du Veld.

Mais Annibal Pantalacci ne manquait guère alors d'intervenir et de lui couper la parole.

« Quel besoin avez-vous de faire part de vos connaissances au Frenchman? lui disait-il à mi-voix. Tenez-vous donc beaucoup à lui voir gagner le prix de la course? A votre place, je garderais pour moi ce que je sais et n'en soufflerais mot! »

Et James Hilton de répondre, en regardant le Napolitain avec une admiration sincère :

« C'est très fort ce que vous me dites là... très fort!... Voilà une idée qui ne me serait pas venue! »

Cyprien, lui, n'avait pas manqué d'avertir loyalement Friedel de ce qu'il avait appris au sujet des chevaux du pays, mais il se heurta contre une suffisance et un entêtement sans bornes. L'Allemand ne voulait rien entendre et prétendait n'agir qu'à sa tête. Il acheta donc le cheval le plus jeune et le plus ardent qu'il put trouver, — celui-là même que Cyprien avait refusé, — et se préoccupa surtout de se munir d'engins de pêche, sous prétexte qu'on serait bientôt las du gibier.

Enfin, ces préparatifs achevés, on put se mettre en route, et la caravane se forma dans l'ordre qui va être indiqué.

Le wagon, traîné par douze bœufs roux et noirs, s'avançait, d'abord, sous la haute direction de Bardik, qui tantôt marchait auprès des robustes bêtes, son aiguillon en main, tantôt, pour se reposer, sautait sur l'avant du chariot. Là, trônant près du siège, il n'avait plus qu'à s'abandonner aux cahots des routes, sans s'inquiéter du reste, et paraissait enchanté de ce mode de locomotion. Les quatre cavaliers venaient de front à l'arrière-garde. Sauf les cas où ils jugeraient à propos de s'écarter pour tirer une perdrix ou faire une reconnaissance, tel devait être pour de longs jours l'ordre à peu près immuable de la petite caravane.

Après une délibération rapide, il fut convenu qu'on se dirigerait droit vers la source du Limpopo. Tous les renseignements tendaient à démontrer que Matakit devait suivre cette route. En effet, il n'en pouvait guère prendre d'autre, si son intention était de s'éloigner au plus tôt des possessions britanniques. L'avantage que le Cafre avait sur ceux qui le poursuivaient était à la fois dans sa parfaite connaissance du pays et dans la légèreté de son équipage. D'une part, il savait évidemment où il allait et prenait la voie la plus directe; de l'autre, il était sûr, grâce à ses relations dans le nord, de trouver

Le wagon, traîné par douze bœufs... (Page 127.)

partout aide et protection, nourriture et abri, — même des auxiliaires, s'il le fallait. Et, pouvait-on assurer qu'il ne profiterait pas de son influence sur les naturels pour se retourner contre ceux qui le talonneraient et peut-être les faire attaquer à main armée? Cyprien et ses compagnons comprenaient donc de plus en plus la nécessité de marcher en corps et de se soutenir mutuellement dans cette expédition, s'ils voulaient que l'un deux en recueillît le fruit.

Le Transvaal, qui allait être traversé du sud au nord, est cette vaste région de l'Afrique méridionale, — au moins trente milliers d'hectares, — dont la surface s'étend entre le Vaal et le Limpopo, à l'ouest des monts Drakenberg, de la colonie anglaise de Natal, du pays des Zoulous et des possessions portugaises.

Entièrement colonisé par les Boërs, anciens citoyens hollandais du Cap, qui y ont semé, en quinze ou vingt ans, une population agricole de plus cent mille blancs, le Transvaal a naturellement excité la convoitise de la Grande-Bretagne. Aussi l'a-t-elle annexé en 1877 à ses possessions du Cap. Mais les révoltes fréquentes des Boërs, qui s'obstinent à rester indépendants, rendent encore douteux le sort de cette belle contrée.

C'est une des plus riantes et des plus fertiles de l'Afrique, une des plus salubres aussi, — et c'est ce qui explique, sans la justifier, l'attraction qu'elle exerce sur ses redoutables voisins. Les mines d'or, qui viennent d'y être découvertes, n'ont pas été non plus sans influence sur l'action politique de l'Angleterre à l'égard du Transvaal.

Au point de vue géographique, on le divise habituellement, avec les Boërs eux-mêmes, en trois régions principales : le haut pays ou Hooge-Veld, — le pays des collines ou Banken-Veld, — et le pays des broussailles ou Bush-Veld.

Le haut pays est le plus méridional. Il est formé par les chaînes de montagnes, qui s'écartent du Drakenberg vers l'ouest et le sud. C'est le district minier du Transvaal, où le climat est froid et sec comme dans l'Oberland bernois.

Le Banken-Veld est plus spécialement le district agricole. S'étendant au nord du premier, il abrite, dans ses vallées profondes, arrosées de cours d'eau et ombragées d'arbres toujours verts, la plus grande partie de la population hollandaise.

Enfin le Bush-Veld ou pays des broussailles, et, par excellence, la région des chasses, se développe en vastes plaines jusqu'aux bords du Limpopo, vers le nord, de manière à se prolonger jusqu'au pays des Cafres Betchouanas, vers l'ouest.

Partis de Potchefstrom, qui est située dans le Banken-Veld, les voyageurs avaient d'abord à parcourir en diagonale la plus grande partie de cette région, avant d'avoir atteint le Bush-Veld, et de là, plus au nord, les rives du Limpopo.

Cette première partie du Transvaal fut naturellement la plus aisée à franchir. On était encore dans un pays à demi civilisé. Les plus gros accidents se réduisaient à une roue embourbée ou à un bœuf malade. Les canards sauvages, les perdrix, les chevreuils, abondaient sur la route et fournissaient tous les jours les éléments du déjeuner ou du dîner. La nuit se passait habituellement dans quelque ferme, dont les habitants, isolés du reste du monde pendant les trois quarts de l'année, accueillaient avec une joie sincère les hôtes qui leur arrivaient.

Partout les Boërs étaient les mêmes, hospitaliers, prévenants, désintéressés. L'étiquette du pays exige, il est vrai, qu'on leur offre une rémunération pour l'abri qu'ils donnent aux hommes et aux bêtes en voyage. Mais cette rémunération, ils la refusent presque toujours, et même ils insistent au départ pour qu'on accepte de la farine, des oranges, des pêches tapées. Si peu qu'on leur laisse en échange, un objet quelconque d'équipement ou de chasse, un fouet, une gourmette, une poire à poudre, les voilà ravis, quelque minime qu'en soit la valeur.

Ces braves gens mènent au milieu de leurs vastes solitudes une existence assez douce; ils vivent sans effort, eux et leurs familles, des produits que rendent leurs troupeaux, et cultivent tout juste assez de terre, avec leurs aides Hottentots ou Cafres, pour obtenir un approvisionnement de grains et de légumes.

Leurs maisons sont très simplement bâties en terre et couvertes d'un épais chaume. Quand la pluie a fait brèche dans les murs, — ce qui arrive assez fréquemment, — le remède est sous la main. Toute la famille se met à pétrir de la glaise, dont elle prépare un grand tas; puis, filles et garçons, la prenant à poignées, font pleuvoir sur la brèche un bombardement qui l'a bientôt obstruée.

A l'intérieur de ces habitations, on trouve à peine quelques meubles, des escabeaux de bois, des tables grossières, des lits pour les grandes personnes; les enfants se contentent de coucher sur des peaux de mouton.

Et pourtant, l'art a sa place dans ces existences primitives. Presque tous les Boërs sont musiciens, jouent du violon ou de la flûte. Ils raffolent de la danse, et ne connaissent ni les obstacles, ni les fatigues, lorsqu'il s'agit de se réunir, — parfois de vingt lieues à la ronde, — pour se livrer à leur passe-temps favori.

Leurs filles sont modestes et souvent fort belles dans leurs simples atours de paysannes hollandaises. Elles se marient jeunes, apportent uniquement en dot à leur fiancé une douzaine de bœufs ou de chèvres, un chariot ou quelque autre richesse de ce genre. Le mari, lui, se charge de bâtir la maison, de défricher plusieurs arpents de terre aux environs, et voilà le ménage fondé.

Les Boërs vivent très vieux, et, nulle part au monde, les centenaires ne se comptent en aussi grand nombre.

Un phénomène singulier, encore inexpliqué, c'est l'obésité qui les envahit presque tous, dès l'âge mûr, et qui atteint chez eux des proportions extraordinaires. Ils sont, du reste, de très haute taille, et ce caractère se retrouve aussi bien chez les colons d'origine française ou allemande, que chez ceux de pure race hollandaise.

Cependant, le voyage se poursuivait sans incidents. Il était rare que l'expédition ne trouvât pas, à la ferme même où elle s'arrêtait chaque soir, des nouvelles de Matakit. Partout on l'avait vu passer, rapidement traîné par son autruche, d'abord avec deux ou trois jours d'avance, puis avec cinq ou six, puis avec sept ou huit. Très évidemment, on était sur sa trace ; mais, très évidemment aussi, il gagnait du chemin sur ceux qui s'étaient lancés à sa poursuite.

Les quatre poursuivants ne se regardaient pas moins comme certains de l'atteindre. Le fugitif finirait bien par s'arrêter. Sa capture n'était donc qu'une question de temps.

Aussi, Cyprien et ses trois compagnons en prenaient-ils à l'aise. Ils commençaient peu à peu à se livrer à leurs plaisirs favoris. Le jeune ingénieur recueillait des échantillons de roches. Friedel herborisait et prétendait reconnaître, rien qu'à leurs caractères extérieurs, les propriétés des plantes qu'il collectionnait. Annibal Pantalacci persécutait Bardik ou Li, et se faisait pardonner ses mauvais tours en confectionnant aux haltes des plats de macaroni délicieux. James Hilton se chargeait d'approvisionner la caravane de gibier ; il ne passait guère une demi-journée, sans abattre sa douzaine de perdrix, des cailles à foison, parfois un sanglier ou une antilope.

Étapes par étapes, on arriva ainsi au Bush-Veld. Bientôt les fermes devinrent plus rares et finirent par disparaître. On était aux confins extrêmes de la civilisation.

À partir de ce point, il fallut camper tous les soirs, allumer de grands feux, autour desquels hommes et bêtes s'établissaient pour dormir, non sans qu'il fût fait bonne garde aux environs.

Le paysage avait pris un aspect de plus en plus sauvage. Des plaines de sable jaunâtre, des fourrés de buissons épineux, de loin en loin un ruisseau bordé de marécages, venaient de succéder aux vertes vallées du Banken-Veld. Parfois aussi, il fallait faire un détour pour éviter une véritable forêt de *thorn trees*, ou arbres à épines. Ce sont des arbustes, hauts de trois à cinq mètres, portant un grand nombre de branches à peu près horizontales et toutes armées d'épines de deux à quatre pouces de longueur, dures et acérées comme des poignards.

Cette zone extérieure du Bush-Veld, qui prend plus généralement le nom de Lion-Veld, — ou Veld des lions, — ne semblait guère justifier cette appellation redoutable, car, après trois jours de voyage, on n'avait encore ni vu ni signalé aucun de ces fauves.

« C'est sans doute une tradition, se disait Cyprien, et les lions auront reculé plus loin vers le désert ! »

Mais, comme il exprimait cette opinion devant James Hilton, celui-ci se mit à rire.

« Vous croyez qu'il n'y a pas de lions? dit-il. Cela vient simplement de ce que vous ne savez pas les voir !

— Bon ! Ne pas voir un lion au milieu d'une plaine nue ! répondit Cyprien d'un ton assez ironique.

— Eh bien ! je vous parie dix livres, dit James Hilton, qu'avant une heure, je vous en montre un que vous n'aurez pas remarqué !

— Je ne parie jamais, par principe, répondit Cyprien, mais je ne demande pas mieux que de faire l'expérience ! »

On chemina pendant vingt-cinq ou trente minutes, et personne ne songeait plus aux lions, quand James Hilton s'écria :

« Messieurs, regardez donc ce nid de fourmis qui se dresse là-bas sur la droite !

— La belle affaire ! lui répondit Friedel. Nous ne voyons autre chose depuis deux ou trois jours ! »

En effet, rien n'est plus fréquent, dans le Bush-Veld, que ces gros tas de terre jaune, soulevés par d'innombrables fourmis, et qui, seuls, coupent de loin en loin, avec quelques buissons ou un groupe de maigres mimosas, la monotonie des plaines.

James Hilton eut un rire silencieux.

« Monsieur Méré, reprit-il, si vous voulez prendre un temps de galop, de manière à vous approcher de ce nid de fourmis, — là, au bout de mon doigt,

— je vous promets que vous verrez ce que vous souhaitez voir ! N'en approchez pas trop, cependant, ou vous pourriez vous en trouver assez mal ! »

Cyprien piqua des deux et se dirigea vers l'endroit que James Hilton avait appelé une fourmilière.

« C'est une famille de lions qui est campée là ! ajouta l'Allemand, dès que Cyprien se fut éloigné. Un sur dix, de ces tas jaunâtres que vous prenez pour des nids de fourmis, ne sont pas autre chose !

— *Per Bacco!* s'écria Pantalacci, vous aviez bien besoin de lui recommander de ne pas en approcher ! »

Mais, s'apercevant que Bardik et Li l'écoutaient, il reprit, en donnant un autre tour à sa pensée :

« Le Frenchman aurait eu une belle peur, et nous aurions eu de quoi rire ! »

Le Napolitain se trompait. Cyprien n'était pas homme à avoir une belle peur, comme il disait. A deux cents pas du but qui lui était indiqué, il reconnut à quel redoutable nid de fourmis il avait affaire. C'étaient un énorme lion, une lionne et trois lionceaux, accroupis en rond sur le sol, comme des chats, et qui dormaient paisiblement au soleil.

Au bruit des sabots de Templar, le lion ouvrit les yeux, souleva sa tête énorme et bâilla, en montrant, entre deux rangées de dents formidables, un gouffre dans lequel un enfant de dix ans aurait pu disparaître tout entier. Puis, il regarda le cavalier, qui s'était arrêté à vingt pas de lui.

Par bonheur, le féroce animal n'avait pas faim, sans quoi il ne fût pas resté si indifférent.

Cyprien, la main sur sa carabine, attendit deux ou trois minutes le bon plaisir de monseigneur le lion. Mais, voyant que celui-ci n'était pas d'humeur à engager les hostilités, il ne se sentit pas le cœur de troubler le bonheur de cette intéressante famille, et, tournant bride, il revint à l'amble vers ses compagnons.

Ceux-ci, forcés de reconnaître son sang-froid et sa bravoure, l'accueillirent par des acclamations.

« J'aurais perdu ma gageure, monsieur Hilton, » répondit simplement Cyprien.

Le soir même, on arriva pour faire halte sur la rive droite du Limpopo. Là Friedel s'obstina à vouloir pêcher une friture malgré les avis de James Hilton.

« C'est très malsain, camarade! lui disait celui-ci. Sachez que, dans le Bush-Veld, il ne faut ni rester, après le coucher du soleil, au bord des cours d'eau, ni....

— Bah! bah! J'en ai vu bien d'autres! répondit l'Allemand avec l'entêtement particulier à sa nation.

— Eh! s'écria Annibal Pantalacci, quel mal pourrait-il y avoir à se tenir au bord de l'eau pendant une heure ou deux? Ne m'est-il pas arrivé d'y passer des demi-journées, trempé jusqu'aux aisselles, lorsque j'étais à la chasse au canard?

— Ce n'est pas du tout la même chose! reprit James Hilton, en insistant près de Friedel.

— Chansons que tout cela!... répondit le Napolitain. Mon cher Hilton, vous feriez bien mieux de chercher la boîte au fromage râpé pour mon macaroni, que d'empêcher notre camarade d'aller nous pêcher un plat de poisson! Cela variera au moins notre ordinaire! »

Friedel partit, sans rien vouloir entendre, et il s'attarda si bien à jeter sa ligne, qu'il était nuit close, lorsqu'il revint au campement.

Là, l'obstiné pêcheur dîna avec appétit, fit honneur comme tout le monde aux poissons qu'il avait pêchés, mais se plaignit de violents frissons, lorsqu'il se coucha dans le wagon auprès de ses camarades.

Le lendemain, au petit jour, quand on se leva pour le départ, Friedel était en proie à une fièvre ardente et se trouva dans l'impossibilité de monter à cheval. Il demanda, néanmoins, qu'on se remît en route, affirmant qu'il serait fort bien sur la paille au fond du chariot. On fit comme il le voulait.

A midi, il délirait.

A trois heures, il était mort.

Sa maladie avait été une fièvre pernicieuse du caractère le plus foudroyant.

En présence de cette fin si subite, Cyprien ne put s'empêcher de penser qu'Annibal Pantalacci, par ses mauvais conseils, avait dans l'événement une responsabilité des plus graves. Mais personne ne semblait songer à faire cette observation, si ce n'est lui.

« Vous voyez comme j'avais raison de dire qu'il ne faut pas flâner au bord de l'eau à la nuit tombante! » se contenta de répéter philosophiquement James Hilton.

On s'arrêta, pendant quelques instants, afin d'inhumer le cadavre qu'on ne pouvait laisser à la merci des fauves.

Cyprien piqua des deux. (Page 134.)

C'était celui d'un rival, presque d'un ennemi, et pourtant Cyprien se sentit profondément ému en lui rendant les derniers devoirs. C'est que le spectacle de la mort, partout si auguste et si solennel, semble emprunter au désert une majesté nouvelle. En présence de la seule nature, l'homme comprend mieux que c'est là le terme inévitable. Loin de sa famille, loin de tous ceux qu'il aime, sa pensée s'envole avec mélancolie vers eux. Il se dit que, lui aussi, peut-être, il tombera demain sur l'immense plaine pour ne plus se relever, que, lui aussi, il sera alors enseveli sous un pied de sable, surmonté d'une pierre nue, et qu'il n'aura pour l'accompagner à sa dernière heure, ni les

Il fallut trois jours pour trouver un gué. (Page 138.)

larmes d'une sœur ou d'une mère, ni les regrets d'un ami. Et, reportant sur sa propre situation une part de la pitié que lui inspire le sort de son camarade, il lui semble que c'est un peu de lui-même qu'il enferme dans cette tombe!

Le lendemain de cette lugubre cérémonie, le cheval de Friedel, qui suivait, attaché à l'arrière du wagon, fut pris de la maladie du Veld. Il fallut l'abandonner.

Le pauvre animal n'avait survécu que de quelques heures à son maître!

XIV

AU NORD DU LIMPOPO.

Il fallut trois jours de recherches et de sondages pour trouver un gué à travers le lit du Limpopo. Encore est-il douteux qu'on l'eût découvert, si quelques Cafres Macalaccas, qui rôdaient au bord de la rivière, ne s'étaient chargés de guider l'expédition.

Ces Cafres, ce sont de pauvres diables d'ilotes que la race supérieure des Betchouanas tient en servage, les astreignant au travail sans aucune rémunération, les traitant avec une extrême dureté, et, qui plus est, leur interdisant, sous peine de mort, de manger de la viande. Les infortunés Macalaccas peuvent tout à leur aise tuer le gibier qu'ils rencontrent sur leur route, mais à la condition de le rapporter à leurs seigneurs et maîtres. Ceux-ci ne leur en laissent que les entrailles, — à peu près comme les chasseurs européens font avec leurs chiens courants.

Un Macalacca ne possède rien en propre, pas même une hutte ou une calebasse. Il s'en va à peu près nu, maigre, décharné, portant en bandoulière des intestins de buffle qu'on pourrait prendre à distance pour des aunes de boudin noir, et qui ne sont en réalité que les outres très primitives dans esquelles se trouve sa provision d'eau.

Le génie commercial de Bardik se fut bientôt manifesté dans l'art consommé avec lequel il sut tirer de ces malheureux l'aveu qu'ils possédaient, en dépit de leur misère, quelques plumes d'autruche, soigneusement cachées dans un fourré voisin. Il leur proposa immédiatement de les acheter, et rendez-vous fut pris à cet effet pour le soir.

« Tu as donc de l'argent à leur donner en échange? » lui demanda Cyprien assez surpris.

Et Bardik, riant à pleine bouche, lui montra une poignée de boutons de cuivre, par lui collectionnés depuis un mois ou deux, qu'il portait dans une bourse de toile.

« Ce n'est pas là une monnaie sérieuse, répondit Cyprien, et je ne puis permettre que tu payes ces pauvres gens avec quelques douzaines de vieux boutons ! »

Mais il lui fut impossible de faire comprendre à Bardik en quoi son projet était répréhensible.

« Si les Macalaccas acceptent mes boutons en échange de leurs plumes, qui peut y trouver à redire? répondait-il. Vous savez bien que les plumes ne leur ont rien coûté à recueillir ! Ils n'ont même pas le droit de les posséder, puisqu'ils ne peuvent les montrer qu'en cachette ! Un bouton, au contraire, est un objet utile, plus utile qu'une plume d'autruche ! Pourquoi donc me serait-il interdit d'en offrir une douzaine ou même deux en échange d'un égal nombre de plumes ? »

Le raisonnement était spécieux, mais n'en valait pas davantage. Ce que le jeune Cafre ne voyait pas, c'est que les Macalaccas allaient accepter ses boutons de cuivre, non pour l'usage qu'ils pourraient en tirer, puisqu'ils ne portaient guère de vêtements, mais pour la valeur supposée qu'ils attribueraient à ces ronds de métal, si analogues à des pièces de monnaie. Il y avait donc dans ce fait une tromperie véritable.

Cyprien dut reconnaître, pourtant, que la nuance était trop ténue pour être saisie par cette intelligence de sauvage, très large en matière de transaction, et il le laissa libre d'agir à sa guise.

Ce fut le soir, à la lumière des torches, que se poursuivit l'opération commerciale de Bardik. Les Macalaccas avaient évidemment une crainte salutaire d'être trompés par leur vendeur, car ils ne se contentèrent pas des feux allumés par les blancs, et arrivèrent, chargés de bottes de maïs qu'ils enflammèrent, après les avoir plantées en terre.

Ces indigènes exhibèrent alors les plumes d'autruche et se mirent en devoir d'examiner les boutons de Bardik.

A ce moment, commença entre eux, à grand renfort de gesticulations et de cris, un débat des plus animés sur la nature et la valeur de ces ronds métalliques.

Personne n'entendait un mot de ce qu'ils disaient dans leur rapide langage; mais il suffisait de voir leurs faces congestionnées, leurs grimaces éloquentes, leurs colères très sérieuses, pour être certain que le débat était pour eux du plus haut intérêt.

Tout à coup, ce débat si passionné fut interrompu par une apparition inattendue.

Un nègre de haute taille, — drapé avec dignité dans un mauvais manteau de cotonnade rouge, le front ceint de cette espèce de diadème en boyaux de mouton, que les guerriers cafres portent habituellement, — venait de sortir du fourré, auprès duquel se débattait la transaction; puis, il tombait à grands coups de bois de lance sur les Macalaccas, pris en flagrant délit d'opérations défendues.

« Lopèpe !... Lopèpe !... » crièrent les malheureux sauvages, en s'éparpillant de tous côtés, comme une bande de rats.

Mais un cercle de guerriers noirs, surgissant soudain de tous les buissons qui environnaient le campement, se resserra autour d'eux et les retint au passage.

Lopèpe se fit aussitôt remettre les boutons; il les considéra avec soin, à la lueur des torches de maïs, et les déposa, non sans une satisfaction évidente, au fond de son escarcelle de cuir. Puis, il s'avança vers Bardik, et, après lui avoir repris des mains les plumes d'autruche déjà livrées, il se les appropria comme il avait fait des boutons.

Les blancs étaient demeurés spectateurs passifs de cette scène, et ils ne savaient trop s'il convenait de s'y mêler, lorsque Lopèpe trancha la difficulté en s'avançant vers eux. Alors, s'arrêtant à quelques pas, il leur adressa d'un ton impérieux un assez long discours, d'ailleurs parfaitement inintelligible.

James Hilton, qui entendait quelques mots de betchouana, réussit pourtant à saisir le sens général de cette allocution et le transmit à ses compagnons. Le fond de ce discours, c'est que le chef cafre se plaignait de ce qu'on eût permis à Bardik de trafiquer avec les Macalaccas, lesquels ne peuvent rien posséder en propre. En finissant, il déclarait opérer la saisie des marchandises de contrebande et demandait aux blancs ce qu'ils avaient à lui objecter.

Parmi ceux-ci, les avis étaient partagés sur le parti à prendre. Annibal Pantalacci voulait qu'on cédât à l'instant pour ne pas se brouiller avec le chef betchouana. James Hilton et Cyprien, tout en reconnaissant que le système avait du bon, craignaient, en se montrant trop conciliants dans l'affaire, d'inspirer de l'arrogance à Lopèpe, et peut-être, s'il poussait plus loin ses prétentions, de rendre une rixe inévitable.

Dans un conseil rapide, tenu à demi-voix, il fut donc convenu qu'on abandonnerait les boutons au chef betchouana, mais qu'on réclamerait les plumes.

C'est ce que James Hilton s'empressa de lui expliquer, moitié par gestes, moitié à l'aide de quelques mots cafres.

Lopèpe prit d'abord un air diplomatique et parut hésiter. Mais le canon des fusils européens qu'il voyait briller dans l'ombre, l'eut bientôt décidé, et il rendit les plumes.

Dès lors, ce chef, très intelligent en vérité, se montra plus souple. Il offrit aux trois blancs, à Bardik et à Li, une prise de sa grande tabatière, et s'assit au bivac. Un verre d'eau-de-vie, que lui offrit le Napolitain, acheva de le mettre en belle humeur ; puis, lorsqu'il se leva, après une séance d'une heure et demie, qui se passa de part et d'autre dans un silence à peu près complet, ce fut pour inviter la caravane à lui rendre visite, le lendemain, à son kraal.

On le lui promit, et, après un échange de poignées de main, Lopèpe se retira majestueusement.

Peu de temps après son départ, tout le monde s'était couché, à l'exception de Cyprien, qui rêvait en contemplant les étoiles, après s'être roulé dans sa couverture. Il faisait une nuit sans lune, mais toute scintillante d'une poussière d'astres. Le feu s'était éteint, sans que le jeune ingénieur y eût pris garde.

Il pensait aux siens, qui ne se doutaient guère, en ce moment, qu'une pareille aventure l'eût jeté en plein désert de l'Afrique australe, à cette charmante Alice, qui, elle aussi, regardait peut-être les étoiles, à tous les êtres enfin qui lui étaient chers. Et, se laissant entraîner cette rêverie douce que poétise le grand silence de la plaine, il allait s'assoupir, quand un piétinement de sabots, une agitation singulière, venant du côté où les bœufs d'attelage étaient parqués pour la nuit, le réveillèrent et le mirent sur pied.

Cyprien crut alors distinguer dans l'ombre une forme plus basse, plus ramassée que celle des bœufs, et qui, sans doute, causait toute cette agitation.

Sans bien se rendre compte de ce que ce pouvait être, Cyprien saisit un fouet qui se trouvait sous sa main, et se dirigea prudemment vers le parc aux bestiaux.

Il ne s'était pas trompé. Il y avait bien là, au milieu des bœufs, un animal inattendu, qui était venu troubler leur sommeil.

A demi éveillé, avant même d'avoir réfléchi à ce qu'il faisait, Cyprien leva son fouet et, au jugé, il en appliqua un grand coup sur le museau de l'intrus.

Un rugissement épouvantable répondit soudain à cette attaque!... C'était un lion que le jeune ingénieur venait de traiter ainsi comme un simple caniche.

Mais à peine avait-il eu le temps de mettre la main sur l'un des revolvers qu'il portait à sa ceinture et de faire un brusque écart de côté, que l'animal, après avoir bondi vers lui sans l'atteindre, se précipitait de nouveau sur son bras tendu.

Cyprien sentit des griffes aiguës lui labourer les chairs, et il roula dans la poussière avec le redoutable fauve. Une détonation retentit tout à coup. Le corps du lion s'agita dans une convulsion suprême, puis se raidit et retomba immobile.

De la main libre qui lui restait, Cyprien, sans rien perdre de son sang-froid, avait appliqué son revolver sur l'oreille du monstre, et une balle explosible venait de lui fracasser la tête.

Cependant, les dormeurs, avertis par ce rugissement suivi d'une détonation, arrivaient sur le champ de bataille. On dégagea Cyprien, à demi écrasé sous le poids de l'énorme bête, on examina ses blessures, qui n'étaient heureusement que superficielles. Li les pansa simplement avec quelques linges mouillés d'eau-de-vie, puis la meilleure place lui fut réservée au fond du wagon, et bientôt tout le monde se rendormit sous la garde de Bardik, qui voulut veiller jusqu'au matin.

Le jour venait à peine de se lever, lorsque la voix de James Hilton, suppliant ses compagnons de venir à son aide, leur annonça quelque nouvel incident. James Hilton était couché tout habillé sur le devant du chariot, en travers de la bâche, et parlait avec l'accent de la plus vive épouvante, sans oser faire un mouvement.

« J'ai un serpent enroulé autour de mon genou droit, sous mon pantalon! disait-il. Ne bougez pas ou je suis perdu! Et pourtant, voyez ce qu'il est possible de faire! »

Ses yeux étaient dilatés par la terreur, sa face d'une pâleur livide. Au niveau de son genou droit, on distinguait, en effet, sous la toile bleue de son vêtement, la présence d'un corps étranger, — une espèce de câble enroulé autour de la jambe.

La situation était grave. Comme le disait James Hilton, au premier mouvement qu'il ferait, le serpent ne manquerait pas de le mordre!

Mais, au milieu de l'anxiété et de l'indécision générale, Bardik se chargea d'agir. Après avoir tiré sans bruit le couteau de chasse de son maître, il se rapprocha de James Hilton, d'un mouvement presque insensible, en quelque sorte vermiculaire. Puis, plaçant ses yeux presque au niveau du serpent, il parut, pendant quelques secondes, étudier avec soin la position du dangereux reptile. Sans doute, il cherchait à reconnaître comment la tête de l'animal était placée.

Tout à coup, d'un mouvement rapide, il se redressa, son bras s'abattit vivement, et l'acier du couteau mordit d'un coup sec le genou de James Hilton.

« Vous pouvez faire tomber le serpent !... Il est mort ! » dit Bardik en montrant toutes ses dents dans un large sourire.

James Hilton obéit machinalement et secoua sa jambe... Le reptile tomba à ses pieds.

C'était une vipère à tête noire, du diamètre d'un pouce à peine, mais dont la moindre morsure aurait suffi à donner la mort. Le jeune Cafre l'avait décapitée avec une précision merveilleuse. Le pantalon de James Hilton ne montrait qu'une coupure de six centimètres à peine et son épiderme n'avait même pas été entamé.

Chose singulière, et qui révolta profondément Cyprien, James Hilton ne parut pas songer à remercier son sauveur. Maintenant qu'il était hors d'affaire, il trouvait cette intervention toute naturelle. L'idée ne pouvait lui venir de serrer la patte noire d'un Cafre et de lui dire : Je vous dois la vie.

« Votre couteau est vraiment bien affilé ! » fit-il simplement observer, tandis que Bardik le remettait dans la gaîne, sans paraître, non plus, donner grande importance à ce qu'il venait de faire.

Le déjeuner eut bientôt effacé les impressions de cette nuit si agitée. Il se composait, ce jour-là, d'un seul œuf d'autruche brouillé au beurre, mais qui suffit largement à satisfaire l'appétit des cinq convives.

Cyprien avait une légère fièvre et ses blessures le faisaient un peu souffrir. Cependant il n'en insista pas moins pour accompagner Annibal Pantalacci et James Hilton au kraal de Lopèpe. Le camp fut donc laissé à la garde de Bardik et de Li, qui avaient entrepris de dépouiller le lion de sa peau, — un véritable monstre de l'espèce dite à museau de chien. Les trois cavaliers se mirent seuls en route.

Le chef betchouana les attendait à l'entrée de son kraal, entouré de tous ses guerriers. Derrière eux, au second plan, les femmes et les enfants s'étaient

Un rugissement épouvantable répondit à cette attaque. (Page 142.)

groupés avec curiosité pour voir les étrangers. Quelques-unes de ces noires ménagères affectaient pourtant l'indifférence. Assises devant leurs huttes hémisphériques, elles continuaient de vaquer à leurs occupations. Deux ou trois faisaient du filet avec de longues herbes textiles qu'elles tordaient en forme de corde.

L'aspect général était misérable, quoique les cases fussent assez bien bâties. Celle de Lopèpe, plus vaste que les autres, tapissée intérieurement de nattes de paille, s'élevait à peu près au centre du kraal.

Le chef y introduisit ses hôtes, leur désigna trois escabeaux et s'assit à son

Le chef introduisit ses hôtes dans sa case. (Page 144.)

tour devant eux, tandis que sa garde d'honneur se rangeait en cercle derrière lui.

On commença par échanger les politesses habituelles. En somme, le cérémonial se réduit habituellement à boire une tasse de boisson fermentée, venant de la manufacture même de l'amphitryon ; mais, pour bien indiquer que cette courtoisie ne cache pas des projets perfides, celui-ci commence toujours par y tremper ses grosses lèvres, avant de passer la tasse à l'étranger. Ne pas boire, après une invitation aussi gracieuse, serait une mortelle injure. Les trois blancs avalèrent donc la bière cafre, non sans force grimaces de la part d'Annibal Pantalacci, qui aurait bien mieux aimé, disait-il à la cantonade, « un verre de lacryma-christi que cette fadasse tisane de betchouanas ! »

Puis, on causa affaires. Lopèpe aurait voulu acheter un fusil. Mais c'était une satisfaction qu'on ne put pas lui accorder, quoiqu'il offrît en échange un cheval assez passable et cent cinquante livres d'ivoire. En effet, les règlements coloniaux sont très rigoureux sur ce point et interdisent aux Européens toute cession d'armes aux Cafres de la frontière, excepté sur autorisation spéciale du gouverneur. Pour le dédommager, les trois hôtes de Lopèpe avaient apporté pour lui une chemise de flanelle, une chaîne d'acier et une bouteille de rhum, qui constituaient un splendide présent et lui firent un plaisir manifeste.

Aussi le chef betchouana se montra-t-il parfaitement disposé à fournir tous les renseignements qu'on lui demanda, plus intelligiblement, par l'intermédiaire de James Hilton.

Et d'abord, un voyageur répondant en tout point au signalement de Matakit, avait passé par le kraal cinq jours avant. C'était la première nouvelle que l'expédition eût obtenue du fugitif depuis deux semaines. Aussi fut-elle agréablement accueillie. Le jeune Cafre avait dû perdre quelques jours à chercher le gué du Limpopo, et, maintenant, il se dirigeait vers les montagnes du nord.

Y avait-il encore plusieurs journées de marche avant d'arriver à ces montagnes ?

Sept ou huit au plus.

Lopèpe était-il l'ami du souverain de ce pays, dans lequel Cyprien et ses compagnons allaient être forcés de s'engager ?

Lopèpe s'en faisait gloire ! D'ailleurs, qui ne voudrait pas être l'ami respectueux et l'allié fidèle du grand Tonaïa, le conquérant invincible des pays cafres ?

Tonaïa faisait-il bon accueil aux blancs ?

Oui, parce qu'il savait, comme tous les chefs de la contrée, que les blancs ne manquent jamais de venger l'injure faite à un des leurs. A quoi bon vouloir lutter contre les blancs ? Ne sont-ils pas toujours les plus forts grâce à leurs fusils qui se chargent tout seuls ? Le mieux est donc de rester en paix avec eux, de les bien accueillir et de trafiquer loyalement avec leurs marchands.

Tels furent, en résumé, les renseignements fournis par Lopèpe. Un seul avait une véritable importance : c'est que Matakit avait perdu plusieurs journées de marche, avant de pouvoir traverser la rivière, et qu'on était toujours sur sa trace.

En retournant au camp, Cyprien, Annibal Pantalacci et James Hilton trouvèrent Bardik et Li fort alarmés.

Ils avaient, racontèrent-ils, reçu la visite d'un gros de guerriers cafres, d'une tribu autre que celle de Lopèpe, qui les avait d'abord cernés, puis soumis à un véritable interrogatoire. Que venaient-ils faire dans le pays? N'était-ce pas pour espionner les Betchouanas, rassembler des informations sur leur compte, reconnaître leur nombre, leur force et leur armement? Des étrangers avaient tort de s'engager dans une entreprise pareille! Bien entendu, le grand roi Tonaïa n'avait rien à dire, tant qu'ils n'auraient pas pénétré sur son territoire ; mais il pourrait bien voir les choses d'un autre œil, s'ils s'avisaient d'y entrer.

Voilà quel avait été le sens général de leurs propos. Le Chinois n'en paraissait pas ému plus que de raison. Mais Bardik, si calme d'ordinaire, si plein de sang-froid en toute occasion, semblait être en proie à une terreur véritable, que Cyprien ne pouvait s'expliquer.

« Guerriers très méchants, disait-il, en roulant de gros yeux, guerriers qui détestent les blancs et leur « feront couic!... »

C'est l'expression reçue parmi tous les Cafres à demi civilisés, lorsqu'ils veulent exprimer l'idée d'une mort violente.

Que faire? Convenait-il d'attribuer une grande importance à cet incident? Non, sans doute. Ces guerriers quoiqu'au nombre d'une trentaine, d'après le récit de Bardik et du Chinois qu'ils avaient surpris sans armes, ne leur avaient fait aucun mal et n'avaient manifesté aucune velléité de pillage. Leurs menaces n'étaient sans doute que de vains propos, comme les sauvages sont assez portés à en tenir aux étrangers. Il suffirait de quelques politesses à l'adresse du grand chef Tonaïa, de quelques explications loyales sur les intentions qui amenaient les trois blancs dans le pays, pour dissiper tous ses soupçons, s'il en avait, et s'assurer sa bienveillance.

D'un commun accord, il fut convenu qu'on se remettrait en route. L'espoir de rejoindre bientôt Matakit et de lui reprendre le diamant volé faisait oublier toute autre préoccupation.

XV

UN COMPLOT.

En une semaine de marche, l'expédition venait d'arriver dans une contrée qui ne ressemblait en aucune façon aux pays précédemment traversés depuis la frontière du Griqualand. On touchait maintenant à la chaîne de montagnes que tous les renseignements recueillis sur Matakit indiquaient comme le but probable qu'il voulait atteindre. L'approche des hautes terres, aussi bien que des nombreux cours d'eau qui en descendent pour aller se jeter dans le Limpopo, s'annonçait par une flore et une faune toutes différentes de celles de la plaine.

Une des premières vallées, qui s'ouvrit aux regards des trois voyageurs, leur offrit le spectacle le plus frais et le plus riant, un peu avant le coucher du soleil.

Une rivière, si limpide qu'on voyait partout le fond de son lit, se déroulait entre deux prairies d'un vert d'émeraude. Des arbres fruitiers, aux feuillages les plus variés, tapissaient les talus des collines qui enfermaient ce bassin. Sur ce fond encore ensoleillé, à l'ombre de baobabs énormes, des troupeaux d'antilopes rouges, de zèbres et de buffles paissaient tranquillement. Plus loin, un rhinocéros blanc, traversant de son pas lourd une large clairière, se dirigeait lentement vers le bord de l'eau, et ronflait déjà de joie à la pensée de la troubler en y vautrant sa masse charnue. On entendait un fauve invisible, qui bâillait d'ennui sous quelque taillis. Un onagre brayait, et des légions de singes se poursuivaient à travers les arbres.

Cyprien et ses deux compagnons s'étaient arrêtés au sommet de la colline pour mieux contempler ce spectacle si nouveau pour eux. Ils se voyaient enfin arrivés dans une de ces régions vierges, où l'animal sauvage, — encore le maître incontesté du sol, — vit si heureux et si libre qu'il ne soupçonne même pas le danger. Ce qui était surprenant, ce n'était pas seulement le nombre et la tranquillité de ces animaux, c'était l'étonnante variété de la faune qu'ils représentaient en cette partie de l'Afrique. On aurait véritablement dit d'une de ces toiles étranges, sur lesquelles un peintre s'est amusé à réunir dans un cadre étroit tous les types principaux du règne animal.

Peu d'habitants d'ailleurs. Les Cafres, il est vrai, au milieu de ces pays immenses, ne peuvent être que très disséminés à leur surface. C'est le désert ou peu s'en faut.

Cyprien, satisfait dans ses instincts de savant et d'artiste, se serait volontiers cru transporté à l'âge préhistorique du megatherium et autres bêtes antédiluviennes.

« Il ne manque que des éléphants pour que la fête soit complète! » s'écria-t-il.

Mais tout aussitôt Li, étendant le bras, lui montra, au milieu d'une vaste clairière, plusieurs masses grises. De loin, on eût dit autant de rochers, non moins pour leur immobilité que pour leur couleur. En réalité, c'était un troupeau d'éléphants. La prairie en était comme mouchetée sur une étendue de plusieurs milles.

« Tu te connais donc en éléphants? » demanda Cyprien au Chinois, pendant qu'on préparait la halte pour la nuit.

Li cligna ses petits yeux obliques.

« J'ai habité deux ans l'île de Ceylan en qualité d'aide des chasses, répondit-il simplement avec cette réserve marquée qu'il apportait toujours en ce qui concernait sa biographie.

— Ah! que ne pouvons-nous en abattre un ou deux! s'écria James Hilton. C'est là une chasse très amusante...

— Oui, et dans laquelle le gibier vaut bien la poudre qu'il coûte! ajouta Annibal Pantalacci. Deux défenses d'éléphant, cela constitue un joli butin, et nous pourrions aisément en placer trois ou quatre douzaines à l'arrière du wagon!... Savez-vous, camarades, qu'il n'en faudrait pas plus pour payer les frais de notre voyage!

— Mais c'est une idée et une bonne! s'écria James Hilton. Pourquoi n'essaierions-nous pas, demain matin, avant de nous remettre en route? »

On discuta la question. Bref, il fut décidé qu'on lèverait le camp aux premières lueurs du jour, et qu'on irait tenter la fortune du côté de la vallée dans laquelle venaient d'être signalés des éléphants.

Les choses ainsi convenues, et le dîner rapidement expédié, tout le monde se retira sous la bâche du wagon, à l'exception de James Hilton, qui, de garde cette nuit-là, devait rester près du feu.

Il y avait environ deux heures qu'il était seul, et il commençait à s'assoupir, lorsqu'il se sentit légèrement poussé au coude. Il rouvrit les yeux. Annibal Pantalacci était assis près de lui.

« Je ne puis dormir, et j'ai pensé qu'autant valait venir vous tenir compagnie, dit le Napolitain.

— C'est très aimable à vous, mais à moi, quelques heures de sommeil ne me déplairaient pas ! répondit James Hilton en s'étirant les bras. Si vous voulez, nous pourrons aisément nous arranger ! J'irai prendre votre place sous la bâche, et vous garderez la mienne ici !

— Non !... Restez !... J'ai à vous parler ! » reprit Annibal Pantalacci d'une voix sourde.

Il jeta un regard autour de lui pour s'assurer qu'ils étaient bien seuls, et reprit :

« Avez-vous déjà chassé l'éléphant ?

— Oui, répondit James Hilton, deux fois.

— Eh bien ! vous savez combien c'est une chasse périlleuse ! L'éléphant est si intelligent, si fin, si bien armé ! Il est rare que l'homme n'ait pas le dessous dans sa lutte contre lui !

— Bon ! Vous parlez pour les maladroits ! répondit James Hilton. Mais avec une bonne carabine chargée de balles explosibles, il n'y a pas grand chose à craindre !

— C'est ce que je pensais, repliqua le Napolitain. Cependant, il arrive des accidents !... Supposez qu'il en arrivât un demain au Frenchman, ce serait un vrai malheur pour la science !

— Un véritable malheur ! » répéta James Hilton.

Et il se mit à rire d'un air méchant.

« Pour nous, le malheur ne serait pas tout à fait aussi grand ! reprit Annibal Pantalacci, encouragé par le rire de son compagnon. Nous ne serions plus que deux à poursuivre Matakit et son diamant !... Or, à deux, on peut toujours s'entendre à l'amiable... »

Les deux hommes restèrent silencieux, le regard fixé sur les tisons, la pensée perdue dans leur machination criminelle.

« Oui !... à deux on peut toujours s'entendre ! répéta le Napolitain. A trois, c'est plus difficile ! »

Il y eut encore un instant de silence.

Tout à coup, Annibal Pantalacci releva brusquement la tête et sonda du regard les ténèbres qui l'entouraient.

« N'avez-vous rien vu ? demanda-t-il à voix basse. Il m'a semblé apercevoir une ombre derrière ce baobab ! »

James Hilton regarda à son tour ; mais, si perçant que fût son regard, il n'aperçut rien de suspect aux environs du campement.

« Ce n'est rien ! dit-il. Du linge que le Chinois a mis à blanchir à la rosée ! »

Bientôt la conversation fut reprise entre les deux complices, mais à mi-voix, cette fois.

« Je pourrais enlever les cartouches de son fusil, sans qu'il y prît garde ! disait Annibal Pantalacci. Puis, au moment d'attaquer un éléphant, je tirerais un coup de feu derrière lui, de manière que la bête l'aperçût à cet instant... et ce ne serait pas long !

— C'est peut-être bien délicat ce que vous proposez ! objectait faiblement James Hilton.

— Bah ! laissez-moi faire et vous verrez que cela ira tout seul ! » répliqua le Napolitain.

Une heure plus tard, lorsqu'il vint reprendre sa place auprès des dormeurs, sous la bâche, Annibal Pantalacci eut soin d'enflammer une allumette, afin de s'assurer que personne n'avait bougé. Cela lui permit de constater que Cyprien, Bardik et le Chinois étaient profondément endormis.

Ils en avaient l'air tout au moins. Mais, si le Napolitain avait été plus avisé, il aurait peut-être reconnu dans le ronflement sonore de Li quelque chose d'artificiel et de sournois.

Au point du jour, tout le monde était sur pied. Annibal Pantalacci sut profiter du moment où Cyprien était allé vers le ruisseau voisin pour se livrer à ses ablutions matinales, et il opéra la soustraction des cartouches de son fusil. Ce fut l'affaire de vingt secondes. Il était bien seul. À ce moment, Bardik faisait le café, le Chinois rassemblait le linge qu'il avait exposé à la rosée nocturne sur sa fameuse corde tendue entre deux baobabs. Bien certainement, personne n'avait rien vu.

Le café pris, on partit à cheval, laissant le wagon et les bestiaux sous la garde de Bardik.

Li avait demandé à suivre les cavaliers et s'était armé seulement du couteau de chasse de son maître.

En moins d'une demi-heure, les chasseurs arrivèrent au point où, la veille

A l'ombre de baobabs énormes... (Page 148.)

au soir, les éléphants avaient été aperçus. Mais, ce jour-là, il fallut pousser un peu plus loin pour les retrouver et atteindre une large clairière, qui s'ouvrait entre le pied de la montagne et la rive droite du fleuve.

Dans l'atmosphère claire et fraîche, illuminée par le soleil levant, sur le tapis d'une immense pelouse de gazon fin, encore tout humide de rosée, une tribu entière d'éléphants, — deux ou trois cents au moins, — étaient en train de déjeuner. Les petits gambadaient follement autour de leurs mères ou les tétaient silencieusement. Les grands, la tête au sol, la trompe agitée en cadence, paissaient l'herbe épaisse de la prairie. Presque tous s'éventaient

D'un seul coup de couteau de chasse... (Page 155.)

avec leurs vastes oreilles, semblables à des manteaux de cuir, qu'ils remuaient comme des punkas indiennes.

Il y avait dans le calme de ce bonheur domestique quelque chose de si sacré, pour ainsi dire, que Cyprien en fut profondément ému, et demanda à ses compagnons de renoncer au massacre projeté.

« A quoi bon tuer ces créatures inoffensives? dit-il. Ne vaudrait-il pas mieux les laisser en paix dans leur solitude? »

Mais la proposition, pour plus d'un motif, ne pouvait être du goût d'Annibal Pantalacci.

« A quoi bon? répliqua-t-il en ricanant, mais à garnir nos escarcelles, en nous procurant quelques quintaux d'ivoire ! Est-ce que ces grosses bêtes vous font peur, monsieur Méré? »

Cyprien haussa les épaules, sans vouloir relever cette impertinence. Cependant, lorsqu'il vit le Napolitain et son camarade continuer à s'avancer vers la clairière, il fit comme eux.

Tous trois n'étaient guère, maintenant, qu'à deux cents mètres des éléphants. Si ces intelligentes bêtes, avec leur ouïe si fine, si promptement en éveil, n'avaient pas encore remarqué l'approche des chasseurs, c'est que ceux-ci se trouvaient placés sous le vent, protégés en outre par un épais massif de baobabs.

Cependant, un des éléphants commençait à donner des signes d'inquiétude et relevait sa trompe en point d'interrogation.

« Voici le moment, dit Annibal Pantalacci à mi-voix. Si nous voulons obtenir un résultat sérieux, il faut nous espacer et choisir chacun notre pièce, puis, tirer ensemble à un signal convenu, car, au premier coup de feu, tout le troupeau va prendre la fuite. »

Cet avis ayant été adopté, James Hilton se détacha vers la droite. En même temps, Annibal Pantalacci se dirigeait vers la gauche, et Cyprien restait au centre. Puis tous trois reprirent silencieusement leur marche vers la clairière.

A cet instant, Cyprien, très surpris, sentit deux bras l'envelopper tout à coup d'une étreinte vigoureuse, tandis que la voix de Li lui murmurait à l'oreille :

« C'est moi !... Je viens de sauter en croupe derrière vous !... Ne dites rien !... Vous verrez tout à l'heure pourquoi ! »

Cyprien arrivait alors à la lisière du massif et ne se trouvait plus qu'à une trentaine de mètres des éléphants. Déjà il armait son fusil pour être prêt à tout événement, lorsque le Chinois lui dit encore :

« Votre fusil est déchargé !... Ne vous en inquiétez pas !... Tout va bien !... Tout va bien !.. »

Au même instant retentit le coup de sifflet, qui devait servir de signal pour l'attaque générale, et, presque aussitôt, un coup de feu, — un seul, — partit derrière Cyprien.

Celui-ci se retourna vivement, aperçut Annibal Pantalacci, qui cherchait à se dérober derrière un tronc d'arbre. Mais, presque aussitôt, un fait plus grave appela son attention.

Un des éléphants, blessé sans doute et rendu furieux par sa blessure, venait de se précipiter vers lui. Les autres, ainsi que le Napolitain l'avait prévu, s'étaient hâtés de prendre la fuite avec un piétinement terrible, qui ébranlait le sol jusqu'à deux mille mètres à la ronde.

« Nous y voilà! cria Li, toujours cramponné à Cyprien. Au moment où l'animal va fondre sur vous, faites faire un écart à Templar!... Puis tournez autour de ce buisson et laissez-vous poursuivre par l'éléphant!... Je me charge du reste! »

Cyprien n'eut que le temps d'exécuter presque machinalement ces instructions. La trompe haute, les yeux injectés de sang, la bouche ouverte, les défenses en avant, l'énorme pachyderme arrivait sur lui avec une incroyable rapidité.

Templar se conduisit en vieux routier. Obéissant avec une précision admirable à la pression des genoux de son cavalier, il exécuta juste à point un violent soubresaut sur la droite. Aussi, l'éléphant, lancé à fond de train, passa-t-il, sans l'atteindre, à la place même que le cheval et le cavalier venaient à peine de quitter.

Cependant, le Chinois, après avoir dégainé sans mot dire, s'était laissé glisser à terre, et, d'un mouvement rapide, se jetait derrière le buisson qu'il avait montré à son maître.

« Là!... là!... Tournez autour de ce buisson!... Laissez-vous poursuivre! » cria-t-il de nouveau.

L'éléphant revenait sur eux, plus furieux de n'avoir pas réussi dans sa première attaque. Cyprien, quoiqu'il ne vît pas bien le but de cette manœuvre indiquée par Li, l'exécuta ponctuellement. Il tourna autour du buisson, suivi de l'animal haletant, et trompa deux fois encore son attaque par un écart soudain de son cheval. Mais cette tactique pouvait-elle réussir longtemps? Li espérait-il donc fatiguer l'animal?

C'est ce que Cyprien se demandait, sans pouvoir trouver une réponse satisfaisante, quand, tout à coup, à sa grande surprise, l'éléphant s'abattit sur les genoux.

Li, saisissant avec une adresse incomparable le moment propice, s'était glissé dans l'herbe jusque sous les pieds de l'animal, et, d'un seul coup du couteau de chasse, il lui avait coupé net ce tendon du talon, qu'on appelle, chez l'homme, tendon d'Achille.

C'est ainsi que procèdent ordinairement les Indous, pendant leurs chasses à l'éléphant, et le Chinois devait avoir souvent pratiqué cette manœuvre à Ceylan, car il venait de l'exécuter avec une précision et un sang-froid merveilleux.

Terrassé et impuissant, l'éléphant restait immobile, la tête roulée dans l'herbe épaisse. Un ruisseau de sang, qui coulait de sa blessure, l'affaiblissait à vue d'œil.

« Hurrah!... Bravo !... crièrent aussitôt Annibal Pantalacci et James Hilton en apparaissant sur le théâtre de la lutte.

— Il faut l'achever d'une balle à l'œil ! » reprit James Hilton, qui semblait éprouver un irrésistible besoin de s'agiter et de prendre un rôle actif dans ce drame.

Cela dit, il épaula son fusil et fit feu.

A l'instant, on entendit dans le corps du gigantesque quadrupède l'explosion de la balle. Il eut une convulsion suprême, puis resta immobile, ressemblant à quelque rocher gris abattu sur le sol.

« C'est fini ! s'écria James Hilton, en poussant son cheval tout près de l'animal pour le mieux voir.

— Attendez!... Attendez!... » semblait dire le regard fin du Chinois en s'adressant à son maître

Il n'y eut pas longtemps à attendre l'horrible mais inévitable épilogue de cette scène.

En effet, à peine James Hilton fut-il arrivé près de l'éléphant, qu'il se pencha sur son étrier, et, par dérision, essaya de lui relever une de ses énormes oreilles. Mais l'animal, d'un mouvement subit, redressant sa trompe, l'abattit sur l'imprudent chasseur, lui cassa la colonne vertébrale et lui broya la tête, avant que les témoins stupéfaits de cet effroyable dénouement, eussent eu le temps de le prévenir.

James Hilton ne put que pousser un dernier cri. En trois secondes, il n'était plus qu'un amas de chairs sanglantes, sur lequel l'éléphant retomba pour ne plus se relever.

« J'étais sûr qu'il faisait le mort ! dit sentencieusement le Chinois, en hochant la tête. Les éléphants n'y manquent jamais, quand l'occasion s'en présente ! »

Telle fut l'oraison funèbre de James Hilton. Le jeune ingénieur, encore sous le coup de la trahison dont il avait failli être la victime, ne pouvait s'empêcher de voir là le juste châtiment de l'un de ces misérables qui avaient voulu le livrer sans défense à la rage d'un si redoutable animal.

Quant au Napolitain, quelles que fussent ses pensées, il jugeait à propos de les garder pour lui.

Cependant, le Chinois était déjà occupé à creuser, avec son couteau de chasse, sous le gazon de la prairie, une fosse, dans laquelle, aidé de Cyprien, il déposa bientôt les restes informes de son ennemi.

Tout cela prit quelque temps, et le soleil était déjà haut sur l'horizon, lorsque les trois chasseurs reprirent le chemin du camp.

Lorsqu'ils y arrivèrent, quelle ne fut pas leur inquiétude?... Bardik n'y était plus.

XVI

TRAHISON.

Que s'était-il donc passé au camp pendant l'absence de Cyprien et de ses deux compagnons? Il eût été difficile de le dire, tant que le jeune Cafre n'aurait pas reparu.

On attendit donc Bardik, on l'appela, on le chercha de tous côtés. Aucune trace de lui ne put être découverte. Le déjeuner, qu'il avait commencé à préparer, resté auprès du foyer éteint, semblait indiquer que sa disparition remontait seulement à deux ou trois heures.

Cyprien en était réduit aux conjectures sur ce qui avait pu la provoquer, mais, ces conjectures, rien ne venait les éclaircir. Que le jeune Cafre eût été attaqué par une bête féroce, cela n'était pas probable : il n'y avait pas un seul indice de lutte sanglante ou même de désordre aux alentours. Qu'il eût déserté pour retourner à son pays, comme les Cafres le font souvent, c'était moins vraisemblable encore de la part d'un garçon si dévoué, et le jeune ingénieur se refusa absolument à accepter cette hypothèse, mise en avant par Annibal Pantalacci.

Bref, après une demi-journée de recherches, le jeune Cafre n'avait pas été retrouvé, et sa disparition resta un fait absolument inexplicable.

Annibal Pantalacci et Cyprien tinrent donc conseil. Après discussion, ils convinrent d'attendre jusqu'au lendemain matin avant de lever le camp. Peut-être, dans cet intervalle, Bardik reviendrait-il, s'il s'était simplement égaré à la poursuite de quelque pièce de gibier, qui avait pu exciter sa convoitise de chasseur.

Mais, en se rappelant la visite qu'un parti de Cafres avait faite à l'un des derniers campements, en tenant compte des questions posées à Bardik et à Li, de la crainte qu'ils avaient exprimé de voir des étrangers, des espions peut-être, s'aventurer sur le pays de Tonaïa, on pouvait se demander, non sans raison, si Bardik, tombé entre les mains de ces indigènes, n'avait pas été emmené jusque dans leur capitale.

La journée s'acheva tristement et la soirée fut plus lugubre encore. Un vent de malheur semblait souffler sur l'expédition. Annibal Pantalacci était farouche et muet. Ses deux complices, Friedel et James Hilton, étaient morts, et maintenant il restait seul en face de son jeune rival, mais plus que jamais décidé à se débarrasser d'un prétendant dont il ne voulait pas plus dans l'affaire du diamant que dans l'affaire du mariage. Et pour lui, ce n'étaient vraiment là que des affaires.

Quant à Cyprien, — auquel Li avait raconté tout ce qu'il avait entendu à propos de la soustraction des cartouches, — il lui fallait veiller nuit et jour, maintenant, sur son compagnon de voyage. Le Chinois, il est vrai, comptait bien prendre à sa charge une partie de cette tâche.

Cyprien et Annibal Pantalacci passèrent la soirée à fumer auprès du feu, silencieusement, et se retirèrent sous la bâche du wagon, sans même échanger un bonsoir. C'était au tour de Li de veiller près du feu allumé pour écarter les bêtes féroces.

Le lendemain, au point du jour, le jeune Cafre n'était pas de retour au campement.

Cyprien aurait volontiers attendu vingt-quatre heures encore pour donner à son serviteur une dernière chance de revenir, mais le Napolitain insista pour partir à l'instant.

« On peut fort bien se passer de Bardik, disait-il, et se retarder, c'est s'exposer à ne plus pouvoir rejoindre Matakit! »

Cyprien se rendit, et le Chinois se mit en devoir de rassembler les bœufs pour le départ.

Nouvelle déconvenue et des plus graves. Les bœufs, eux non plus, ne se retrouvaient pas. La veille au soir, ils étaient encore couchés dans les hautes herbes autour du campement!... Maintenant, il était impossible d'en apercevoir même un seul.

Et c'est alors que l'on put mesurer l'étendue de la perte que l'expédition avait faite en la personne de Bardik! Si cet intelligent serviteur eût été présent à son poste, il n'aurait pas manqué, lui qui connaissait les habitudes de la race bovine dans l'Afrique australe, d'attacher à des arbres ou à des piquets ces bêtes qui s'étaient reposées tout un jour. D'ordinaire, en arrivant aux haltes, après une longue journée de marche, la précaution était inutile ; les bœufs, exténués de fatigue, ne songeaient alors qu'à paître aux environs du wagon, puis ils se couchaient pour la nuit et ne s'écartaient guère au réveil de plus d'une centaine de mètres. Mais il n'en était pas de même, après une journée de repos et de bombance.

Évidemment, le premier soin de ces animaux, en se réveillant, avait été de chercher des herbes plus délicates que celles dont ils s'étaient rassasiés la veille. En humeur de vagabondage, ils s'étaient écartés peu à peu, avaient perdu de vue le campement, et, entraînés alors par cet instinct qui les rappelle à l'étable, il est probable qu'ils avaient, l'un suivant l'autre, tout simplement repris le chemin du Transvaal.

C'est là un désastre qui, pour n'être pas rare dans ces expéditions de la basse Afrique, n'en est pas moins des plus graves, car, sans attelage, le wagon devient inutile, et le wagon, pour le voyageur africain, c'est à la fois la maison, le magasin, la forteresse.

Grand fut donc le désappointement de Cyprien et d'Annibal Pantalacci, quand, après une course acharnée de deux ou trois heures sur les traces des bœufs, ils durent reconnaître qu'il fallait renoncer à tout espoir de les rattraper.

La situation était singulièrement aggravée, et, une fois encore, il fallut tenir conseil.

Or, il n'y avait guère qu'une solution pratique en cette conjoncture : abandonner le wagon, se charger d'autant de provisions de bouche et de munitions qu'on pourrait en emporter, et continuer le voyage à cheval. Si l'on était favorisé par les circonstances, peut-être pourrait-on trouver promptement à négocier avec un chef cafre l'achat d'un nouvel attelage de bœufs contre un fusil ou des cartouches. Quant à Li, il prendrait le cheval de James Hilton, qui, on le sait, n'avait plus de maître.

On se mit donc en devoir d'abattre des branches épineuses, de manière à en

L'animal redressant sa trompe... (Page 156.)

recouvrir le wagon pour qu'il fût caché sous une sorte de buisson artificiel. Puis, chacun se chargea de tout ce qu'il put loger dans ses poches et dans son sac, en fait de linge, de boîtes de conserves et de munitions. A son grand regret, le Chinois dut renoncer à emporter sa caisse rouge, qui était trop lourde; mais il fut impossible de le décider à abandonner sa corde qu'il roula autour de ses reins, sous sa blouse, comme une ceinture.

Ces préparatifs terminés, après un dernier regard à cette vallée, dans laquelle s'étaient produits des événements si tragiques, les trois cavaliers reprirent le chemin des hauteurs. Ce chemin, comme tous ceux du pays, était sim-

« Un voyageur! » s'écria le Napolitain. (Page 162.)

plement un sentier battu par les fauves, qui suivent presque toujours, pour se rendre à leurs abreuvoirs, la voie la plus directe.

Il était midi passé, et, sous un soleil brûlant, Cyprien, Annibal Pantalacci et Li marchèrent d'un bon pas jusqu'au soir; puis, lorsqu'ils furent campés dans une gorge profonde, sous l'abri d'un grand rocher, autour d'un bon feu de bois sec, ils se dirent qu'après tout la perte du wagon n'était pas irréparable.

Pendant deux jours encore, ils avancèrent ainsi, sans se douter qu'ils étaient sur les traces de celui qu'ils cherchaient. En effet, le soir du second jour, un peu avant le coucher du soleil, comme ils se dirigeaient au petit pas vers un bouquet d'arbres sous lequel ils devaient passer la nuit, Li poussa tout à coup une exclamation gutturale :

« Hugh ! » fit-il, en désignant du doigt un petit point noir, qui se mouvait à l'horizon dans les dernières lueurs du crépuscule.

Le regard de Cyprien et d'Annibal Pantalacci suivit naturellement la direction indiquée par le doigt du Chinois.

« Un voyageur ! s'écria le Napolitain.

— C'est Matakit lui-même ! reprit Cyprien, qui s'était empressé de porter sa lorgnette à ses yeux. Je distingue fort bien sa carriole et son autruche !... C'est lui ! »

Et il passa la lorgnette à Pantalacci, qui put se convaincre à son tour de l'exactitude du fait.

« A quelle distance pensez-vous qu'il soit de nous, en ce moment? demanda Cyprien.

— A sept à huit milles au moins, mais peut-être à dix, répondit le Napolitnai.

— Alors, il nous faut renoncer à l'espoir de le rejoindre aujourd'hui, avant de faire halte?

— Assurément, répondit Annibal Pantalacci. Dans une demi-heure, il fera nuit close, et il n'y aura plus à songer à faire un pas dans cette direction !

— Bon ! demain, nous sommes sûrs de l'atteindre, en partant de bonne heure !

— C'est tout à fait mon avis. »

Les cavaliers étaient alors arrivés au bouquet d'arbres, et ils mirent pied à terre. Selon leur habitude constante, ils commencèrent d'abord par s'occuper des chevaux qu'ils bouchonnèrent et pansèrent avec soin, avant de les attacher à des piquets pour les laisser paître. Pendant ce temps, le Chinois s'occupait d'allumer le feu.

La nuit se fit pendant ces préparatifs. Le dîner fut peut-être un peu plus gai ce soir-là qu'il n'avait été depuis trois jours. Mais à peine eût-il été dépêché, que les trois voyageurs, se roulant dans leurs couvertures, auprès du feu dûment alimenté pour toute la nuit, la tête sur leurs selles, se préparèrent là dormir. Il importait de pouvoir être sur pied avant le jour, afin de brûler l'étape et de rejoindre Matakit.

Cyprien et le Chinois furent bientôt parfaitement endormis, — ce qui n'était peut-être pas très prudent de leur part.

Il n'en était pas de même du Napolitain. Pendant deux ou trois heures, il s'agita sous sa couverture, comme un homme obsédé de quelque idée fixe. Une tentation criminelle s'emparait encore de lui.

Enfin, n'y tenant plus, il se leva dans le plus grand silence, se rapprocha des chevaux, sella le sien; puis, détachant Templar avec celui du Chinois, et les tirant par leur longe, il les emmena en laisse. L'herbe fine, dont le sol était tapissé, étouffait complètement le bruit des pas de ces trois animaux, qui se laissaient faire avec une résignation stupide, tout ahuris de ce réveil subit. Annibal Pantalacci les fit alors descendre jusqu'au fond du vallon, au flanc duquel avait été établi le lieu de halte, les attacha à un arbre et revint au campement. Ni l'un ni l'autre des deux dormeurs n'avait bougé.

Le Napolitain rassembla alors sa couverture, son rifle, ses munitions et quelques provisions de bouche; puis, froidement, délibérément, il abandonna ses deux compagnons au milieu de ce désert.

L'idée qui l'avait obsédé depuis le coucher du soleil, c'est qu'en emmenant les deux chevaux, il allait mettre Cyprien et Li hors d'état d'atteindre Matakit. C'était donc s'assurer la victoire. Le caractère odieux de cette trahison, la lâcheté qu'il y avait à dépouiller ainsi des compagnons, dont il n'avait jamais reçu que de bons offices, rien n'arrêta ce misérable. Il se mit en selle, et, tirant après lui les deux bêtes qui s'ébrouaient bruyamment à l'endroit où il les avait laissées, il s'éloigna au trot, sous la clarté de la lune, dont le disque apparaissait au-dessus des collines.

Cyprien et Li dormaient toujours. A trois heures du matin seulement, le Chinois ouvrit les yeux et contempla les étoiles qui pâlissaient à l'horizon de l'est.

« Il est temps de faire le café! » se dit-il.

Et, sans plus tarder, rejetant la couverture dont il était enveloppé, il se remit sur pieds et procéda à sa toilette matinale qu'il ne négligeait pas plus au désert qu'à la ville.

« Où est donc Pantalacci? » se demanda-t-il tout à coup.

L'aube commençait à poindre, et les objets devenaient moins indistincts autour du campement.

« Les chevaux ne sont pas là, non plus! se dit Li. Est-ce que ce brave camarade aurait... »

Et, soupçonnant ce qui s'était passé, il courut vers les piquets auxquels il avait vu les chevaux attachés, la veille au soir, fit le tour du campement et s'assura, en un clin d'œil, que tout le bagage du Napolitain avait disparu avec lui.

L'affaire était claire.

Un homme de race blanche n'aurait probablement pas résisté au besoin tout naturel de réveiller Cyprien pour lui communiquer sur l'heure cette nouvelle fort grave. Mais le Chinois était un homme de race jaune et pensait que, lorsqu'il s'agit d'annoncer un malheur, rien ne presse. Il se mit donc tranquillement à faire son café.

« C'est encore assez aimable, à ce coquin, de nous avoir laissé nos provisions! » se répétait-il.

Le café, bien et dûment passé dans une poche de toile qu'il avait fabriquée à cet effet, Li en remplit deux coupes, taillées dans la coque d'un œuf d'autruche, qu'il portait habituellement suspendues à sa boutonnière ; puis, il s'approcha de Cyprien qui dormait toujours.

« Voici votre café tout prêt, petit père, » lui dit-il poliment en le touchant à l'épaule.

Cyprien ouvrit un œil, s'étira les membres, sourit au Chinois, se mit sur son séant et avala la liqueur fumante.

Alors, seulement, il remarqua l'absence du Napolitain, dont la place était vide.

« Où est donc Pantalacci? demanda-t-il.

— Parti, petit père! répondit Li du ton le plus naturel, comme s'il se fût agi d'une chose convenue.

— Comment?... parti?

— Oui, petit père, avec les trois chevaux! »

Cyprien se débarrassa de sa couverture et jeta autour de lui un regard qui lui apprit tout.

Mais il avait l'âme trop fière pour rien témoigner de son inquiétude et de son indignation.

« Fort bien, dit-il, mais que ce misérable ne s'imagine pas qu'il aura le dernier mot! »

Cyprien fit cinq ou six pas de long en large, absorbé dans ses pensées, réfléchissant au parti qu'il convenait de prendre.

« Il faut partir sur l'heure! dit-il au Chinois. Nous allons laisser ici cette selle, cette bride, tout ce qui serait encombrant ou trop lourd, et n'emporter que les fusils et les vivres qui nous restent! En marchant bien, nous pouvons aller presque aussi vite, et peut-être prendre des voies plus directes! »

Li s'empressa d'obéir. En quelques minutes, les couvertures furent roulées, les sacs mis à l'épaule : puis, tout ce qu'on était obligé d'abandonner en cet endroit, fut réuni en tas sous un épais amas de broussailles, et on se mit aussitôt en route.

Cyprien avait eu raison de dire qu'à certains égards, il serait peut-être plus commode d'aller à pied. Il put ainsi prendre par le plus court, en franchissant des croupes abruptes qu'aucun cheval n'aurait été capable d'escalader, mais au prix de quelles fatigues !

Il était environ une heure après midi, lorsque tous deux parvinrent sur le versant nord de la chaîne qu'ils suivaient depuis trois jours. Aux termes des renseignements fournis par Lopèpe, on ne devait plus être loin de la capitale de Tonaïa. Malheureusement, les indications étaient si vagues sur la route à suivre, et les idées de distance si confuses dans la langue betchouana, qu'il était assez difficile de savoir, à l'avance, s'il faudrait deux ou cinq journées de marche pour y arriver.

Comme Cyprien et Li descendaient le talus de la première vallée, qui s'était ouverte devant eux, après avoir franchi la ligne de faîte, celui-ci fit entendre un petit rire sec. Puis :

« Des girafes ! » dit-il.

Cyprien, regardant à ses pieds, aperçut en effet une vingtaine de ces animaux, occupés à paître au fond de la vallée. Rien de plus gracieux à voir, de loin, que leurs longs cous, dressés comme des mâts, ou allongés comme de longs serpents dans l'herbe, à trois ou quatre mètres de leurs corps mouchetés de taches jaunâtres.

« On pourrait prendre une de ces girafes et s'en servir pour remplacer Templar, fit observer Li.

— Monter une girafe ! Eh ! qui a jamais vu faire pareille chose ? s'écria Cyprien.

— Je ne sais si on l'a jamais vu, mais il ne tient qu'à vous de le voir, répliqua le Chinois, si vous voulez seulement me laisser l'essayer ! »

Cyprien, qui ne commençait jamais par regarder comme impossible ce qui était simplement nouveau pour lui, se déclara prêt à aider Li dans son entreprise.

« Nous nous trouvons sous le vent des girafes, dit le Chinois, ce qui est fort heureux, car elles ont le nez très fin et nous auraient déjà sentis ! Donc, si vous voulez bien les tourner sur la droite, puis les effrayer d'un coup de fusil, de façon à les rabattre de mon côté, il n'en faut pas davantage, et je me charge du reste ! »

Cyprien s'empressa de déposer à terre tout ce qui aurait pu gêner ses mouvements, et, armé de son fusil, il se mit en mesure d'exécuter la manœuvre indiquée par son serviteur.

Celui-ci ne perdit pas de temps. Il descendit en courant le raide talus de la vallée, jusqu'à ce qu'il fut arrivé près d'un sentier battu qui en occupait le fond. Ce devait être évidemment le chemin des girafes, à en juger par les innombrables empreintes qu'y avaient laissées leurs sabots. Là, le Chinois prit position derrière un gros arbre, déroula la longue corde qui ne le quittait jamais, et, la coupant en deux, il en forma deux longueurs de trente mètres. Puis, après avoir lesté un des bouts de chacune de ces cordes avec un gros caillou, — ce qui en fit un excellent lasso, — il attacha fortement l'autre bout aux basses branches de l'arbre. Enfin, lorsqu'il eut pris soin de rouler sur son bras gauche l'extrémité libre de ces deux engins, il s'abrita derrière le tronc et attendit.

Cinq minutes ne s'étaient pas écoulées qu'un coup de feu retentissait à quelque distance. Aussitôt, un piétinement rapide, dont le bruit, pareil à celui d'un escadron de cavalerie, grossissait de seconde en seconde, annonça que les girafes détalaient comme Lî l'avait prévu. Elles venaient droit sur lui, en suivant leur sentier, mais sans soupçonner la présence d'un ennemi qui se trouvait sous le vent.

Ces girafes étaient vraiment superbes, avec leurs naseaux au vent, leurs petites têtes effarées, leurs langues pendantes. Quant à Lî, il ne s'inquiétait guère de les regarder. Son poste avait été judicieusement choisi près d'une sorte d'étranglement du chemin, où ces animaux ne pouvaient passer qu'à deux de front, et il n'avait qu'à attendre.

Il en laissa d'abord défiler trois ou quatre ; puis, avisant l'une d'elles, qui était d'une taille extraordinaire, il lança son premier lasso. La corde siffla, s'enroula autour du cou de la bête, qui fit quelques pas encore ; mais soudain la corde se tendit, lui serra le larynx, et elle s'arrêta.

Le Chinois n'avait pas perdu son temps à la regarder faire. A peine avait-il vu son premier lasso arriver au but que, prenant en main le second, il venait de le jeter sur une autre girafe.

Le coup ne fut pas moins heureux. Tout cela s'était passé en moins d'une demi-minute. Déjà le troupeau épouvanté s'était dispersé en toutes directions; mais les deux girafes, à demi étranglées et pantelantes, restaient prisonnières.

« Arrivez donc, petit père! » cria le Chinois à Cyprien, qui accourait vers lui, peu confiant dans la manœuvre.

Il fallut bien, pourtant, se rendre à l'évidence. Il y avait là deux superbes bêtes, grandes, fortes, bien en chair, le jarret fin, la croupe luisante. Mais Cyprien avait beau les regarder et les admirer, l'idée de s'en servir comme d'une monture ne lui paraissait guère réalisable.

« En effet, comment se tenir sur une échine pareille, qui descend vers l'arrière-train avec une inclinaison de soixante centimètres, au moins? disait-il en riant.

— Mais en se mettant à cheval sur les épaules et non pas sur les flancs de la bête, répondit Li. D'ailleurs, est-il bien difficile de placer une couverture roulée sous l'arrière de la selle?

— Nous n'avons pas de selle.

— J'irai chercher la vôtre tout à l'heure.

— Et quelle bride mettre à ces bouches-là?

— C'est ce que vous allez voir. »

Le Chinois avait réponse à tout, et, avec lui, les actes suivaient de près les paroles.

L'heure du dîner n'était pas arrivée que déjà, avec une partie de sa corde, il avait fait deux licous très forts, dont il coiffa les girafes. Les pauvres bêtes étaient si ahuries de leur mésaventure, et d'ailleurs d'un tempérament si doux, qu'elles n'opposèrent aucune résistance. D'autres bouts de cordes devaient servir de rênes.

Ces préparatifs terminés, rien ne fut plus aisé que de conduire en laisse les deux captives. Cyprien et Li, revenant sur leurs pas, retournèrent alors au campement de la veille pour y reprendre la selle et les objets qu'ils avaient dû abandonner.

La soirée s'acheva à compléter ces arrangements. Le Chinois était véritablement d'une merveilleuse adresse. Non seulement il eut bientôt modifié la selle de Cyprien, de telle sorte qu'elle pouvait se poser horizontalement sur le dos de l'une des girafes, mais il se fabriqua pour lui-même une selle de branchages; puis, par surcroît de précaution, il passa la moitié de la nuit à briser les velléités de résistance des deux girafes en les montant successivement et en leur démontrant, par des arguments péremptoires, qu'il fallait lui obéir.

La corde se tendit, la girafe s'arrêta. (Page 166.)

XVII

UN STEEPLE-CHASE AFRICAIN.

L'aspect des deux cavaliers, lorsqu'ils effectuèrent leur départ le lendemain matin, ne laissait pas d'être assez hétéroclite. Il est douteux que Cyprien eût aimé à se montrer en pareil équipage aux yeux de miss Watkins dans la grande rue du camp de Vandergaart. Mais à la guerre comme à la guerre. On était au

Alors commença un steeple-chase... (Page 171.)

désert, et les girafes ne devaient pas être une monture beaucoup plus bizarre qu'un dromadaire. Leur allure avait même quelque analogie avec celle de ces « vaisseaux du désert. » Elle était horriblement dure, et affectée d'un véritable tangage, lequel eut d'abord pour effet de causer aux deux compagnons de route un léger mal de mer.

Mais, en deux ou trois heures, Cyprien et le Chinois se trouvèrent suffisamment acclimatés. Or, comme les girafes marchaient d'un bon pas et se montraient fort dociles, après quelques tentatives de révolte qui furent aussitôt réprimées, tout était pour le mieux.

Il s'agissait maintenant de regagner, à force d'activité, tout le temps perdu dans les trois à quatre dernières journées du voyage. Matakit devait avoir fait du chemin à cette heure! Annibal Pantalacci ne l'avait-il pas rejoint déjà? Quoi qu'il en pût être, Cyprien était bien résolu à ne rien négliger pour arriver à son but.

Trois jours de marche avaient amené les cavaliers, ou, pour mieux dire, les « girafiers » en pays de plaine. Ils suivaient maintenant la rive droite d'un cours d'eau assez sinueux, qui coulait précisément dans la direction du nord, — sans doute un des affluents secondaires du Zambèze. Les girafes, décidément domptées, de plus, affaiblies par de longues étapes non moins que par la diète à laquelle Li les soumettait systématiquement, se laissaient guider avec une entière facilité. Cyprien pouvait, maintenant, abandonner les longues rênes de corde de sa monture et la diriger rien que par la seule pression des genoux.

Aussi, débarrassé de cette préoccupation, prenait-il un véritable plaisir, au sortir des régions sauvages et désertes qu'il venait récemment de franchir, à reconnaître de tous côtés les traces d'une civilisation déjà avancée. C'étaient, de distance en distance, des champs de manioc ou de taro, très régulièrement aménagés, arrosés par un système de bambous ajustés bout à bout, qui apportaient l'eau de la rivière, des chemins larges et bien battus, — enfin un air général de prospérité; puis, sur les collines qui bordaient l'horizon, des huttes blanches, en forme de ruches, abritant une population très clairsemée.

Pourtant, on sentait qu'on était encore à la limite du désert, ne fût-ce qu'au nombre extraordinaire d'animaux sauvages, ruminants ou autres, qui peuplaient cette plaine. Çà et là, des essaims innombrables de volatiles, de toute taille et de toute espèce, obscurcissaient l'air. On voyait des compagnies de gazelles ou d'antilopes qui traversaient la route; parfois, un hippopotame monstrueux élevait sa tête hors de la rivière, ronflait bruyamment et replongeait sous les eaux avec un fracas de cataracte.

Tout entier à ce spectacle, Cyprien s'attendait assez peu à celui que le hasard lui réservait à l'un des tournants de la petite colline qu'il suivait avec son compagnon.

Ce n'était rien moins qu'Annibal Pantalacci, toujours à cheval, et pourchassant bride abattue Matakit en personne. Un mille au plus les séparait l'un de l'autre, mais quatre milles au moins les séparaient encore de Cyprien et du Chinois.

Par ce soleil éclatant dont les rayons tombaient presque à pic, dans cette plaine nue inondée d'une lumière éblouissante, à travers cette atmosphère nettoyée par une violente brise d'est qui régnait alors, il n'y avait pas le moindre doute à conserver.

Tous deux furent si ravis de cette découverte que leur premier mouvement fut de la célébrer par une véritable fantasia arabe. Cyprien poussa un hurrah joyeux, Li un « hugh ! » qui avait la même signification. Puis, ils mirent leurs girafes au grand trot.

Evidemment, Matakit avait aperçu le Napolitain, qui commençait à gagner sur lui ; mais il ne pouvait voir son ancien maître et son camarade du Kopje, encore trop éloignés à la lisière de la plaine.

Aussi le jeune Cafre, à la vue de ce Pantalacci, qui n'était point homme à lui faire quartier, qui, sans nulle explication, le tuerait comme un chien, pressait-il le plus qu'il pouvait sa carriole traînée par l'autruche. La rapide bête dévorait l'espace, comme on dit. Elle le dévorait même si bien qu'elle buta tout à coup contre une grosse pierre. Il y eut une si violente secousse, que l'essieu de la carriole, fatigué par ce long et pénible voyage, cassa net. Aussitôt l'une des roues s'échappant de son axe, Matakit et son véhicule, l'un portant l'autre, s'étalèrent au beau milieu du chemin.

Le malheureux Cafre fut horriblement endommagé par sa chute. Mais la terreur qui le possédait résista même à un pareil choc, ou plutôt elle ne fit que redoubler. Bien convaincu que c'en était fait de lui, s'il se laissait rejoindre par ce cruel Napolitain, il se releva au plus vite, détela d'un tour de main son autruche, et, s'élançant à califourchon sur elle, il la remit au galop.

Alors commença un steeple-chase vertigineux, et tel que le monde n'en a jamais vu depuis les spectacles du cirque romain, où les courses d'autruches et de girafes faisaient souvent partie du programme.

En effet, pendant qu'Annibal Pantalacci poursuivait Matakit, Cyprien et Li se lançaient sur les traces de l'un et de l'autre. N'avaient-ils pas intérêt à s'emparer de tous les deux, du jeune Cafre, pour en finir avec cette question du diamant volé, du misérable Napolitain, pour le châtier comme il méritait de l'être ?

Aussi les girafes, lancées à fond de train par leurs cavaliers, qui avaient vu l'accident, allaient-elles presque aussi vite que des chevaux pur-sang, leurs longs cous tendus en avant, la bouche ouverte, les oreilles renversées, éperonnées, cravachées, forcées à fournir toute la vitesse qu'elles pouvaient développer.

Quant à l'autruche de Matakit, sa rapidité tenait du prodige. Il n'y a pas de vainqueur du Derby ou du Grand Prix de Paris qui eût pu lutter avec elle. Ses courtes ailes, inutiles pour voler, lui servaient pourtant à accélérer sa course. Tout cela était si emporté, qu'en moins de quelques minutes, le jeune Cafre avait déjà regagné une distance considérable sur celui qui le poursuivait.

Ah! Matakit avait bien choisi sa monture, en prenant une autruche! Si, seulement, il pouvait se maintenir à une pareille allure pendant un quart d'heure, il était définitivement hors d'atteinte et sauvé des griffes du Napolitain.

Annibal Pantalacci comprenait bien que le moindre retard allait lui faire perdre tout son avantage. Déjà la distance s'accroissait entre le fugitif et lui. Au delà du champ de maïs, à travers lequel s'effectuait cette chasse, un épais fourré de lentisques et de figuiers d'Inde, secoué par le vent de brise, allongeait sa bordure sombre à perte de vue. Si Matakit l'atteignait, il serait impossible de l'y retrouver, puisqu'on ne pourrait plus l'apercevoir.

Tout en galopant, Cyprien et le Chinois suivaient cette lutte avec un intérêt qui se comprendra de reste. Ils étaient enfin arrivés au pied de la colline, ils couraient à travers champs, mais trois milles les séparaient encore soit du chasseur soit du chassé.

Ils purent voir, cependant, que le Napolitain, par un effort inouï, avait regagné quelque peu sur le fuyard. Soit que l'autruche fût épuisée, soit qu'elle se fût blessée contre une souche ou une roche, sa vitesse s'était singulièrement ralentie. Annibal Pantalacci ne fut bientôt plus qu'à trois cents pieds du Cafre.

Mais Matakit venait enfin d'atteindre la lisière du fourré; puis, il y disparaissait soudain, et, au même moment, Annibal Pantalacci, violemment désarçonné, roulait sur le sol, pendant que son cheval s'échappait à travers la campagne.

« Matakit nous échappe! s'écria Li.

— Oui! mais ce coquin de Pantalacci est à nous! » répondit Cyprien.

Et tous deux pressèrent l'allure de leurs girafes.

Une demi-heure après, ayant franchi presque entièrement le champ de maïs, ils n'étaient plus qu'à cinq cents pas de l'endroit où le Napolitain venait de choir. La question pour eux était de savoir si Annibal Pantalacci avait pu se relever et gagner le fourré de lentisques, ou s'il gisait sur le sol, grièvement blessé dans sa chute, — mort peut-être!

Le misérable était toujours là. A cent pas de lui, Cyprien et Li s'arrêtèrent. Voici ce qui s'était passé.

Le Napolitain, tout à l'ardeur de sa poursuite, n'avait pas aperçu un gigantesque filet, tendu par les Cafres, pour prendre les oiseaux qui font à leurs récoltes une guerre incessante. Or, c'est dans ce filet qu'Annibal Pantalacci venait de s'empêtrer.

Et ce n'était pas là un filet de petite dimension! Celui-là mesurait au moins cinquante mètres de côté et recouvrait déjà plusieurs milliers d'oiseaux de toute espèce, de toute taille, de tout plumage, et entre autres, une demi-douzaine de ces énormes gypaètes, d'une envergure d'un mètre cinquante, qui ne dédaignent pas les régions de l'Afrique australe.

La chute du Napolitain, au milieu de ce monde de volatiles, les mit naturellement en grande rumeur.

Annibal Pantalacci, d'abord un peu étourdi de sa chute, avait essayé presque aussitôt de se relever. Mais ses pieds, ses jambes, ses mains, s'étaient si bien pris dans les mailles du filet, qu'il ne put pas parvenir du premier coup à s'en dégager.

Il n'y avait pas de temps à perdre, pourtant. Aussi donnait-il des secousses terribles, tirant de toutes ses forces sur le filet, le soulevant, l'arrachant aux piquets qui le maintenaient au sol, tandis que les oiseaux, grands et petits, faisaient le même travail pour s'enfuir.

Mais plus le Napolitain luttait, plus il s'embarrassait dans les solides mailles de l'immense nasse.

Cependant, une humiliation suprême lui était réservée. Une des girafes venait de le rejoindre, et celui qui la montait, n'était autre que le Chinois. Li s'était jeté à terre, et avec sa malice froide, pensant que le meilleur moyen de s'assurer du prisonnier était de l'enfermer définitivement dans le filet, il n'avait rien de plus pressé que de détacher le côté qui se trouvait vers lui avec l'intention d'en rabattre les mailles les unes sur les autres.

C'est à cet instant que se produisit soudain un coup de théâtre des plus inattendus.

En ce moment, le vent se mit à souffler avec une extrême furie, courbant tous les arbres du voisinage, comme si quelque effroyable trombe eût passé au ras du sol.

Or, Annibal Pantalacci, dans ses efforts désespérés, avait déjà arraché un bon nombre des piquets qui retenaient le filet par son appendice inférieur.

Se voyant alors sous le coup d'une capture imminente, il se livra à des secousses plus acharnées que jamais.

Soudain, dans un violent assaut de la tourmente, le filet fut arraché. Les derniers liens, qui retenaient au sol cet immense réseau de cordes, furent rompus, et la colonie emplumée qu'il emprisonnait prit son vol avec un vacarme assourdissant. Les petits oiseaux parvinrent à s'échapper ; mais les grands volatiles, les serres empêtrées dans les mailles, au moment où leurs vastes ailes redevinrent libres, manœuvrèrent avec un ensemble formidable. Toutes ces rames aériennes réunies, tous ces muscles pectoraux, dont les mouvements étaient simultanéisés, formaient, aidés par la furie de la bourrasque, une puissance si colossale, que cent kilogrammes ne lui pesaient pas plus qu'une plume.

Aussi, le filet, ramené, roulé, embriquemaillé sur lui-même, donnant ainsi prise aux assauts du vent, se trouva-t-il subitement enlevé, avec Annibal Pantalacci, pris par les pieds et par les mains, à vingt-cinq ou trente mètres du sol.

Cyprien arrivait à ce moment, et il ne put qu'assister à cet enlèvement de son ennemi vers la région des nuages.

A ce moment, la gent empennée des gypaëtes, épuisée par ce premier effort, tendit visiblement à retomber en décrivant une longue parabole. En trois secondes, elle arriva à la bordure de lentisques et de figuiers d'Inde, qui s'étendait à l'ouest des champs de maïs. Puis, après en avoir rasé la cime, à trois ou quatre mètres du sol, elle se releva une dernière fois dans les airs.

Cyprien et Li regardaient avec terreur le malheureux suspendu à ce filet, qui cette fois, fut porté à plus de cent cinquante pieds de hauteur, grâce au prodigieux effort de ces gigantesques volatiles, aidés de la tourmente.

Soudain, quelques mailles crevèrent sous les efforts du Napolitain. On le vit, un instant, suspendu par les mains, essayer de se reprendre aux cordes du filet... Mais ses mains s'ouvrirent, il lâcha prise, tomba comme une masse, et se brisa sur le sol.

Le filet, dégagé de ce poids, fit un dernier bond dans l'espace, et se détacha quelques milles plus loin, pendant que les gypaëtes regagnaient les hautes zones de l'espace.

Lorsque Cyprien accourut pour lui porter secours, son ennemi était mort... mort dans ces conditions horribles!

Et, maintenant, il restait seul de ces quatre rivaux qui s'étaient lancés pour atteindre le même but à travers les plaines du Transvaal.

XVIII

L'AUTRUCHE QUI PARLE.

Cyprien et Li, après cette épouvantable catastrophe, n'eurent plus qu'une idée: fuir le lieu où elle venait de s'accomplir.

Ils se déterminèrent donc à longer le fourré vers le nord, marchèrent pendant plus d'une heure et finirent par arriver au lit d'un torrent presque à sec, qui, faisant brèche dans le massif de lentisques et de figuiers d'Inde, permettait de le tourner.

Là, une surprise nouvelle les attendait. Ce torrent se déversait dans un lac assez vaste, au bord duquel s'élevait une bordure de végétation luxuriante, qui jusqu'à ce moment l'avait masqué à la vue.

Cyprien aurait bien voulu revenir sur ses pas en longeant les bords du lac; mais la rive en était si escarpée, par places, qu'il dut bientôt renoncer à ce projet. D'autre part, retourner en arrière par le chemin qu'il venait de suivre, lui ôtait tout espoir de retrouver Matakit.

Cependant, sur la rive opposée du lac, s'élevaient des collines, qui se reliaient par une série d'ondulations à des montagnes assez hautes. Cyprien pensa qu'en arrivant à leur cime, il aurait plus de chances d'obtenir une vue d'ensemble et par suite d'arrêter un plan.

Li et lui se remirent donc en marche afin de contourner le lac. L'absence de tout chemin rendait cette opération très pénible, à raison surtout de la nécessité où ils étaient parfois de tirer les deux girafes par la bride. Aussi mirent-ils plus de trois heures à franchir une distance de sept à huit kilomètres à vol d'oiseau.

Enfin, lorsqu'ils furent arrivés, en tournant le lac, à peu près au niveau de leur point de départ sur la rive opposée, la nuit allait venir. Harassés de fatigue, ils se décidèrent à camper en cet endroit. Mais, avec le peu de ressources dont ils disposaient, cette installation ne pouvait être bien confortable. Cependant, Li s'en occupa avec son zèle habituel; puis, cela fait, il rejoignit son maître.

176   L'ÉTOILE DU SUD.

On le vit, un instant, suspendu par les mains. (Page 174.)

« Petit père, lui dit-il de sa voix caressante et réconfortante aussi, je vous vois bien fatigué! Nos provisions sont épuisées presque entièrement! Laissez-moi aller à la recherche de quelque village, où l'on ne me refusera pas de nous venir en aide.

— Me quitter, Li? s'écria tout d'abord Cyprien.

— Il le faut, petit père! répondit le Chinois. Je prendrai une des girafes, et j'irai du côté du nord!... La capitale de ce Tonaïa, dont nous a parlé Lopèpe, ne peut être éloignée maintenant, et je m'arrangerai pour que l'on vous y fasse un bon accueil. Puis, alors, nous reviendrons vers le Griqualand, où vous

Cyprien, meurtri, haletant... (Page 180.)

n'aurez plus rien à craindre de ces misérables, qui ont tous trois succombé dans cette expédition ! »

Le jeune ingénieur réfléchissait à la proposition que lui faisait le dévoué Chinois. Il comprenait, d'une part, que, si le Cafre pouvait être retrouvé, c'était surtout dans cette région où on l'avait entrevu la veille et qu'il importait de ne pas la quitter. D'autre part, il fallait bien refaire des ressources maintenant insuffisantes. Cyprien se décida donc, quoique à grand regret, à se séparer de Li, et il fut convenu qu'il l'attendrait, en cet endroit, pendant quarante-huit heures. En quarante-huit heures, le Chinois, monté sur sa rapide girafe, pouvait avoir fait bien du chemin à travers cette région, et être revenu au campement.

Cela convenu, Li ne voulut pas perdre un instant. Quant à la question de repos, il s'en préoccupait peu! Il saurait bien se passer de sommeil! Il dit donc adieu à Cyprien, en lui baisant la main, reprit sa girafe, sauta dessus et disparut dans la nuit.

Pour la première fois depuis son départ de Vandergaart-Kopje, Cyprien se trouvait seul en plein désert. Il se sentait profondément attristé et ne put s'empêcher, quand il se fut roulé dans sa couverture, de s'abandonner aux plus lugubres pronostics. Isolé, presque à bout de vivres et de munitions, qu'allait-il devenir dans ce pays inconnu, à plusieurs centaines de lieues de toute région civilisée? Rejoindre Matakit, c'était maintenant une chance bien faible! Ne pouvait-il pas se trouver à un demi-kilomètre de lui, sans qu'il en eût le moindre soupçon? Décidément, cette expédition était désastreuse et n'avait été marquée que par des événements tragiques! Presque chaque centaine de milles, faite en avant, avait coûté la vie à un de ses membres! Un seul restait maintenant... lui...! Était-il donc destiné à finir misérablement comme les autres?

Telles étaient les tristes réflexions de Cyprien, qui parvint cependant à s'endormir.

La fraîcheur du matin et le repos qu'il venait de goûter donnèrent un tour plus confiant à ses pensées, lorsqu'il se réveilla. En attendant le retour du Chinois, il résolut de faire l'ascension de la haute colline, au pied de laquelle il s'était arrêté. Il pourrait ainsi explorer du regard une plus vaste étendue de pays et peut-être arriver, au moyen de sa lorgnette, à découvrir quelque trace de Matakit. Mais, pour le faire, il devenait indispensable de se séparer de sa girafe, aucun naturaliste n'ayant jamais classé ces quadrupèdes dans la famille des grimpeurs.

Cyprien commença donc par la débarrasser du licou si ingénieusement fabriqué par Li; puis, il l'attacha par le jarret à un arbre, entouré d'une herbe épaisse et drue, en lui laissant une longueur de corde suffisante pour qu'elle pût paître tout à son aise. Et en vérité, si l'on ajoutait la mesure de son cou à celle de la corde, le rayon d'action de cette gracieuse bête ne laissait pas d'être fort étendu.

Ces préparatifs achevés, Cyprien mit son fusil sur une épaule, sa couverture sur l'autre, et, après avoir dit adieu d'une tape amicale à sa girafe, il commença l'ascension de la montagne.

Cette ascension fut longue et pénible. Toute la journée se passa à gravir des pentes abruptes, à tourner des roches ou des pics infranchissables, à recommencer par l'est ou par le sud une tentative infructueusement tentée par le nord ou par l'ouest.

A la nuit, Cyprien n'était encore qu'à mi-côte, et il dut remettre au lendemain la suite de son ascension.

Reparti au point du jour, après s'être assuré, en regardant bien, que Li n'était point revenu au campement, il arriva enfin vers onze heures du matin au sommet de la montagne.

Une cruelle déception l'y attendait. Le ciel s'était couvert de nuages. D'épais brouillards flottaient sur les flancs inférieurs. Ce fut en vain que Cyprien essaya d'en percer le rideau pour sonder du regard les vallées voisines. Tout le pays disparaissait sous un amoncellement de vapeurs informes, qui ne laissaient rien distinguer au-dessous d'elles.

Cyprien s'obstina, attendit, espérant toujours qu'une éclaircie viendrait lui rendre les vastes horizons qu'il espérait embrasser : ce fut inutilement. A mesure que la journée s'avançait, les nuages semblaient croître en épaisseur, et, comme la nuit venait, le temps tourna décidément à la pluie.

Le jeune ingénieur se trouva donc surpris par ce prosaïque météore, précisément au sommet d'un plateau dénudé, qui ne possédait pas un seul arbre, pas une roche susceptible de servir d'abri. Rien que le sol chauve et desséché, et tout autour, la nuit grandissante, accompagnée d'une petite pluie fine, qui, peu à peu, pénétrait tout, couverture, vêtements et perçait jusqu'à la peau.

La situation devenait critique, et pourtant il fallait l'accepter. Effectuer la descente dans de pareilles conditions eût été folie. Cyprien prit donc son parti de se laisser tremper jusqu'aux os, comptant se sécher, le lendemain, d'un bon rayon de soleil.

Le premier moment d'émotion passé, cette pluie, — douche rafraîchissante qui reposait de la sécheresse des jours précédents, — Cyprien, pour se consoler de sa mésaventure, se dit qu'elle n'avait rien de désagréable ; mais une de ses conséquences les plus pénibles fut de l'obliger à manger son dîner, sinon tout cru, du moins tout froid. Allumer du feu ou simplement faire flamber une allumette par un temps pareil, il n'y devait pas songer. Il se contenta donc d'ouvrir une boîte d'endaubage et de la dévorer sous cette forme élémentaire.

Une ou deux heures plus tard, engourdi par la fraîcheur de la pluie, le jeune ingénieur réussit à s'endormir, la tête sur une grosse pierre recouverte de sa couverture ruisselante. Quand il s'éveilla avec le jour, il était en proie à une fièvre ardente.

Comprenant qu'il était perdu, s'il lui fallait recevoir plus longtemps une pareille douche, — car la pluie ne cessait de tomber à torrents, — Cyprien fit un effort, se dressa sur ses pieds, et, appuyé sur son fusil comme sur une canne, il commença à redescendre la montagne.

Comment arriva-t-il au bas? c'est ce qu'il aurait été lui-même fort embarrassé de dire. Tantôt roulant sur les talus détrempés, tantôt se laissant glisser le long des roches humides, meurtri, haletant, aveuglé, brisé par la fièvre, il parvint pourtant à continuer sa route, et il arriva vers le milieu du jour au campement où il avait laissé sa girafe.

L'animal était parti, impatienté sans doute par la solitude et peut-être pressé par la faim, car l'herbe était absolument tondue dans tout le cercle dont sa corde formait le rayon. Aussi avait-il fini par s'attaquer au lien qui le retenait, et, après l'avoir rongé, il était redevenu libre.

Cyprien aurait plus vivement senti ce nouveau coup de la mauvaise fortune, s'il eût été dans son état normal; mais la lassitude extrême et l'accablement ne lui en laissèrent pas la force. En arrivant, il ne put que se jeter sur son havresac imperméable, qu'il retrouva heureusement, passer des vêtements secs, puis tomber, écrasé de fatigue, sous l'abri d'un baobab qui ombrageait le campement.

Alors commença pour lui une période bizarre de demi-sommeil, de fièvre, de délire, où toutes les notions se confondaient, où le temps, l'espace, les distances n'avaient plus de réalité. Faisait-il nuit ou jour, soleil ou pluie? Était-il là depuis douze heures ou depuis soixante? Vivait-il encore ou bien était-il mort? Il n'en savait plus rien. Les rêves gracieux et les cauchemars effroyables se succédaient sans relâche sur le théâtre de son imagination. Paris, l'École des Mines, le foyer paternel, la ferme du Vandergaart-Kopje, miss Watkins, Annibal Pantalacci, Hilton, Friedel et des légions d'éléphants, Matakit et des vols d'oiseaux, répandus sur un ciel sans limites, tous les souvenirs, toutes les sensations, toutes les antipathies, toutes les tendresses, se heurtaient en son cerveau comme dans une bataille incohérente. A ces créations de la fièvre venaient parfois s'ajouter des impressions extérieures. Ce qui fut surtout horrible, c'est qu'au milieu d'une tempête d'aboiements de chacals, de miaulements de chats-tigres, de ricanements d'hyènes, le malade inconscient poursuivit laborieusement le roman de son délire et crut entendre un coup de fusil qui fut suivi d'un grand silence. Puis, l'infernal concert reprit de plus belle pour se prolonger jusqu'au jour.

Sans doute, pendant ce mirage, Cyprien serait passé, sans en avoir le sentiment, de la fièvre au repos éternel, si l'évenement le plus bizarre, le plus extravagant, en apparence, n'était venu se mettre à la traverse du cours naturel des choses.

Le matin venu, il ne pleuvait plus, et le soleil était déjà assez élevé sur l'horizon. Cyprien venait d'ouvrir les yeux. Il regardait, mais sans curiosité, une autruche de grande taille, qui, après s'être approchée de lui, vint s'arrêter à deux ou trois pas.

« Serait-ce l'autruche de Matakit? » se demanda-t-il, suivant toujours son idée fixe.

Ce fut l'échassier en personne qui se chargea de lui répondre, — et, qui plus est, de lui répondre en bon français.

« Je ne me trompe pas!... Cyprien Méré!... Mon pauvre camarade, que diable fais-tu par ici? »

Une autruche qui parlait français, une autruche qui savait son nom, il y avait certainement là de quoi étonner une intelligence ordinaire et de sens rassis. Eh bien, Cyprien ne fut nullement choqué de ce phénomène invraisemblable et le trouva tout naturel. Il en avait vu bien d'autres, en rêve, pendant la nuit précédente! Cela lui parut tout simplement la conséquence de son détraquement mental.

« Vous n'êtes pas polie, madame l'autruche! répondit-il. De quel droit me tutoyez-vous? »

Il parlait de ce ton sec, saccadé, particulier aux fiévreux, qui ne peut laisser aucun doute sur leur état, — ce dont l'autruche parut vivement émue.

« Cyprien!... mon ami!... Tu es malade et tout seul dans ce désert!! » s'écriat-elle en se jetant à genoux auprès de lui.

Ceci était un phénomène physiologique non moins anormal que le don de la parole chez les échassiers, car la génuflexion est un mouvement qui leur est ordinairement interdit par la nature. Mais Cyprien, au milieu de sa fièvre, persistait à ne pas s'étonner. Il trouva même tout simple que l'autruche prît, sous son aileron gauche, une gourde de cuir pleine d'une eau fraîche, coupée de cognac, et lui en mit le goulot aux lèvres.

La seule chose qui commença à le surprendre, c'est lorsque l'étrange animal se releva pour jeter à terre une sorte de carapace, couverte de marabouts, qui semblait être son plumage naturel, puis un long cou surmonté d'une tête d'oiseau. Et alors, dépouillée de ces ornements d'emprunt, l'autruche se montra à lui sous les traits d'un grand gaillard, solide, vigoureux, qui n'était autre que Pharamond Barthès, grand chasseur devant Dieu et devant les hommes.

« Eh! oui! c'est moi! s'écria Pharamond. N'as-tu donc pas reconnu ma voix aux premiers mots que je t'ai dits?... Tu es étonné de mon accoutrement?... C'est une ruse de guerre que j'ai empruntée aux Cafres pour pouvoir approcher des vraies autruches et les tirer plus facilement à la sagaie!... Mais parlons de toi, mon pauvre ami!... Comment te trouves-tu ici, malade et abandonné?... C'est par le plus grand hasard que je t'ai aperçu, en flânant de ce côté, et j'ignorais même que tu fusses dans ce pays! »

Cyprien, n'étant guère en état de causer, ne put donner à son ami que des indications très sommaires sur son propre compte. D'ailleurs, Pharamond Barthès, comprenant de son côté que ce qui pressait le plus c'était de procurer au malade les secours qui lui avaient manqué jusqu'alors, se mit en devoir de le traiter du mieux qu'il lui fut possible.

Son expérience du désert était déjà longue, à ce hardi chasseur, et il avait appris des Cafres une méthode de traitement d'une efficacité extrême pour la fièvre paludéenne, dont était atteint son pauvre camarade.

Donc, Pharamond Barthès commença par creuser dans le sol une sorte de fosse qu'il remplit de bois, après avoir ménagé une bouche d'appel pour permettre à l'air extérieur de s'y introduire. Ce bois, lorsqu'il eut été allumé et consumé, eut bientôt transformé la fosse en un véritable four. Pharamond Barthès y coucha Cyprien, après l'avoir enveloppé avec soin, de manière à ne lui laisser que la tête à l'air. Dix minutes ne s'étaient pas écoulées qu'une transpiration abondante se manifestait déjà, — transpiration que le docteur improvisé eut soin d'activer à l'aide de cinq à six tasses d'une tisane qu'il fit avec des herbes à lui connues.

Cyprien ne tarda pas à s'endormir dans cette étuve et d'un bienfaisant sommeil.

Au coucher du soleil, lorsqu'il rouvrit les yeux, le malade se sentait si manifestement soulagé qu'il demanda à dîner. Son ingénieux ami avait réponse à tout : il lui servit immédiatement un excellent potage qu'il avait composé avec les produits les plus délicats de sa chasse et quelques racines de diverses sortes. Une aile d'outarde rôtie, une tasse d'eau additionnée de cognac, complétèrent ce repas, qui rendit quelque force à Cyprien et acheva de dégager son cerveau des fumées qui l'obscurcissaient.

Une heure environ après ce dîner de convalescence, Pharamond Barthès, ayant convenablement dîné, lui aussi, était assis auprès du jeune ingénieur, et il lui contait comment il s'était trouvé là, tout seul, dans cet étrange équipage.

« Tu sais, lui dit-il, de quoi je suis capable pour tâter d'une chasse nouvelle ! Or, j'ai abattu, depuis six mois, tant d'éléphants, de zèbres, de girafes, de lions et autres pièces de tout poil et de toute plume, — sans oublier un aigle-cannibale qui est l'orgueil de ma collection, — que la fantaisie m'a pris, il y a quelques jours, de varier mes plaisirs cynégétiques ! Jusqu'ici, je ne voyageais qu'escorté de mes Bassoutos, — une trentaine de gaillards résolus, que je paie à raison d'un sachet de grains de verre par mois, et qui se jetteraient au feu pour leur seigneur et maître. Mais j'ai reçu dernièrement l'hospitalité chez Tonaïa, le grand chef de ce pays-ci, et, en vue d'obtenir de lui le droit de chasse sur ses terres, — droit dont il est aussi jaloux qu'un lord écossais, — j'ai consenti à lui prêter mes Bassoutos, avec quatre fusils, pour une expédition qu'il méditait contre un de ses voisins. Cet armement l'a tout simplement rendu invincible, et il a remporté sur son ennemi le triomphe le plus signalé. De là une amitié profonde, scellée par l'échange du sang c'est-à-dire que nous nous sommes mutuellement sucé une piqûre faite à l'avant-bras ! Aussi désormais, entre Tonaïa et moi, c'est à la vie, à la mort ! Certain de ne plus être inquiété désormais dans toute l'étendue de ses possessions, avant hier, je suis parti pour chasser le tigre et l'autruche. En fait de tigre, j'ai eu le plaisir d'en abattre un la nuit dernière, et je serais même surpris que tu n'eusses pas entendu le vacarme qui a préludé à cet exploit. Figure-toi que j'avais planté une tente-abri auprès de la carcasse d'un buffle tué d'hier, dans l'espoir assez fondé de voir arriver au milieu de la nuit le tigre de mes rêves ! En effet, le gaillard n'a pas manqué de venir au rendez-vous attiré par l'odeur de la chair fraîche ; mais le malheur a voulu que deux ou trois cents chacals, hyènes et chats-tigres eussent eu la même idée que lui ! De là, un concert des plus discordants qui a dû arriver jusqu'à toi !

— Je crois bien que je l'ai entendu ! répondit Cyprien. J'ai même cru qu'il se donnait en mon honneur !

— Point du tout, mon brave ami ! s'écria Pharamond Barthès. C'était en

« Cyprien!... mon ami!... » (Page 181.)

l'honneur d'une carcasse de buffle, au fond de cette vallée que tu vois s'ouvrir sur la droite. Lorsque le jour, est arrivé, il ne restait plus que les os de l'énorme ruminant! Je te montrerai cela! C'est un joli travail d'anatomie!... Tu verras aussi mon tigre, la plus belle bête que j'aie abattue depuis que je viens chasser en Afrique! Je l'ai déjà dépouillé, et sa fourrure est en train de sécher sur un arbre!

— Mais pourquoi ce singulier déguisement que tu portais ce matin? demanda Cyprien?

— C'était un costume d'autruche. Ainsi que je te l'ai dit, les Cafres em-

Pharamond Barthès n'eut qu'à se montrer. (Page 188.)

ploient fréquemment cette ruse pour approcher ces échassiers, qui sont très défiants et fort difficiles à tirer sans cela!... Tu me répondras que j'ai mon excellent rifle!... C'est vrai, mais que veux-tu? La fantaisie m'a pris de chasser à la mode cafre, et c'est ce qui m'a procuré l'avantage de te rencontrer fort à propos, n'est-ce pas?

— Fort à propos, en vérité, Pharamond!... Je crois bien que, sans toi, je ne serais plus de ce monde! » répondit Cyprien en serrant cordialement la main de son ami.

Il était maintenant hors de son étuve, et douillettement couché sur un lit de feuilles que son compagnon lui avait accommodé au pied du baobab.

Le brave garçon ne s'en tint pas là. Il voulut aller chercher dans la vallée voisine la tente-abri qu'il emportait toujours en expédition, et, un quart d'heure après, il l'avait plantée au-dessus de son cher malade.

« Et maintenant, dit-il, voyons ton histoire, ami Cyprien, si toutefois cela ne doit pas te fatiguer trop de me la raconter ! »

Cyprien se sentait assez fort pour satisfaire la curiosité bien naturelle de Pharamond Barthès. Assez sommairement, d'ailleurs, il lui raconta les événements qui s'étaient passés en Griqualand, pourquoi il avait quitté ce pays à la poursuite de Matakit et de son diamant, quels avaient été les principaux faits de son expédition, la triple mort d'Annibal Pantalacci, de Friedel et de James Hilton, la disparition de Bardik, et enfin comment il attendait son serviteur Li, qui devait venir le rejoindre au campement.

Pharamond Barthès écoutait avec une extrême attention. Interrogé sur ce point, s'il avait rencontré un jeune Cafre, dont Cyprien lui donnait le signalement et qui était celui de Bardik, il répondit négativement.

« Mais, ajouta-t-il, j'ai trouvé un certain cheval abandonné, qui pourrait bien être le tien ! »

Et tout d'une haleine, il raconta à Cyprien dans quelles circonstances ce cheval était tombé entre ses mains.

« Il y a tout justement deux jours, dit-il, je chassais avec trois de mes Bassoutos dans les montagnes du sud, lorsque je vois tout à coup déboucher d'un chemin creux un excellent cheval gris, tout nu, sauf un licou et une longe qu'il traînait après lui. Cet animal paraissait évidemment très indécis sur ce qu'il avait à faire ; mais je l'ai appelé, je lui ai montré une poignée de sucre, et il est venu à moi ! Voilà donc ledit cheval prisonnier, — une excellente bête, pleine de courage et de feu, « salée » comme un jambon...

— C'est le mien !... C'est Templar ! s'écria Cyprien.

— Eh bien mon ami, Templar est à toi, répondit Pharamond Barthès, et je me ferai un véritable plaisir de te le rendre ! Allons, bonsoir, rendors-toi maintenant ! Demain, dès l'aube, nous quitterons ce lieu de délices ! »

Puis, joignant l'exemple au principe, Pharamond Barthès se roula dans sa couverture et s'endormit auprès de Cyprien.

Le lendemain, le Chinois rentrait précisément au campement avec quelques provisions. Aussi, avant que Cyprien ne se fût réveillé, Pharamond Barthès, après l'avoir mis au courant de tout, le chargea-t-il de veiller sur son maître, pendant qu'il allait chercher le cheval dont la perte avait été si sensible au jeune ingénieur.

XIX

LA GROTTE MERVEILLEUSE.

C'était bien Templar que Cyprien vit devant lui, le lendemain matin, lorsqu'il se réveilla. L'entrevue fut des plus affectueuses. On aurait dit que le cheval avait presque autant de plaisir que le cavalier à retrouver son fidèle compagnon de voyage.

Cyprien se sentit assez fort, après déjeuner, pour se mettre en selle et partir immédiatement. En conséquence, Pharamond Barthès plaça tous les bagages sur la croupe de Templar, prit l'animal par la bride, et l'on se mit en route pour la capitale de Tonaïa.

Chemin faisant, Cyprien racontait à son ami, et plus en détail, les principaux incidents de l'expédition depuis son départ du Griqualand. Quand il fut arrivé à la dernière disparition de Matakit, dont il donna le signalement, Pharamond Barthès se mit à rire :

« Ah ! par exemple ! dit-il, voilà encore du nouveau, et je crois bien que je vais pouvoir te donner des nouvelles de ton voleur sinon de ton diamant !

— Que veux-tu dire ? demanda Cyprien, très surpris.

— Ceci, répliqua Pharamond Barthès, c'est que mes Bassoutos ont amené prisonnier, il y a à peine vingt-quatre heures, un jeune Cafre, errant dans le pays, et qu'ils ont livré, pieds et poings liés, à mon ami Tonaïa. Je crois bien que celui-ci, lui aurait fait un mauvais parti, car, il a grand peur des espions, et le Cafre, appartenant évidemment à une race ennemie de la sienne, ne pouvait être accusé que d'espionnage ! Mais jusqu'ici, on lui a laissé la vie sauve ! Par bonheur pour le pauvre diable, il s'est trouvé qu'il savait quelques tours de passe-passe et pouvait prétendre au rang de devin...

— Eh ! je ne doute plus maintenant que ce ne soit Matakit ! s'écria Cyprien.

— Eh bien ! il peut se vanter de l'avoir échappée belle, répondit le chasseur! Tonaïa a inventé pour ses ennemis toute une variété de supplices, qui ne laissent rien à désirer! Mais, je te le répète, tu peux être sans inquiétude sur ton ancien serviteur! Il est protégé par sa qualité de devin, et nous le retrouverons, ce soir même, en bonne santé! »

Il est inutile d'insister sur ce point que cette nouvelle devait particulièrement satisfaire Cyprien. Très certainement son but était atteint, et il ne doutait pas que Matakit, s'il avait encore en sa possession le diamant de John Watkins, ne consentît à le rendre.

Les deux amis continuèrent à deviser ainsi, pendant toute la journée, en traversant la plaine que Cyprien avait parcourue à dos de girafe, quelques jours auparavant.

Le soir même, la capitale de Tonaïa se montra, à demi disposée en amphithéâtre sur une ondulation que formait l'horizon dans le nord. C'était une véritable ville de dix à quinze mille habitants, avec des rues bien tracées, des cases spacieuses et presque élégantes, ayant l'aspect de la prospérité et de l'aisance. Le palais du roi, entouré de hautes palissades et gardé par des guerriers noirs, armés de lances, occupait à lui seul un quart de la superficie totale de la cité.

Pharamond Barthès n'eut qu'à se montrer pour que toutes les barrières s'abaissassent devant lui, et il fut immédiatement conduit avec Cyprien, à travers une série de vastes cours, jusqu'à la salle de cérémonie, où se tenait « l'invincible conquérant » au milieu d'une nombreuse assistance, à laquelle manquaient ni les officiers, ni les gardes.

Tonaïa pouvait avoir une quarantaine d'années. Il était grand et fort. Coiffé avec soin d'une sorte de diadème de dents de sanglier, son costume se composait pour le surplus d'une tunique rouge, sans manches, et d'un tablier de même couleur, richement brodé en perles de verre. Il portait aux bras et aux jambes de nombreux bracelets de cuivre. Sa physionomie était intelligente et fine, mais astucieuse et dure.

Il fit grand accueil à Pharamond Barthès, qu'il n'avait pas vu depuis quelques jours, et, par déférence, à Cyprien, l'ami de son fidèle allié.

« Les amis de nos amis sont nos amis, » dit-il comme l'eût fait un simple bourgeois du Marais.

Et, en apprenant que son nouvel hôte était souffrant, Tonaïa s'empressa de lui faire donner une des meilleures chambres de son palais et de lui faire servir un excellent souper.

Sur l'avis de Pharamond Barthès, on n'aborda pas tout de suite la question Matakit, qui fut réservée pour le lendemain.

Le jour suivant, en effet, Cyprien, décidément revenu à la santé, était en mesure de reparaître devant le roi. Toute la cour fut donc assemblée dans la grande salle du palais. Tonaïa et ses deux hôtes se tenaient au milieu du cercle. Aussitôt Pharamond Barthès aborda la négociation dans la langue du pays qu'il parlait assez couramment.

« Mes Bassoutos t'ont amené récemment un jeune Cafre qu'ils avaient fait prisonnier, dit-il au roi. Or, ce jeune Cafre se trouve être le serviteur de mon compagnon, le grand sage Cyprien Méré, qui vient demander à ta générosité de le lui rendre. C'est pourquoi, moi, son ami et le tien, j'ose appuyer sa juste requête. »

Dès les premiers mots, Tonaïa avait cru devoir prendre un air diplomatique.

« Le grand sage blanc est le bien venu! répondit-il. Mais qu'offre-t-il pour la rançon de mon prisonnier?

— Un excellent fusil, dix fois dix cartouches et un sachet de perles de verre, » répondit Pharamond Barthès.

Un murmure flatteur courut dans l'auditoire, vivement impressionné de la splendeur de cette offre. Seul, Tonaïa, toujours très diplomate, feignit de ne pas être ébloui.

« Tonaïa est un grand prince, reprit-il en se redressant sur son escabeau royal, et les Dieux le protègent! Il y a un mois, ils lui ont envoyé Pharamond Barthès avec de braves guerriers et des fusils pour l'aider à vaincre ses adversaires! C'est pourquoi, si Pharamond Barthès y tient, ce serviteur sera rendu sain et sauf à son maître!

— Et où est-il en ce moment? demanda le chasseur.

— Dans la grotte sacrée, où il est gardé nuit et jour! » répondit Tonaïa avec cette emphase de circonstance, qui convenait à l'un des plus puissants souverains de la Cafrerie.

Pharamond Barthès se hâta de résumer ces réponses à Cyprien, et demanda au roi la faveur d'aller avec son compagnon chercher le prisonnier dans ladite grotte.

A ces mots, il se fit un murmure désapprobateur dans toute l'assemblée. La prétention de ces Européens paraissait exorbitante. Jamais, sous aucun prétexte, un étranger n'avait été admis dans cette grotte mystérieuse. Une tradition respectée déclarait que, le jour où les blancs en connaîtraient le secret, l'empire de Tonaïa tomberait en poussière.

Mais le roi n'aimait pas que sa cour se mêlât de préjuger aucune de ses décisions. Aussi, ce murmure l'amena-t-il, par un caprice de tyranneau, à accorder ce qu'il aurait très probablement refusé, sans cette explosion du sentiment général.

« Tonaïa a fait l'échange du sang avec son allié Pharamond Barthès, répondit-il d'un ton péremptoire, et il n'a plus rien à lui cacher! Ton ami et toi, savez-vous garder un serment? »

Pharamond Barthès fit un signe affirmatif.

« Eh bien! reprit le roi nègre, jurez de ne toucher à rien de ce que vous verrez dans cette grotte!... Jurez de vous conduire en toute occasion, lorsque vous en serez sortis, comme si vous n'en aviez jamais connu l'existence!... Jurez de ne jamais chercher à y pénétrer de nouveau, ni même de tenter d'en reconnaître l'entrée!... Jurez enfin de ne jamais dire à personne ce que vous aurez vu! »

Pharamond Barthès et Cyprien, la main étendue, répétèrent mot pour mot la formule du serment qui leur était imposé.

Aussitôt, Tonaïa ayant donné quelques ordres à voix basse, toute la cour se leva, et les guerriers se formèrent sur deux rangs. Quelques serviteurs apportèrent des pièces de fines toiles, qui servirent à bander les yeux des deux étrangers; puis, le roi en personne se plaça entre eux au fond d'un grand palanquin de paille que quelques douzaines de Cafres chargèrent sur leurs épaules, et le cortège se mit en marche.

Le voyage fut assez long, — deux heures de route au moins. En se rendant compte de la nature des secousses qu'éprouvait le palanquin, Pharamond Barthès et Cyprien crurent bientôt reconnaître qu'ils étaient transportés dans un district montagneux.

Puis, une grande fraîcheur de l'air et l'écho sonore des pas de l'escorte, répercuté par des murailles très rapprochées l'une de l'autre, indiquèrent qu'on avait pénétré dans un souterrain. Enfin, des bouffées de fumée résineuse, dont l'odeur leur arriva au visage, firent comprendre aux deux amis qu'on avait allumé des torches pour éclairer le cortège.

La marche dura pendant un quart d'heure encore; après quoi le palanquin fut déposé à terre. Tonaïa en fit descendre ses hôtes et ordonna que les bandeaux leur fussent ôtés.

Sous le coup de cet éblouissement qui résulte d'un retour subit à la lumière, après une suspension prolongée des fonctions visuelles, Pharamond Barthès et Cyprien se crurent tout d'abord en proie à une sorte d'hallucination extatique, tant le spectacle qui s'offrit à leurs yeux était à la fois splendide et inattendu.

Tous deux se trouvaient au centre d'une grotte immense. Le sol en était couvert d'un sable fin tout pailleté d'or. Sa voûte, aussi haute que celle d'une cathédrale gothique, se perdait dans des profondeurs insondables au regard. Les parois de cette substruction naturelle étaient tapissées de stalactites, d'une variété de tons et d'une richesse inouïes, sur lequel le reflet des torches jetait des feux d'arc-en-ciel, mêlés à des embrasements de fournaises, à des radiations d'aurores boréales. Les couleurs les plus chatoyantes, les formes les plus bizarres, les tailles les plus imprévues, caractérisaient ces cristallisations innombrables. Ce n'étaient pas, comme dans la plupart des grottes, de simples arrangements de quartz en larmes, se reproduisant avec une uniformité pleine de monotonie. Ici la nature, donnant libre carrière à sa fantaisie, semblait s'être complue à épuiser toutes les combinaisons de teintes et d'effets, auxquelles se prête si merveilleusement la vitrification de ses richesses minérales.

Rochers d'améthyste, murailles de sardoine, banquises de rubis, aiguilles d'émeraude, colonnades de saphirs, profondes et élancées comme des forêts de sapins, icebergs d'aigues-marines, girandoles de turquoises, miroirs d'opales, affleurements de gypse rose et de lapis-lazzuli aux veines d'or, — tout ce que le règne cristallin peut offrir de plus précieux, de plus rare, de plus limpide, de plus éblouissant, avait servi de matériaux à cette surprenante architecture. Bien plus encore, toutes les formes, même celles du règne végétal, semblaient avoir été mises à contribution dans ce travail en dehors des conceptions humaines. Des tapis de mousses minérales, aussi veloutées que le plus fin gazon, des arborisations cristallines, chargées de fleurs et de fruits de pierreries, rappelaient par places ces jardins féériques que reproduisent avec tant de naïveté les enluminures japonaises. Plus loin, un lac artificiel, formé d'un diamant de vingt mètres de long, enchâssé dans le sable, semblait une arène toute prête pour les ébats des patineurs. Des palais aériens de calcédoine, des kiosques et des clochetons de beryl ou de topaze, s'entassaient d'étage en étage jusqu'au point où l'œil, lassé de tant de splendeurs, se refusait à les suivre. Enfin, la décomposition des rayons lumineux à travers ces milliers de

On avait allumé des torches. (Page 190.)

prismes, les feux d'artifices d'étincelles qui éclataient de toutes parts et retombaient en gerbe, constituaient la plus étonnante symphonie de lumière et de couleur dont le regard de l'homme pût être ébloui.

Cyprien Méré n'en doutait plus, maintenant. Il se trouvait transporté dans un de ces réservoirs mystérieux, dont il avait depuis si longtemps soupçonné l'existence, au fond desquels la nature avare a pu thésauriser et cristalliser en bloc ces gemmes précieuses qu'elle ne cède à l'homme, dans les placers les plus favorisés, que par débris isolés et fragmentaires. Un instant, tenté de mettre en doute la réalité de ce qu'il avait sous les yeux, il

C'était Matakit. (Page 194.)

lui avait suffi, en passant près d'un énorme banc de cristal, de l'avoir frotté avec la bague qu'il portait au doigt pour s'être assuré qu'il résistait à la rayure. C'était donc bien du diamant, du rubis, du saphir que renfermait cette immense crypte, et en masses si prodigieuses, que leur valeur, au prix que les hommes mettent à ces substances minérales, devait échapper à tout calcul!

Seuls, les nombres astronomiques auraient pu en donner une approximation, difficilement appréciable, d'ailleurs. En effet, il y avait là, enfouis sous la terre, ignorés et improductifs, pour des trillions et des quatrillions de milliards de valeur!

Tonaïa se doutait-il de la prodigieuse richesse qu'il avait ainsi à sa disposition? c'est peu probable, car Pharamond Barthès, peu ferré en ces matières, ne paraissait pas lui-même soupçonner un seul instant que ces merveilleux cristaux fussent des pierres fines. Sans doute, le roi nègre se croyait simplement le maître et le gardien d'une grotte particulièrement curieuse, dont un oracle ou quelque autre superstition traditionnelle l'empêchait de livrer le secret.

Ce qui sembla confirmer cette opinion, c'est la remarque que fit bientôt Cyprien du grand nombre d'ossements humains, entassés par places dans certains coins de la caverne. Etait-elle donc le lieu de sépulture de la tribu, ou bien, — supposition plus horrible et pourtant vraisemblable, — avait-elle servi, servait-elle encore à célébrer quelques affreux mystères dans lesquels on versait le sang humain, peut-être dans un intérêt de cannibalisme?

C'était vers cette dernière opinion qu'inclinait Pharamond Barthès, et il le dit à voix basse à son ami.

« Tonaïa m'a pourtant affirmé que, depuis son avènement, jamais pareille cérémonie n'a eu lieu! ajouta-t-il. Mais, je l'avoue, le spectacle de ces ossements ébranle singulièrement ma confiance! »

Il en montrait un énorme tas, qui semblait récemment formé, et sur lesquels on voyait des marques évidentes de cuisson.

Cette impression ne devait être que trop pleinement confirmée, quelques instants plus tard.

Le roi et ses deux hôtes venaient d'arriver au fond de la grotte, devant l'ouverture d'un enfoncement comparable à une de ces chapelles latérales, qui sont ménagées sur les bas côtés des basiliques. Derrière la grille de bois de fer qui en fermait l'entrée, un prisonnier était enfermé dans une cage de bois, tout juste assez large pour lui permettre de s'y tenir accroupi, destiné, — ce n'était que trop visible, — à être engraissé pour quelque repas prochain.

C'était Matakit.

« Vous!... vous!... petit père! s'écria l'infortuné Cafre, dès qu'il aperçut et reconnut Cyprien. Ah! emmenez-moi!... Délivrez-moi!... J'aime encore mieux retourner en Griqualand, dussé-je y être pendu, que de rester dans cette cage à poulets, en attendant l'horrible supplice que le cruel Tonaïa me réserve avant de me dévorer! »

Ceci fut dit d'une voix si lamentable que Cyprien se sentit tout ému en entendant le pauvre diable.

« Soit, Matakit! lui répondit-il. Je puis obtenir ta liberté, mais tu ne sortiras de cette cage que lorsque tu auras restitué le diamant...

— Le diamant, petit père! s'écria Matakit. Le diamant!... Je ne l'ai pas!... Je ne l'ai jamais eu!... Je vous le jure... je vous le jure! »

Il disait cela avec un tel accent de vérité que Cyprien comprit bien qu'il ne pouvait plus mettre sa probité en doute. On le sait, d'ailleurs, il avait toujours eu beaucoup de peine à croire que Matakit fût l'auteur d'un pareil vol.

« Mais alors, lui demanda-t-il, si ce n'est pas toi qui as volé ce diamant, pourquoi as-tu pris la fuite?

— Pourquoi, petit père? répondit Matakit. Mais parce que, lorsque mes camarades ont eu subi l'épreuve de baguette, on a dit que le voleur ne pouvait être que moi, que j'avais agi de ruse pour dérouter les soupçons! Or, au Griqualand, lorsqu'il s'agit d'un Cafre, vous le savez bien, on l'a encore plus vite condamné et pendu qu'interrogé!... Alors, la peur m'a pris, et j'ai fui comme un coupable à travers le Transvaal!

— Ce que dit là ce pauvre diable me paraît être la vérité, fit observer Pharamond Barthès.

— Je n'en doute plus, répondit Cyprien, et peut être n'a-t-il pas eu tort de se soustraire à la justice du Griqualand! »

Puis, s'adressant à Matakit :

« Eh bien, non, lui dit-il, je ne doute pas que tu ne sois innocent du vol dont on t'accuse! Mais, au Vandergaart-Kopje, on ne nous croira peut-être pas, lorsque nous affirmerons ton innocence! Veux-tu donc courir la chance d'y revenir?

— Oui!... Tout risquer... pour ne pas rester plus longtemps ici! s'écria Matakit, qui semblait en proie à la plus vive terreur.

— Nous allons négocier cette affaire-là, répondit Cyprien, et voilà mon ami Pharamond Barthès qui s'en occupe! »

Et, de fait, le chasseur, qui ne perdait pas de temps, se trouvait déjà en grande conférence avec Tonaïa.

« Parle franc!... Que te faut-il en échange de ton prisonnier? » demanda-t-il au roi nègre.

Celui-ci réfléchit un instant et finit par dire :

« Il me faut quatre fusils, dix fois dix cartouches pour chaque arme et quatre sachets de perles de verre. — Ce n'est pas trop, n'est-ce pas?

— C'est vingt fois trop, mais Pharamond Barthès est ton ami, et il fera tout pour t'être agréable! »

A son tour, il s'arrêta un instant et reprit :

« Écoute-moi, Tonaïa. Tu auras les quatre fusils, les quatre cents cartouches et les quatre sachets de perles. Mais, à ton tour, tu nous fourniras un attelage de bœufs pour ramener tout ce monde à travers le Transvaal, avec les vivres nécessaires et une escorte d'honneur.

— Affaire conclue! » répondit Tonaïa d'un ton de satisfaction complète.

Puis, il ajouta d'une voix confidentielle, en se penchant à l'oreille de Pharamond :

« Les bœufs sont tout trouvés!... Ce sont ceux de ces gens-là que mes hommes ont rencontrés en train de retourner à l'étable et qu'ils ont amenés à mon kraal!... C'était de bonne guerre, n'est-ce pas? »

Le prisonnier fut aussitôt délivré ; et, après un dernier coup d'œil donné aux splendeurs de la grotte, Cyprien, Pharamond Barthès, Matakit, s'étant laissés docilement bander les yeux, revinrent au palais de Tonaïa, où un grand festin fut donné pour célébrer la conclusion du traité.

Enfin, il fut convenu que Matakit ne reparaîtrait pas immédiatement au Vandergaart-Kopje, qu'il resterait aux environs et ne rentrerait au service du jeune ingénieur, que lorsque celui-ci serait sûr qu'il pourrait le faire sans danger. On le verra bien, ce n'était point là une précaution inutile.

Le lendemain, Pharamond Barthès, Cyprien, Li et Matakit repartaient avec une bonne escorte pour le Griqualand. Mais, il n'y avait plus à se faire illusion, maintenant! *L'Étoile du Sud* était irrémédiablement perdue, et Mr. Watkins ne pourrait pas l'envoyer briller à la tour de Londres au milieu des plus beaux joyaux de l'Angleterre !

XX

LE RETOUR

Jamais John Watkins n'avait été d'aussi méchante humeur que depuis le départ des quatre prétendants, lancés à la poursuite de Matakit. Chaque jour, chaque semaine qui s'écoulait, semblaient lui ajouter un travers de plus en diminuant les chances qu'il croyait avoir de recouvrer le précieux diamant. Et puis, ses commensaux ordinaires lui manquaient, James Hilton, Friedel, Annibal Pantalacci, Cyprien lui-même, qu'il était habitué à voir assidus près de lui. Il se rabattait donc sur sa cruche de gin, et, il faut bien le dire, les suppléments alcooliques qu'il s'administrait n'étaient pas précisément faits pour adoucir son caractère !

En outre, à la ferme, on avait lieu d'être absolument inquiet sur le sort des survivants de l'expédition. En effet, Bardik, qui avait été enlevé par un parti de Cafres, — ainsi que l'avaient supposé ses compagnons, — était parvenu à s'échapper, quelques jours après. De retour en Griqualand, il avait appris à Mr. Watkins la mort de James Hilton et celle de Friedel. C'était de bien mauvais augure pour les survivants de l'expédition, Cyprien Méré, Annibal Pantalacci et le Chinois.

Aussi Alice était-elle fort malheureuse. Elle ne chantait plus, et son piano restait invariablement muet. C'est à peine si ses autruches l'intéressaient encore. Dada, elle-même, n'avait plus le don de la faire sourire par sa voracité, et avalait impunément, sans qu'on cherchât à l'en empêcher, les objets les plus hétéroclites.

Miss Watkins était maintenant prise de deux craintes, qui grandissaient peu à peu dans son imagination : la première, que Cyprien ne revînt jamais de cette expédition maudite ; la seconde qu'Annibal Pantalacci, le plus abhorré de ses trois prétendants, ne rapportât l'*Étoile du Sud*, en réclamant le prix de son succès. L'idée qu'elle pourrait être condamnée à devenir la femme de ce Napolitain, méchant et fourbe, lui inspirait un dégoût invincible, — surtout depuis qu'elle avait pu voir de près et apprécier un homme vraiment supérieur, tel que Cyprien Méré. Elle y pensait le jour, elle en rêvait la nuit, et ses joues fraîches pâlissaient, ses yeux bleus se voilaient d'un nuage de plus en plus sombre.

Or, il y avait déjà trois mois qu'elle attendait ainsi dans le silence et le chagrin. Ce soir-là, elle s'était assise sous l'abat-jour de la lampe, auprès de son père, qui s'était lourdement assoupi près de la cruche de gin. La tête penchée sur un ouvrage de tapisserie qu'elle avait entrepris pour suppléer à la musique négligée, elle songeait tristement.

Un coup discret, frappé à la porte, vint tout à coup interrompre sa longue rêverie.

« Entrez, dit-elle, assez surprise et se demandant qui pouvait venir à pareille heure.

— Ce n'est que moi, miss Watkins! » répondit une voix qui la fit tressaillir — la voix de Cyprien.

Et c'était bien lui qui revenait, pâle, amaigri, hâlé, avec une grande barbe qu'on ne lui connaissait pas, des vêtements usés par les longues marches, mais toujours alerte, toujours courtois, toujours les yeux riants et la bouche souriante.

Alice s'était levée en poussant un cri d'étonnement et de joie. D'une main, elle essayait de contenir les battements de son cœur; puis, elle tendait l'autre au jeune ingénieur, qui la serrait dans les siennes, lorsque Mr. Watkins, sortant de son assoupissement, ouvrit les yeux et demanda ce qu'il y avait de neuf.

Il fallut deux ou trois bonnes minutes au fermier pour se rendre compte de la réalité. Mais, à peine une lueur d'intelligence lui fut-elle revenue, qu'un cri — le cri du cœur — lui échappa.

« Et le diamant? »

Le diamant, hélas! n'était pas de retour.

Cyprien conta rapidement alors les diverses péripéties de l'expédition. Il dit la mort de Friedel, celle d'Annibal Pantalacci et de James Hilton, la poursuite de Matakit et sa captivité chez Tonaïa, — sans parler de son retour en Griqualand, — mais il fit connaître les motifs de certitude qu'il rapportait de la pleine innocence du jeune Cafre. Il n'oublia pas de rendre hommage au dévouement de Bardik et de Li, à l'amitié de Pharamond Barthès, de rappeler tout ce qu'il devait au brave chasseur et comment, grâce à lui, il avait pu revenir avec ses deux serviteurs d'un voyage si meurtrier pour ses autres compagnons. Sous le coup de l'émotion que ce récit tragique lui inspirait à lui-même, il jeta volontairement un voile sur les torts et les pensées criminelles de ses rivaux, ne voulant plus voir en eux que les victimes d'une entreprise tentée en commun. De tout ce qui était arrivé, il ne réserva que ce qu'il avait juré de garder secret, c'est-à-dire l'existence de la grotte merveilleuse et de ses richesses minérales, auprès desquelles tous les diamants du Griqualand n'étaient plus que des graviers sans valeur.

« Tonaïa, dit-il en finissant, a ponctuellement tenu ses engagements. Deux jours après mon arrivée dans sa capitale, tout était prêt pour notre retour, les provisions de bouche, les attelages et l'escorte. Sous le commandement du roi en personne, environ trois cents noirs, chargés de farine et de viandes fumées, nous ont accompagnés jusqu'au campement, où avait été abandonné le wagon que nous avons retrouvé en bon état, sous l'amas de broussailles dont il avait été recouvert. Nous avons alors pris congé de notre hôte, après lui avoir donné cinq fusils au lieu des quatre sur lesquels il comptait, — ce qui en fait le potentat le plus redoutable de toute la région comprise entre le cours du Limpopo et celui du Zambèze !

— Mais votre voyage de retour à partir du campement ?... demanda miss Watkins.

— Notre voyage de retour a été lent, quoique facile et dénué d'accidents, répondit Cyprien. L'escorte ne nous a quittés qu'à la frontière du Transvaal, où Pharamond Barthès et ses Bassoutos se sont séparés de nous pour se rendre à Durban. Enfin, après quarante jours de marche à travers le Veld, nous voici, ni plus ni moins avancés qu'au départ !

— Mais enfin, pourquoi Matakit s'est-il ainsi enfui ? demanda Mr. Watkins, qui avait écouté ce récit avec un vif intérêt, sans manifester d'ailleurs une émotion exagérée au sujet des trois hommes qui ne devaient plus revenir.

— Matakit fuyait, parce qu'il avait la maladie de la peur ! répliqua le jeune ingénieur.

— N'y a-t-il donc pas de justice au Griqualand ? répondit le fermier en levant les épaules.

— Oh ! justice trop souvent sommaire, monsieur Watkins, et, en vérité, je ne peux pas trop blâmer le pauvre diable, accusé à tort, d'avoir voulu se soustraire à la première émotion causée par l'inexplicable disparition du diamant !

— Ni moi ! ajouta Alice.

« Ce n'est que moi, miss Watkins » (Page 198.)

— En tout cas, je vous le répète, il n'était pas coupable, et je compte bien qu'on le laissera désormais tranquille !

— Hum ! fit John Watkins, sans paraître bien convaincu de la validité de cette affirmation. Ne croyez-vous pas plutôt que ce rusé de Matakit n'a feint la terreur que pour se mettre hors de la portée des gens de police ?

— Non !... il est innocent !... Ma conviction à cet égard est absolue, dit Cyprien un peu sèchement, et je l'ai achetée, je pense, assez cher !

— Oh ! vous pouvez garder votre opinion ! s'écria John Watkins. Moi, je garde la mienne ! »

« Trois cents noirs nous ont accompagnés. » (Page 199.)

Alice vit que la discussion menaçait de dégénérer en dispute, et elle s'empressa d'opérer une diversion.

« A propos, monsieur Cyprien Méré, dit-elle, savez-vous que, pendant votre absence, votre claim est devenu excellent et que votre associé Thomas Steel est en train de devenir un des plus riches parmi les plus riches mineurs du Kopje?

— Ma foi non! répondit franchement Cyprien. Ma première visite a été pour vous, miss Watkins, et je ne sais rien de ce qui s'est passé pendant mon absence!

— Peut-être même n'avez-vous pas dîné? s'écria Alice avec l'instinct d'une parfaite petite ménagère qu'elle était.

— Je l'avoue! répondit Cyprien en rougissant, quoiqu'il n'y eût vraiment pas de quoi.

— Oh! mais vous ne pouvez pas vous en aller ainsi sans manger, monsieur Méré!... Un convalescent... après un voyage si pénible!... Pensez donc qu'il est onze heures du soir! »

Et, sans écouter ses protestations, elle courut à l'office, revint avec un plateau couvert d'un linge blanc, de quelques assiettes de viandes froides et d'une belle tarte aux pêches qu'elle avait faite elle-même.

Le couvert fut bientôt mis devant Cyprien, tout confus. Et, comme il semblait hésiter à porter le couteau dans un superbe « biltong, » sorte de conserve d'autruche :

« Faut-il vous le découper? » dit miss Watkins en le regardant avec son plus frais sourire.

Bientôt le fermier, mis en appétit par ce déploiement gastronomique, réclama à son tour une assiette et une tranche de biltong. Alice n'eut garde de le faire attendre, et, uniquement pour tenir compagnie à ces messieurs, comme elle disait, elle se mit à grignoter des amandes.

Ce souper improvisé fut charmant. Jamais le jeune ingénieur ne s'était senti en si triomphant appétit. Il revint trois fois à la tarte aux pêches, but deux verres de vin de Constance, et couronna ses exploits en consentant à goûter le gin de Mr. Watkins, — lequel d'ailleurs ne tarda pas à se rendormir tout à fait.

« Et qu'avez-vous fait depuis trois mois? demanda Cyprien à Alice. Je crains bien que vous n'ayez oublié toute votre chimie!

— Non, monsieur, c'est ce qui vous trompe! répondit miss Watkins d'un petit ton de reproche. Je l'ai beaucoup étudiée, au contraire, et même je me suis permis d'aller faire quelques expériences dans votre laboratoire. Oh! je n'ai rien cassé, soyez tranquille, et j'ai tout remis en ordre! J'aime beaucoup la chimie, décidément, et, pour être franche, je ne comprends pas que vous puissiez renoncer à une si belle science pour vous faire mineur ou coureur de Veld!

— Mais, cruelle miss Watkins, vous savez bien pourquoi j'ai renoncé à la chimie!

— Je n'en sais rien du tout, répondit Alice en rougissant, et je trouve que c'est très mal! A votre place, j'essaierais encore de faire du diamant ! C'est bien plus élégant que d'en chercher sous terre!

— Est-ce un ordre que vous me donnez? demanda Cyprien d'une voix qui tremblait un peu.

— Oh! non, répondit miss Watkins en souriant, tout au plus une prière!... Ah! monsieur Méré, reprit-elle, comme pour corriger le ton léger de ses paroles, si vous saviez comme j'ai été malheureuse de vous savoir exposé à toutes les fatigues, à tous les périls que vous venez de courir ! Je n'en connaissais pas le détail, mais je crois bien que j'en devinais l'ensemble ! Un homme tel que vous, me disais-je, si savant, si fortement préparé à accomplir de beaux travaux, à faire de grandes découvertes, est-ce lui qui devrait être exposé à périr misérablement dans le désert, d'une morsure de serpent ou d'un coup de griffe de tigre, sans aucun profit pour la science et pour l'humanité?... Mais, c'est un crime de l'avoir laissé partir!... Et comme j'avais raison!... car enfin, n'est-ce pas presque un miracle que vous nous soyez revenu? et sans votre ami, monsieur Pharamond Barthès, que le ciel bénisse... »

Elle n'acheva pas, mais deux grosses larmes, qui lui vinrent aux yeux, complétèrent sa pensée.

Cyprien, lui aussi, était profondément ému.

« Voilà deux larmes qui sont plus précieuses pour moi que tous les diamants du monde, et qui me feraient oublier bien d'autres fatigues ! » dit-il simplement.

Il y eut un silence que la jeune fille rompit, avec son tact ordinaire, en remettant la causerie sur ses essais chimiques.

Il était minuit passé, lorsque Cyprien se décida à rentrer chez lui, où l'attendait un paquet de lettres de France, soigneusement rangées par miss Watkins sur sa table de travail.

Ces lettres, ainsi qu'il arrive après une longue absence, il osait à peine les ouvrir. Si elles allaient lui apporter la nouvelle de quelque malheur !... Son père, sa mère, sa petite sœur Jeanne !... Tant de choses avaient pu se produire dans ces trois mois !...

Le jeune ingénieur, après avoir constaté par une lecture rapide que ces lettres ne lui faisaient parvenir que des motifs de satisfaction et de joie, eut un profond soupir de soulagement. Tous les siens étaient bien portants. Du ministère, on lui adressait les éloges les plus chaleureux au sujet de sa belle théorie des formations adamantines. Il pouvait prolonger d'un semestre son séjour en Griqualand, s'il le jugeait utile au bien de la science. Tout était donc pour le mieux, et Cyprien s'endormit, ce soir-là, le cœur plus léger qu'il ne l'avait eu depuis bien longtemps.

La matinée du lendemain se passa à visiter ses amis, spécialement Thomas Steel, qui avait effectivement fait d'excellentes trouvailles sur le claim commun. Le brave Lancashireman n'en accueillit pas moins son associé avec la plus grande cordialité. Cyprien convint avec lui que Bardik et Li reprendraient leurs travaux, comme devant. Il se réservait, s'ils étaient heureux dans leurs recherches, de leur assurer une part, afin de leur constituer bientôt un petit capital.

Quant à lui, il était bien décidé à ne plus tenter la fortune de la mine, qui lui avait toujours été si défavorable, et, suivant le vœu d'Alice, il résolut de reprendre une fois encore ses recherches chimiques.

Sa conversation avec la jeune fille n'avait fait que confirmer ses propres réflexions. Il s'était dit depuis longtemps que la véritable voie pour lui n'était pas dans un travail de manœuvre ni dans des expéditions d'aventurier. Trop loyal et trop fidèle à sa parole pour songer un seul instant à abuser de la confiance de Tonaïa, à profiter de la connaissance qu'il avait maintenant d'une immense caverne remplie de formations cristallines, il trouva dans cette certitude expérimentale une confirmation trop précieuse de sa théorie sur les gemmes pour ne pas y puiser une nouvelle ardeur de recherches.

Cyprien reprit donc tout naturellement sa vie de laboratoire, mais il ne voulut pas abandonner la voie où il avait réussi déjà, et se décida à recommencer ses premières investigations.

A cela, il avait une raison, et une raison des plus sérieuses, ainsi qu'on en peut juger.

En effet, depuis que le diamant artificiel devait être considéré comme irrémédiablement perdu, Mr. Watkins, qui avait eu l'idée de consentir au mariage de Cyprien et d'Alice, n'en parlait plus du tout. Or, il était probable que, si le jeune ingénieur parvenait à refaire une autre gemme d'une valeur extraordinaire, se chiffrant par plusieurs millions, le fermier pourrait bien en revenir à ses idées d'autrefois.

De là, cette résolution de se mettre à l'ouvrage sans retard, et Cyprien ne s'en cacha pas vis-à-vis des mineurs du Vandergaart-Kopje; — pas assez peut-être.

Après s'être procuré un nouveau tube de grande résistance, il reprit donc ses travaux dans les mêmes conditons.

« Et pourtant, ce qui me manque pour obtenir le carbone cristallisé, c'est-à-dire le diamant, disait-il à Alice, c'est un dissolvant approprié, qui, par l'évaporation ou le refroidissement, laisse cristalliser le carbone. On a trouvé ce dissolvant pour l'alumine dans le sulfure de carbone. Donc, il s'agit de le rechercher, par analogie, pour le carbone ou même pour les corps similaires, tels que le bore et la silice. »

Cependant, bien qu'il ne fut pas en possession de ce dissolvant, Cyprien poussait activement son œuvre. A défaut de Matakit, qui ne s'était pas encore montré au camp, par prudence, c'était Bardik qui était chargé de maintenir le feu nuit et jour. Cette tâche, il la remplissait avec autant de zèle que son prédécesseur.

Entre temps, et prévoyant qu'après cette prolongation de son séjour en Griqualand, il serait peut-être obligé de repartir pour l'Europe, Cyprien voulut s'acquitter d'un travail mentionné dans son programme et qu'il n'avait encore pu accomplir : c'était de déterminer l'orientation exacte d'une certaine dépression de terrain, située vers le nord-est de la plaine, — dépression qu'il soupçonnait avoir servi de goulot d'écoulement pour les eaux, à l'époque reculée où s'étaient élaborées les formations adamantines du district.

Donc, cinq ou six jours après son retour du Transvaal, il s'occupait de cette détermination avec la précision qu'il apportait en toutes choses. Or, depuis une heure déjà, il posait des jalons et relevait des points de repère sur un plan fort détaillé qu'il s'était procuré à Kimberley, et, chose singulière, toujours il trouvait dans ses chiffres une grosse cause d'erreur ou tout au moins de désaccord avec ce plan. A la fin, il ne lui fut plus possible de se refuser à l'évidence : le plan était mal orienté ; les longitudes et les latitudes en étaient fautives.

Cyprien venait de se servir, à midi précis, d'un excellent chronomètre, réglé sur l'Observatoire de Paris, pour déterminer la longitude du lieu. Or, étant parfaitement sûr de l'infaillibilité de sa boussole et de son compas de déclinaison, il ne pouvait hésiter à constater que la carte, sur laquelle il contrôlait ses relevés, était complètement erronée par suite d'une importante faute d'orientation.

En effet, le nord de cette carte, indiqué, selon l'usage britannique, par une flèche en sautoir, se trouvait au nord-nord-ouest vrai, ou peu s'en fallait. Par suite, toutes les indications de la carte étaient nécessairement entachées d'une erreur proportionnelle.

« Je vois ce que c'est ! s'écria tout à coup le jeune ingénieur. Les ânes bâtés qui ont dressé ce chef-d'œuvre ont tout simplement négligé de tenir compte de la variation magnétique de l'aiguille aimantée [1] ! Et elle n'est pas ici de moins de vingt-neuf degrés ouest !... Il s'ensuit que toutes leurs indications de latitude et de longitude, pour être exactes, devraient décrire un arc de vingt-neuf degrés, dans la direction de l'ouest à l'est, autour du centre de la carte !... Il faut croire que l'Angleterre n'avait pas envoyé, pour faire ces relevés, ses géomètres les plus habiles ! »

Et il riait tout seul de cette bévue !

« Bon ! *Errare humanum est !* reprit-il. Que celui-là jette la première pierre à ces braves arpenteurs, qui ne s'est jamais trompé dans sa vie, ne fût-ce qu'une seule fois ! »

Cependant, Cyprien n'avait aucune raison de tenir secrète cette rectification qu'il y avait lieu de faire pour l'orientation des terrains adamantifères du district. Aussi, ce jour même, en revenant à la ferme, ayant rencontré Jacobus Vandergaart, il lui en parla.

« Il est assez curieux, ajouta-t-il, qu'une aussi grosse erreur géodésique, qui affecte tous les plans du district, n'ait pas encore été signalée ! Elle représente une correction des plus importantes à opérer sur toutes les cartes du pays. »

Le vieux lapidaire regardait Cyprien d'un air singulier.

« Dites-vous vrai ? s'écria-t-il vivement.

— Certes !

— Et vous seriez prêt à attester le fait en cour de justice ?

— Devant dix cours, s'il le fallait !

— Et il ne sera pas possible de contester votre dire ?

— Évidemment non, puisqu'il me suffira d'énoncer la cause de l'erreur. Elle est, parbleu, assez palpable ! L'omission de la déclinaison magnétique dans les calculs de relèvement ! »

Jacobus Vandergaart se retira sans rien dire, et Cyprien eut bientôt oublié avec quelle singulière attention il avait accueilli ce fait qu'une erreur géodésique entachait tous les plans du district.

1. Historique.

Mais, deux ou trois jours plus tard, lorsque Cyprien vint pour rendre visite au vieux lapidaire, il trouva porte close.

Sur l'ardoise, suspendue au loquet, on lisait ces mots, récemment tracés à la craie :

« *Absent pour affaires.* »

XXI

JUSTICE VÉNITIENNE.

Pendant les jours qui suivirent, Cyprien s'occupa activement de suivre les diverses phases de sa nouvelle expérience. Par suite de quelques modifications introduites dans la construction du four à reverbère, au moyen d'un tirage mieux réglé, la fabrication du diamant, — il l'espérait du moins, — devait s'effectuer en un temps infiniment plus court que lors de la première opération.

Il va sans dire que miss Watkins s'intéressait vivement à cette seconde tentative, dont elle était un peu l'inspiratrice, il faut en convenir. Aussi, souvent elle accompagnait le jeune ingénieur jusqu'au four qu'il visitait plusieurs fois dans la journée, et là, par les regards ménagés dans la maçonnerie de briques, elle se plaisait à observer l'intensité du feu qui mugissait à l'intérieur.

John Watkins s'intéressait non moins que sa fille, mais pour d'autres motifs, à cette fabrication. Il lui tardait d'être de nouveau possesseur d'une pierre dont le prix se chiffrerait par des millions. Toute sa crainte était que l'expérience ne réussit pas une seconde fois, et que le hasard n'eût eu une part prépondérante dans le succès de la première.

Mais, si le fermier et miss Watkins encourageaient l'expérimentateur à poursuivre, à perfectionner la fabrication du diamant, il n'en était pas ainsi des mineurs du Griqualand. Bien qu'Annibal Pantalacci, James Hilton, herr Friedel ne fussent plus là, ils avaient laissé des compagnons qui, à cet égard, pensaient absolument comme eux. Aussi, par des manœuvres sourdes, le juif Nathan ne

Il relevait des points de repère. (Page 205.)

cessait-il d'exciter les propriétaires de claims contre le jeune ingénieur. Si cette fabrication artificielle entrait bientôt dans la pratique, c'en était fait du commerce des diamants naturels et autres pierres précieuses. On avait déjà fabriqué des saphirs blancs ou corindons, des améthystes, des topazes et même des émeraudes, toutes ces gemmes n'étant que des cristaux d'alumines, diversement colorés par les acides métalliques. C'était déjà fort inquiétant pour la valeur marchande de ces pierres qui tendait à diminuer. Donc, si le diamant finissait par devenir d'une fabrication courante, c'était la ruine des exploitations diamantifères du Cap et autres lieux de production.

Il se tenait entre les mineurs des conciliabules. (Page 209.)

Tout cela avait été répété déjà, après la première expérience du jeune ingénieur, et tout cela fut repris, cette fois, mais avec plus d'acrimonie, avec plus de violence encore. Il se tenait entre les mineurs des conciliabules qui ne présageaient rien de bon pour les travaux de Cyprien. Lui ne s'en inquiétait pas autrement, étant bien décidé à poursuivre son expérience jusqu'au bout, quoi qu'on pût dire ou faire. Non! Il ne reculerait pas devant l'opinion publique, et, de sa découverte, il ne tiendrait rien de secret, puisqu'elle devait profiter à tous.

Mais, s'il continuait son labeur, sans une hésitation, sans une crainte, miss

Watkins, au courant de tout ce qui se passait, commença à trembler pour lui. Elle se reprocha de l'avoir engagé dans cette voie. Compter sur la police du Griqualand pour le protéger, c'était compter sur une protection peu efficace. Un mauvais coup est vite fait, et, avant qu'on ne fût intervenu, Cyprien pouvait avoir payé de sa vie le tort que ses travaux menaçaient de causer aux mineurs de l'Afrique australe.

Alice était donc fort inquiète et ne put dissimuler son inquiétude au jeune ingénieur. Celui-ci la rassurait de son mieux, tout en la remerciant du mobile qui la faisait agir. Dans cet intérêt que la jeune fille prenait à lui, il voyait la preuve d'un sentiment plus tendre, qui, d'ailleurs, n'était plus un secret entre eux. Cyprien, rien que par là, s'applaudissait de ce que sa tentative provoquât, de la part de miss Watkins, un épanchement plus intime... et il continuait bravement son travail.

« Ce que j'en fais, mademoiselle Alice, c'est pour nous deux ! » lui répétait-il.

Mais miss Watkins, en observant ce qui se disait sur les claims, vivait dans des transes perpétuelles.

Et ce n'était pas sans raison ! Il s'élevait contre Cyprien un *tolle*, qui ne devait pas toujours s'en tenir à des récriminations, ni même à des menaces, mais aller jusqu'à un commencement d'exécution.

En effet, un soir, en revenant faire sa visite au four, Cyprien trouva son emplacement saccagé. Pendant une absence de Bardik, une troupe d'hommes, profitant de l'obscurité, avait détruit en quelques minutes ce qui était l'œuvre de bien des jours. La bâtisse avait été démolie, les fourneaux brisés, les feux éteints, les ustensiles brisés et dispersés. Il ne restait plus rien du matériel qui avait coûté tant de soins et de peines au jeune ingénieur. Tout était à recommencer, — s'il était homme à ne point céder devant la force, — ou il fallait abandonner la partie.

« Non ! s'écria-t-il, non ! je ne céderai pas, et, demain, je porterai plainte contre les misérables qui ont détruit mon bien ! Nous verrons s'il y a une justice au Griqualand ! »

Il y en avait une, — mais non celle sur laquelle comptait le jeune ingénieur.

Sans rien dire à personne, sans même venir apprendre à miss Watkins ce qui s'était passé dans la crainte de lui causer un nouvel effroi, Cyprien regagna sa case et se coucha, bien décidé le lendemain à porter plainte, dût-il aller jusqu'au gouverneur du Cap.

Il pouvait avoir dormi deux ou trois heures, lorsque le bruit de la porte qui s'ouvrait le réveilla en sursaut.

Cinq hommes, masqués de noir, armés de revolvers et de fusils, pénétraient dans sa chambre. Ils étaient munis de ces espèces de lanternes à verre convexe qu'on appelle en pays anglais *Bull's eyes*, — des œils de bœuf, — et ils vinrent se ranger en silence autour du lit.

Cyprien n'eut pas un instant l'idée de prendre au sérieux cette manifestation plus ou moins tragique. Il crut à quelque plaisanterie et se mit d'abord à rire, quoique, à dire vrai, il n'en eût guère envie et trouvât la facétie d'un goût détestable.

Mais une main brutale s'abattit sur son épaule, et l'un des hommes masqués, ouvrant un papier qu'il tenait à la main, procéda d'une voix qui n'avait rien de plaisant, à la lecture suivante :

« Cyprien Méré,

« Ceci est pour vous signifier que le tribunal secret du camp de Vandergnart, siégeant au nombre de vingt-deux membres et agissant au nom du salut commun, vous a, ce jour, à l'heure de minuit vingt-cinq minutes, condamné à l'unanimité à la peine de mort.

« Vous êtes atteint et convaincu d'avoir, par une découverte intempestive et déloyale, menacé dans leurs intérêts et dans leur vie, dans celle de leurs familles, tous les hommes qui, soit en Griqualand, soit ailleurs, ont pour industrie la recherche, la taille et la vente des diamants.

« Le tribunal, statuant dans sa sagesse, a jugé qu'une telle découverte devait être anéantie, et que la mort d'un seul était préférable à celle de plusieurs milliers de créatures humaines.

« Il a décrété que vous auriez dix minutes pour vous préparer à mourir, que le choix de cette mort vous serait laissé, que tous vos papiers seraient brûlés, à l'exception de telle communication ouverte qu'il vous conviendra de laisser à l'adresse de vos proches, et que votre habitation serait rasée au niveau du sol.

« Ainsi soit fait à tous les traîtres ! »

En s'entendant ainsi condamner, Cyprien commença à être fortement ébranlé dans sa confiance première, et il se demanda si cette comédie sinistre, étant données les mœurs sauvages du pays, n'était pas plus sérieuse qu'il ne l'avait cru.

L'homme, qui le tenait par l'épaule, se chargea de lever ses derniers doutes à cet égard.

« Levez-vous à l'instant ! lui dit-il grossièrement. Nous n'avons pas de temps à perdre!

— C'est un assassinat ! » répondit Cyprien, qui sauta résolument à bas de son lit pour passer quelques vêtements.

Il était plus révolté qu'ému et concentrait toute la puissance de sa réflexion sur ce qui lui arrivait, avec le sang-froid qu'il aurait pu mettre à étudier un problème de mathématiques. Quels étaient ces hommes? Il ne pouvait arriver à le deviner, même au timbre de leurs voix. Sans doute, ceux qu'il connaissait personnellement, s'il s'en trouvait parmi eux, gardaient prudemment le silence.

« Avez-vous fait votre choix entre les différents genres de mort?... reprit l'homme masqué.

— Je n'ai pas de choix à faire et je ne puis que protester contre le crime odieux dont vous allez vous rendre coupables! répondit Cyprien d'une voix ferme.

— Protestez, mais vous n'en serez pas moins pendu! Avez-vous quelque disposition à écrire?

— Rien que je puisse vouloir confier à des assassins !

— En marche donc! » ordonna le chef.

Deux hommes se placèrent aux côtés du jeune ingénieur, et le cortège se forma pour se diriger vers la porte.

Mais, à cet instant, un incident très inattendu se produisit. Au milieu de ces justiciers du Vandergaart-Kopje, un homme venait de se précipiter d'un bond.

C'était Matakit. Le jeune Cafre, qui rôdait le plus souvent, pendant la nuit, aux alentours du camp, avait été porté, par instinct, à suivre ces gens masqués, au moment où ils se dirigeaient vers la case du jeune ingénieur, pour en forcer la porte. Là, il avait entendu tout ce qui s'était dit, il avait compris le danger qui menaçait son maître. Aussitôt, sans hésiter, et quoiqu'il pût en advenir pour lui, il avait écarté les mineurs et s'était jeté aux pieds de Cyprien.

« Petit père, pourquoi ces hommes veulent-ils te tuer? criait-il en se cramponnant à son maître, en dépit des efforts que les hommes masqués faisaient pour l'écarter.

— Parce que j'ai fait un diamant artificiel ! répondit Cyprien, en serrant avec émotion les mains de Matakit, qui ne voulait pas se détacher de lui.

— Oh! petit père, que je suis malheureux et honteux de ce que j'ai fait ! répétait en pleurant le jeune Cafre.

— Que veux-tu dire! s'écria Cyprien.

— Oui! j'avouerai tout, puisque l'on veut le mettre à mort! s'écria Matakit. Oui!... c'est moi qu'il faut tuer... car c'est moi, qui ai mis le gros diamant dans le fourneau!

— Écartez ce braillard! dit le chef de la bande.

— Je vous répète que c'est moi qui ai mis le diamant dans l'appareil! redisait Matakit en se débattant. Oui!... c'est moi qui ai trompé le petit père!... C'est moi qui ai voulu lui faire croire que son expérience avait réussi!... »

Il apportait une énergie si farouche dans ses protestations qu'on finit par l'écouter.

« Dis-tu vrai? demanda Cyprien, à la fois surpris et désappointé de ce qu'il entendait.

— Mais oui!... Cent fois oui!.. Je dis vrai! »

Il était maintenant assis par terre, et tous l'écoutaient, car ce qu'il disait allait singulièrement changer les choses!

« Le jour du grand éboulement, reprit-il, lorsque je suis resté enterré, sous les décombres, je venais de trouver le gros diamant!... Je le tenais à la main et je songeais au moyen de le cacher, quand la muraille est tombée sur moi pour me punir de cette pensée criminelle!... Lorsque je suis revenu à la vie, j'ai retrouvé cette pierre dans le lit où le petit père m'avait fait transporter!... J'ai voulu la lui rendre, mais, j'ai eu honte d'avouer que j'étais un voleur, et j'ai attendu une occasion favorable!... Précisément, quelque temps après, petit père a voulu tenter de faire un diamant et il m'a chargé d'entretenir le feu!... Mais voilà que le second jour, tandis que j'étais seul au laboratoire, l'appareil a éclaté avec un bruit horrible, et peu s'en est fallu que je ne fusse tué par les débris!... Alors, j'ai pensé que petit père aurait de la peine, parce que son expérience avait manqué!... J'ai donc placé dans le canon qui était fendu, le gros diamant, bien enveloppé d'une poignée de terre, et je me suis hâté de tout réparer par dessus le fourneau pour que le petit père ne s'aperçût de rien!... Puis, j'ai attendu sans rien dire, et, quand le petit père a trouvé le diamant, il a été bien joyeux! »

Un éclat de rire formidable, que ne purent retenir les cinq hommes masqués, accueillit les derniers mots de Matakit.

Cyprien, lui, ne riait pas du tout et se mordait les lèvres de dépit.

Impossible de se méprendre au ton du jeune Cafre! Son histoire était évidemment vraie ! En vain, Cyprien cherchait-il, dans ses souvenirs ou dans son imagination, des motifs pour la mettre en doute et la contredire mentalement ! En vain se disait-il :

« Un diamant naturel, exposé à une température comme celle du fourneau, se serait volatilisé... »

Le simple bon sens lui répliquait que, protégée par une enveloppe d'argile, la gemme avait fort bien pu échapper à l'action de la chaleur ou la subir seulement d'une façon partielle ! Peut-être, même, était-ce à cette torréfaction qu'elle devait sa teinte noire ! Peut-être s'était-elle volatilisée et recristallisée dans sa coque !

Toutes ces pensées s'accumulaient dans le cerveau du jeune ingénieur, et elles s'y associaient avec une rapidité extraordinaire. Il était stupéfait !

« Je me rappelle fort bien avoir vu la motte de terre dans la main du Cafre, le jour de l'éboulement, fit alors observer l'un des hommes, lorsque l'hilarité se fut un peu calmée. Et même, il la serrait si fort dans ses doigts crispés, qu'il a fallu renoncer à la lui reprendre !

— Eh ! il n'y a plus le moindre doute à concevoir ! répondit un autre. Est-ce qu'il est possible de fabriquer du diamant ? En vérité, nous sommes bien sots d'avoir pu le croire !... Autant vaudrait chercher à fabriquer une étoile ! »

Et tous se remirent à rire.

Cyprien souffrait assurément plus de leur gaieté qu'il n'avait souffert de leur rudesse.

Enfin, après que les cinq hommes se furent consultés à voix basse, leur chef reprit la parole :

« Nous sommes d'avis, dit-il, qu'il y a lieu de surseoir à l'exécution de la sentence prononcée contre vous, Cyprien Méré ! Vous allez être libre ! Mais souvenez-vous que cette sentence pèse toujours sur vous ! Un mot, un signe pour en informer la police, et vous serez impitoyablement frappé !... A bon entendeur salut ! »

Il dit, et, suivi de ses compagnons, il se dirigea vers la porte.

La chambre resta plongée dans l'obscurité. Cyprien aurait pu se demander s'il ne venait pas d'être le jouet d'un simple cauchemar. Mais les sanglots de Matakit, qui s'était allongé sur le sol et pleurait bruyamment, la tête dans ses mains, ne lui permettaient pas de croire que tout ce qui s'était passé ne fût point réel.

Ainsi, c'était bien vrai! Il venait d'échapper à la mort, mais au prix d'une humiliation des plus sanglantes! Lui, ingénieur des mines, lui, élève de l'École Polytechnique, chimiste distingué, géologue déjà célèbre, il s'était laissé prendre à la ruse grossière d'un misérable Cafre! Ou plutôt, c'était à sa propre vanité, à sa ridicule présomption, qu'il était redevable de cette bévue sans nom! Il avait poussé l'aveuglement jusqu'à trouver une théorie pour sa formation cristalline!... On n'était pas plus ridicule!... Est-ce que ce n'est pas à la nature seule qu'il appartient, avec le concours des siècles, de mener à bien des œuvres semblables?... Et pourtant, qui ne se serait trompé à cette apparence? Il espérait le succès, avait tout préparé pour l'atteindre et devait logiquement croire qu'il l'avait obtenu!... Les dimensions anormales du diamant elles-mêmes étaient faites pour entretenir cette illusion!... Un Despretz l'eût partagée!... Des méprises semblables n'arrivent-elles pas tous les jours?... Ne voit-on pas les numismates les plus expérimentés accepter pour vraies de fausses médailles?

Cyprien essayait de se réconforter de la sorte. Mais, tout à coup, une pensée le glaça :

« Et mon mémoire à l'Académie!... Pourvu que ces gredins ne s'en soient pas emparés! »

Il alluma une bougie. Non! Grâce au ciel, son mémoire était encore là! Personne ne l'avait vu!... Il ne respira qu'après l'avoir brûlé.

Cependant, le chagrin de Matakit était si déchirant qu'il fallut bien se décider à l'apaiser. Ce ne fut pas difficile. Aux premiers mots bienveillants du petit père, le pauvre garçon sembla renaître à la vie. Mais, si Cyprien dut l'assurer qu'il ne lui gardait pas rancune et qu'il lui pardonnait de bon cœur, ce fut à la condition qu'il ne s'aviserait plus de recommencer.

Matakit le promit au nom de ce qu'il avait de plus sacré, et, son maître étant allé se recoucher, il en fit autant.

Ainsi finit cette scène qui avait failli tourner au tragique!

Mais, si elle se termina de la sorte pour le jeune ingénieur, il ne devait pas en être de même pour Matakit.

En effet, le lendemain, quand on sut que l'*Étoile du Sud* n'était rien moins qu'un diamant naturel, que ce diamant avait été trouvé par le jeune Cafre, qui en connaissait parfaitement la valeur, tous les soupçons à son endroit reparurent avec plus de force. John Watkins jeta les hauts cris. Ce Matakit ne pouvait qu'être le voleur de cette inestimable pierre! Après avoir songé à

Cinq hommes masqués pénétraient dans sa chambre. (Page 211.)

se l'approprier une première fois, — ne l'avait-il pas avoué? — c'était évidemment lui qui l'avait volé dans la salle du festin.

Cyprien eut beau protester, se rendre garant de la probité du Cafre ; on ne l'écouta pas, — ce qui prouve surabondamment combien Matakit, qui jurait de sa parfaite innocence, avait eu cent fois raison de fuir et cent fois tort d'être revenu en Griqualand.

Mais alors, le jeune ingénieur, qui ne voulait pas en démordre, fit valoir un argument auquel on ne s'attendait pas, et qui, dans sa pensée, devait sauver Matakit.

« Dada!... Ici!... » (Page 220.)

« Je crois à son innocence, dit-il à John Watkins, et, d'ailleurs, fût-il coupable, cela ne regarde que moi! Naturel ou artificiel, le diamant m'appartenait, avant que je l'eusse offert à mademoiselle Alice...

— Ah! il vous appartenait?... répondit Mr. Watkins d'un ton singulièrement goguenard.

— Sans doute, reprit Cyprien. N'a-t-il pas été trouvé sur mon claim par Matakit, qui était à mon service?

— Rien de plus vrai, répondit le fermier, et, par conséquent, il est à moi, aux termes mêmes de notre contrat, puisque les trois premiers diamants, trouvés sur votre concession, doivent m'être remis en toute propriété ! »

A cela, Cyprien, abasourdi, ne put rien répondre.

« Ma réclamation est-elle juste ? demanda Mr. Watkins.

— Absolument juste ! répondit Cyprien.

— Je vous serai donc fort obligé de reconnaître mon droit par écrit, au cas où nous pourrions faire rendre à ce coquin le diamant qu'il a si impudemment volé ! »

Cyprien prit une feuille de papier blanc et écrivit :

« Je reconnais que le diamant trouvé sur mon claim par un Cafre à mon service, est, aux termes de mon contrat de concession, la propriété de M. John Stapleton Watkins.

« Cyprien Méré. »

Voilà, on en conviendra, une circonstance qui faisait évanouir tous les rêves du jeune ingénieur. En effet, si le diamant reparaissait jamais, il appartenait, non à titre de cadeau, mais en propre, à John Watkins, et un nouvel abîme, que tant de millions devaient combler, se creusait entre Alice et Cyprien.

Toutefois, si la réclamation du fermier était nuisible aux intérêts de ces deux jeunes gens, elle l'était bien plus encore pour Matakit ! C'était maintenant à John Watkins qu'il avait causé ce tort !... C'était John Watkins qui était le volé !... Et John Watkins n'était pas homme à abandonner une poursuite, lorsqu'il se croyait assuré de tenir son voleur.

Aussi, le pauvre diable fut-il arrêté, emprisonné, et douze heures ne se passèrent pas sans qu'il fût jugé, puis, malgré tout ce que put dire Cyprien en sa faveur, condamné à être pendu... s'il ne se décidait pas ou ne parvenait pas à restituer l'*Étoile du Sud*.

Or, comme, en réalité, il ne pouvait la restituer, puisqu'il ne l'avait jamais prise, son affaire était claire, et Cyprien ne savait plus que faire pour sauver le malheureux qu'il s'obstinait à ne point croire coupable.

XXII

UNE MINE D'UN NOUVEAU GENRE.

Cependant, miss Watkins avait appris tout ce qui s'était passé, aussi bien la scène des hommes masqués que la déconvenue si désagréable survenue au jeune ingénieur.

« Ah! monsieur Cyprien, lui dit-elle, dès qu'il l'eut mise au courant de tout, votre vie ne vaut-elle pas tous les diamants du monde?

— Chère Alice...

— Ne songeons plus à tout cela, et renoncez désormais à ce genre d'expérience!

— Vous me l'ordonnez?... demanda Cyprien.

— Oui! oui! répondit la jeune fille. Je vous ordonne de cesser, comme je vous avais ordonné d'entreprendre... puisque vous voulez bien recevoir des ordres de moi!

— Comme je veux les exécuter tous! » répondit Cyprien en prenant la main que lui tendait miss Watkins.

Mais, lorsque Cyprien lui eut appris la condamnation qui venait de frapper Matakit, elle fut atterrée, — surtout quand elle sut quelle part son père avait prise à cette condamnation.

Elle, non plus, ne croyait pas à la culpabilité du pauvre Cafre! Elle aussi, d'accord avec Cyprien, elle eût voulu tout faire pour le sauver! Mais comment s'y prendre, et, surtout, comment intéresser John Watkins, devenu l'intraitable plaignant en cette affaire, à ce malheureux qu'il avait chargé lui-même des plus injustes accusations!

Il faut ajouter que le fermier n'avait pu obtenir aucun aveu de Matakit, ni en lui montrant la potence dressée pour lui, ni en lui faisant espérer sa grâce, s'il parlait. Donc, forcé de renoncer à tout espoir de retrouver jamais l'*Étoile du Sud*, il était devenu d'une humeur massacrante. On ne pouvait plus l'aborder. Cependant, sa fille voulut tenter un dernier effort près de lui.

Le lendemain de la condamnation, Mr. Watkins, souffrant de sa goutte un peu moins qu'à l'ordinaire, avait profité de ce répit pour mettre ordre à ses papiers. Assis devant un grand bureau à cylindre en bois d'ébène, incrusté de marqueterie jaune, — charmante épave de la domination hollandaise, arrivée après bien des vicissitudes dans ce coin perdu du Griqualand, — il passait en revue ses divers titres de propriété, ses contrats, ses correspondances.

Derrière lui, Alice, penchée sur son métier, brodait sans beaucoup s'occuper de son autruche Dada, qui allait et venait à travers la salle avec sa gravité habituelle, — tantôt jetant un regard par la fenêtre, tantôt considérant de ses grands yeux quasi humains les mouvements de Mr. Watkins et de sa fille.

Tout à coup, une exclamation du fermier fit vivement relever la tête à miss Watkins :

« Cette bête est insupportable ! disait-il. Voilà qu'elle vient de me prendre un parchemin !... Dada !... Ici !... Rendez cela tout de suite ! »

Ces mots n'avaient pas plutôt été articulés qu'un torrent d'injures leur succéda.

« Ah ! l'affreuse bête l'a avalé !... Un document de première importance !... La minute même du décret qui ordonne la mise en exploitation de mon Kopje !... C'est intolérable !... Mais je vais lui faire rendre gorge, — et fallût-il l'étrangler... »

John Watkins, rouge de colère, hors de lui, s'était brusquement levé. Il courait après l'autruche, qui commença à faire deux ou trois tours dans la salle et finit par s'élancer à travers la fenêtre, — laquelle était de plain pied avec le sol.

« Mon père, disait Alice, désolée de ce nouveau méfait de sa favorite, calmez-vous, je vous en supplie ! Écoutez-moi !... Vous allez vous rendre malade ! »

Mais la fureur de Mr. Watkins était au comble. Cette fuite de l'autruche avait achevé de l'exaspérer.

« Non ! disait-il d'une voix étranglée, c'est trop fort !... Il faut en finir !... Je ne puis renoncer ainsi au plus important de mes titres de propriété !... Une bonne balle dans la tête va avoir raison de la voleuse !... J'aurai mon parchemin, j'en réponds ! »

Alice, tout en larmes, le suivit.

« Je vous en supplie, mon père, faites grâce à la pauvre bête! disait-elle. Ce papier est-il si important, après tout?... Ne peut-on en obtenir un double?.. Voudrez-vous me faire le chagrin de tuer devant moi ma pauvre Dada pour une faute si légère? »

Mais John Watkins ne voulait rien entendre, et il regardait de tous côtés, cherchant sa victime.

Il l'aperçut enfin, au moment où elle se réfugiait du côté de la case occupée par Cyprien Méré. Aussitôt, épaulant son fusil, le fermier la mit en joue ; mais Dada, comme si elle eût deviné les noirs projets tramés contre elle, ne vit pas plutôt ce mouvement qu'elle s'empressa de se mettre à l'abri de la maison.

« Attends!... Attends!... Je saurai bien te rejoindre, maudite bête! » cria John Watkins en se dirigeant vers elle.

Et Alice, de plus en plus épouvantée, ne manqua pas de le suivre pour tenter auprès de lui un dernier effort.

Tous deux arrivèrent ainsi devant la maison du jeune ingénieur et en firent le tour. Plus d'autruche! Dada était invisible! Cependant, il était impossible qu'elle eût déjà descendu le monticule, car on l'aurait aperçue aux environs de la ferme. Elle avait donc dû chercher un refuge dans la case par une des portes ou fenêtres qui s'ouvraient en arrière.

Voilà ce que se dit John Watkins. Aussi s'empressa-t-il de revenir sur ses pas et de frapper à la porte principale.

Ce fut Cyprien lui-même qui vint ouvrir.

« Monsieur Watkins?... miss Watkins?... Enchanté de vous voir chez moi!... » dit-il assez surpris de cette visite inattendue.

Le fermier, tout haletant, lui expliqua l'affaire en quelques mots, mais avec quelle fureur!

« Eh bien, nous allons chercher la coupable! » répondit Cyprien en faisant entrer John Watkins et Alice dans la maison.

— Et je vous réponds que son affaire sera bientôt réglée! » répéta le fermier, qui brandissait son fusil comme un tomahawk.

Au même instant, un regard suppliant de la jeune fille dit à Cyprien toute l'horreur qu'elle avait de l'exécution projetée. Aussi, son parti fut-il bientôt pris, et ce fut bien simple : il résolut de ne pas trouver l'autruche.

« Li, cria-t-il en français au Chinois, qui venait d'entrer, je soupçonne que l'autruche doit être dans ta chambre! Attache-la, et tâche de la faire évader adroitement, pendant que je vais promener monsieur Watkins du côté opposé ! »

Malheureusement, ce beau plan péchait par la base. L'autruche s'était précisément réfugiée dans la première pièce où les recherches commencèrent. Elle était là, se faisant toute petite, la tête cachée sous une chaise, mais aussi visible que le soleil en plein midi.

Mr. Watkins se jeta sur elle.

« Ah ! coquine, ton compte est bon ! » dit-il.

Pourtant, si emporté qu'il fût, il s'arrêta un instant devant cette énormité : tirer un coup de fusil, à bout portant, dans une maison qui, provisoirement du moins, n'était plus sienne.

Alice se détournait en pleurant pour ne rien voir de tout cela.

C'est alors que son profond chagrin suggéra au jeune ingénieur une idée lumineuse.

« Monsieur Watkins, dit-il tout à coup, vous ne tenez qu'à ravoir votre papier, n'est-ce pas ?... Eh bien, il est parfaitement inutile de tuer Dada pour le recouvrer ! Il suffit de lui ouvrir l'estomac, que ce document ne peut guère avoir dépassé encore ! Voulez-vous me permettre de pratiquer l'opération ? J'ai suivi un cours de zoologie au Muséum, et je crois que je me tirerai assez bien de cette tentative chirurgicale ! »

Soit que cette perspective de vivisection flattât les instincts de vengeance du fermier, soit que sa colère commençât à tomber ou qu'il fût touché, malgré lui, du réel chagrin de sa fille, il se laissa fléchir et consentit à accepter ce moyen terme.

« Mais il n'entendait pas perdre son document ! déclara-t-il. S'il ne se retrouvait pas dans l'estomac, on le chercherait ailleurs ! Il le lui fallait à tout prix ! »

L'opération n'était pas aussi facile à faire qu'on aurait pu le croire à première vue, en considérant l'attitude résignée de la pauvre Dada. Une autruche, même de petite taille, est douée d'un organisme dont la force est véritablement redoutable. A peine effleurée par l'acier du chirurgien improvisé, il était certain que la patiente allait se révolter, entrer en fureur, se débattre avec rage. Aussi, Li et Bardik furent-ils appelés pour assister Cyprien en qualité d'aides.

On convint d'abord d'attacher préalablement l'autruche. Pour cela, les cordes, dont Li avait toujours une provision dans sa chambre, furent mises en réquisition. Puis, un système d'entraves et de nœuds eut bientôt lié pieds et bec à la malheureuse Dada, qui fut mise dans l'impossibilité de tenter la moindre résistance.

Cyprien ne s'en tint pas là. Afin de ménager la sensibilité de miss Watkins, il voulut épargner toute souffrance à son autruche, dont il enveloppa la tête d'une compresse mouillée de chloroforme.

Cela fait, il se mit en devoir de procéder à l'opération, non sans quelque inquiétude sur ses suites.

Alice, émue de ces préliminaires, pâle comme une morte, s'était réfugiée dans la pièce voisine.

Cyprien commença par promener sa main à la base du cou de l'animal, pour bien reconnaître la position du gésier. Ce n'était pas chose difficile, car ce gésier formait à la partie supérieure de la région thoracique une masse considérable, dure, résistante, que les doigts sentaient fort bien au milieu des parties molles avoisinantes.

A l'aide d'un canif, la peau du cou fut alors entamée avec précaution. Elle était large et lâche comme chez un dindon, et couverte d'un duvet gris qui se laissait aisément écarter. Cette incision ne donna presque pas de sang et fut proprement épongée avec un linge mouillé.

Cyprien reconnut d'abord la position de deux ou trois artères importantes, et il eut soin de les écarter avec de petits crochets de fil de fer, qu'il donna à tenir à Bardik. Puis, il ouvrit un tissu blanc, nacré, qui fermait une vaste cavité au-dessus des clavicules et eut bientôt mis à découvert le gésier de l'autruche.

Qu'on imagine un gésier de poulet, à peu près centuplé en volume, en épaisseur, en poids, et l'on aura une idée assez exacte de ce qu'était ce réservoir.

Le gésier de Dada se présentait sous l'aspect d'une poche brune, fortement distendue par les aliments et par les corps étrangers que le vorace animal avait avalés dans sa journée ou peut-être même à des époques antérieures. Et il suffisait de voir cet organe charnu, puissant, sain, pour comprendre qu'il n'y avait aucun danger à l'attaquer résolument.

Armé de son couteau de chasse que Li avait placé sous sa main, après lui avoir préalablement donné le fil, Cyprien opéra dans cette masse une profonde entaille.

« Maudite bête! » cria John Watkins. (Page 221.)

Cette fissure produite, il était facile d'introduire la main jusqu'au fond du gésier.

Tout aussitôt fut reconnu et ramené le document tant regretté de Mr. Watkins. Il était roulé en boule, un peu froissé, sans doute, mais parfaitement intact.

« Il y a encore autre chose, dit Cyprien, qui avait replongé sa main dans la cavité, d'où il retira, cette fois, une bille d'ivoire.

— La bille à repriser de miss Watkins! s'écria-t-il. Et quand on pense qu'il y a plus de cinq mois que Dada l'avait avalée!... Évidemment, elle n'avait pu franchir l'orifice inférieur! »

« L'Étoile du Sud ! » (Page 226.)

Après avoir remis la bille à Bardik, il reprit ses fouilles, comme un archéologue eût fait sur les restes d'un camp romain.

« Un bougeoir de cuivre ! » s'écria-t-il stupéfait, en ramenant presque aussitôt un de ces modestes ustensiles, broyé, écrasé, aplati, oxydé, mais pourtant reconnaissable.

Ici les rires de Bardik et de Li devinrent si bruyants qu'Alice elle-même, qui venait de rentrer dans la chambre, ne put s'empêcher d'y joindre les siens.

« Des pièces de monnaie !... Une clef !... Un peigne de corne !... » reprenait Cyprien en poursuivant son inventaire.

out à coup, il pâlit. Ses doigts venaient de rencontrer un objet d'une forme exceptionnelle!... Non!... Il ne pouvait guère y avoir de doute sur ce que c'était!... Et pourtant, il n'osait croire à un pareil hasard!

Enfin, il retira sa main de la cavité et il éleva l'objet qu'il venait d'y saisir...

Quel cri s'échappa de la bouche de John Watkins!

« L'*Étoile du Sud !* »

Oui!... Le fameux diamant était retrouvé intact, n'ayant rien perdu de son éclat, et il scintillait, au grand jour de la fenêtre, comme une constellation!

Seulement, chose singulière et qui frappa à l'instant tous les témoins de la scène, — il avait changé de couleur.

De noire qu'elle était jadis, l'*Etoile du Sud* était devenu rose, — d'un rose charmant, qui ajoutait encore, s'il est possible, à sa limpidité et à sa splendeur.

« Ne pensez-vous pas que cela diminue son prix? demanda vivement Mr. Watkins, dès qu'il put parler, car la surprise et la joie lui avaient d'abord coupé la **respiration**.

— Pas le moins du monde! répondit Cyprien. C'est, au contraire, une curiosité de plus, qui classe cette pierre dans la famille si rare des « diamants caméléons!... » Décidément, il paraît qu'il ne fait pas froid dans le gésier de Dada, puisque c'est ordinairement à une variation subite de température que sont dus ces changements de teinte des diamants colorés, qui ont été signalés assez souvent aux sociétés savantes!

— Ah!... grâce au ciel, te voilà retrouvée, ma toute belle! répétait Mr. Watkins, en serrant le diamant dans sa main, comme pour bien s'assurer qu'il ne rêvait pas. Tu m'as causé trop de souci par ta fugue, ingrate étoile, pour que je te laisse jamais t'enfuir! »

Et il l'élevait devant ses yeux, et il la caressait du regard, et il semblait prêt à l'avaler, à l'exemple de Dada!

Cependant, Cyprien, se faisant donner par Bardik une aiguille garnie de gros fil, avait soigneusement recousu le gésier de l'autruche; puis, après avoir refermé au moyen d'une suture l'incision du cou, il la débarrassa des liens qui la réduisaient à l'impuissance.

Dada, très abattue, baissait la tête et ne semblait aucunement disposée à s'enfuir.

« Est-ce que vous croyez qu'elle en reviendra, monsieur Cyprien ? demandait Alice, plus émue des souffrances de sa favorite que de la réapparition du diamant.

— Comment, miss Watkins si je crois qu'elle en reviendra ! répondit Cyprien. Pensez-vous donc que j'aurais tenté l'opération, si je n'en avais pas été sûr ?... Non ! Dans trois jours, il n'y paraîtra plus, et je ne donne pas deux heures à Dada, pour se remettre à regarnir la curieuse poche que nous venons de vider ! »

Rassurée par cette promesse, Alice adressait au jeune ingénieur un regard reconnaissant qui le payait de toutes ses peines.

A ce moment, Mr. Watkins, ayant réussi à se convaincre qu'il était dans son bon sens et qu'il avait bien véritablement retrouvé sa merveilleuse étoile, quitta la fenêtre.

« Monsieur Méré, dit-il, d'un ton majestueux et solennel, voilà un grand service que vous m'avez rendu, et je ne sais comment je pourrai jamais m'en acquitter ! »

Le cœur de Cyprien se mit à battre violemment.

S'en acquitter !.. Eh ! Mr. Watkins avait un moyen bien simple ! Lui était-il donc si difficile de tenir sa promesse, de lui donner sa fille qu'il avait promise à qui lui rapporterait l'*Étoile du Sud !* Et, en vérité, n'était-ce pas comme s'il venait de la rapporter du fond du Transvaal ?

Voilà ce qu'il se disait, mais il était trop fier pour exprimer cette pensée à haute voix, et se croyait presque certain, d'ailleurs, qu'elle allait naître d'elle-même dans l'esprit du fermier.

Cependant, John Watkins ne dit rien de tout cela, et, après avoir fait signe à sa fille de le suivre, il quitta la case et rentra dans son habitation.

Il va sans dire que, quelques instants après, Matakit recouvrait sa liberté. Mais, il s'en était fallu de bien peu que le pauvre diable n'eût payé de sa vie les gloutonneries de Dada, et, en vérité, il l'avait échappée belle !

XXIII

LA STATUE DU COMMANDEUR.

L'heureux John Watkins, maintenant le plus riche fermier du Griqualand, après avoir donné un premier repas, afin de fêter la naissance de l'*Étoile du Sud*, ne pouvait faire mieux que d'en donner un second, afin de fêter sa résurrection. Seulement, cette fois, on pouvait être sûr que toutes les précautions seraient bien prises pour qu'elle ne disparût pas, — et Dada ne fut point invitée à la fête.

Aussi, le festin, dans l'après-midi du lendemain, était-il déjà dans toute sa splendeur.

Dès le matin, John Watkins avait convoqué le ban et l'arrière-ban de ses convives habituels, commandé chez les bouchers du district des pièces de viande, qui auraient suffi à nourrir une compagnie d'infanterie, entassé dans son office toutes les victuailles, toutes les boîtes de conserves, toutes les bouteilles de vins et de liqueurs étranges que les cantines d'alentour avaient pu fournir.

Dès quatre heures, la table était dressée dans la grande salle, les flacons rangés en bon ordre sur le dressoir, et les quartiers de bœuf ou de mouton en train de rôtir.

A six heures, les invités arrivaient dans leurs plus beaux atours. A sept, le diapason de la conversation avait déjà atteint un ton si élevé qu'il aurait été difficile à un clairon de dominer le brouhaha. Il y avait là Mathis Pretorius, redevenu tranquille, depuis qu'il n'avait plus à redouter les mauvais tours d'Annibal Pantalacci, Thomas Steel, rayonnant de force et de santé, le courtier Nathan, des fermiers, des mineurs, des marchands, des officiers de police.

Cyprien, sur un ordre d'Alice, n'avait pu refuser d'assister à ce festin, puisque la jeune fille était forcée d'y paraître elle-même. Mais tous deux étaient bien tristes, car — cela n'était que trop évident — le cinquante fois millionnaire

Watkins ne pouvait plus songer à donner sa fille à un petit ingénieur « qui ne savait même pas fabriquer du diamant ! » Oui ! l'égoïste bonhomme en était à traiter ainsi le jeune savant, auquel il devait en réalité sa nouvelle fortune !

Le repas se poursuivait donc au milieu de l'enthousiasme peu contenu des convives.

Devant l'heureux fermier, — et non plus derrière lui, cette fois, — l'*Étoile du Sud*, déposée sur un petit coussin de velours bleu, sous le double abri d'une cage à barreaux de métal et d'un globe de verre, scintillait au feu des bougies.

On avait déjà porté dix toasts à sa beauté, à sa limpidité incomparable, à son rayonnement sans égal.

Il faisait alors une chaleur accablante.

Isolée et comme repliée sur elle-même, au milieu du tumulte, miss Watkins semblait ne rien entendre. Elle regardait Cyprien, aussi accablé qu'elle, et les larmes n'étaient pas loin de ses yeux.

Trois coups, bruyamment frappés à la porte de la salle, vinrent soudain suspendre le bruit des discussions et le cliquetis des verres.

« Entrez ! cria Mr. Watkins de sa voix rauque. Qui que vous soyez, vous arrivez au bon moment, si vous avez soif ! »

La porte s'ouvrit :

La silhouette longue et décharnée de Jacobus Vandergaart se dressa sur le seuil.

Tous les convives se regardèrent, très surpris de cette apparition inattendue. On savait si bien, dans tout le pays, les motifs d'inimitié qui séparaient les deux voisins, John Watkins et Jacobus Vandergaart, qu'un sourd frémissement courut autour de la table. Chacun s'attendait à quelque chose de grave.

Un profond silence s'était fait. Tous les yeux étaient tournés vers le vieux lapidaire en cheveux blancs. Celui-ci, debout, les bras croisés, le chapeau sur la tête, drapé dans sa longue lévite noire des grands jours, semblait le spectre même de la revanche.

Mr. Watkins se sentit pris d'une terreur vague et d'un frisson secret. Il pâlissait sous la couche de vermillon que de vieilles habitudes d'alcoolisme avaient plaquée à demeure sur ses pommettes.

Pourtant, le fermier essaya de réagir contre ce sentiment inexplicable, dont il ne pouvait se rendre compte.

« Eh! voilà bien longtemps, voisin Vandergaart, dit-il en s'adressant le premier à Jacobus, que vous ne m'avez donné l'avantage de vous voir chez moi ! Quel bon vent vous amène ce soir ?

— Le vent de la justice, voisin Watkins! répondit froidement le vieillard. Je viens vous dire que le droit va triompher enfin et se dégager, après une éclipse de sept ans ! Je viens vous annoncer que l'heure de la réparation a sonné, que je rentre dans mon bien, et que le Kopje, qui a toujours porté mon nom, est désormais légalement à moi, comme il n'a jamais cessé de l'être devant l'équité !... John Watkins, vous m'aviez dépossédé de ce qui m'appartenait !... Aujourd'hui, c'est vous que la loi dépossède et condamne à me restituer ce que vous m'avez pris ! »

Autant John Watkins s'était senti glacé au premier abord par l'apparition soudaine de Jacobus Vandergaart et par le danger vague qu'elle semblait annoncer, autant sa nature, sanguine et violente, le portait à aborder de front un péril direct et bien défini.

Aussi, après s'être renversé sur le dossier de son fauteuil, se mit-il à rire de la façon la plus dédaigneuse.

« Le bonhomme est fou ! dit-il en s'adressant à ses convives. J'avais toujours pensé qu'il avait le crâne fêlé !... Mais il paraît que, depuis quelques temps, la lézarde s'est élargie ! »

Toute la table applaudit à cette grossièreté. Jacobus Vandergaart ne sourcilla pas.

« Rira bien qui rira le dernier! reprit-il gravement en tirant un papier de sa poche. John Watkins, vous savez qu'un jugement contradictoire et définitif, confirmé en appel et que la Reine elle-même ne pourrait plus casser, vous a attribué dans ce district les terrains situés à l'occident du vingt-cinquième degré de longitude à l'est de Greenwich, et m'a assigné ceux qui se trouvent à l'orient de ce méridien ?

— Précisément, mon digne radoteur ! s'écria John Watkins. Et c'est pourquoi vous feriez beaucoup mieux d'aller vous mettre au lit, si vous êtes malade, que de venir troubler d'honnêtes gens en train de dîner et qui ne doivent rien à personne ! »

Jacobus Vandergaart avait déployé son papier.

« Voici une déclaration, reprit-il d'une voix plus douce, — une déclaration du Comité cadastral, contresignée par le gouverneur et enregistrée à Victoria à la date d'avant-hier, — qui constate une erreur matérielle introduite jusqu'à ce jour dans tous les plans du Griqualand. Cette erreur, commise par les géomètres chargés, il y a dix ans, de l'arpentage du district, qui n'ont pas tenu compte de la déclinaison magnétique dans leur détermination du nord vrai, cette erreur, dis-je, fausse toutes les cartes et tous les plans basés sur leurs relevés. Par suite de la rectification qui vient d'en être faite, le vingt-cinquième degré de longitude, notamment, se trouve reporté sur notre parallèle à plus de trois milles vers l'occident. Cette rectification, désormais officielle, me remet donc en possession du Kopje qui vous était échu, — car, de l'avis de tous les jurisconsultes et du chief-justice en personne, la lettre du jugement ne saurait rien perdre de sa force ! Voilà, John Watkins, ce que je viens vous dire ! »

Soit que le fermier n'eût compris qu'imparfaitement, soit qu'il préférât se refuser systématiquement à comprendre, il essaya encore de répondre au vieux lapidaire par un éclat de rire méprisant.

Mais cette fois, le rire sonnait faux, et il n'eut pas d'écho autour de la table.

Tous les témoins de cette scène, stupéfaits, tenaient leurs yeux fixés sur Jacobus Vandergaart, et paraissaient vivement frappés de sa gravité, de l'assurance de sa parole, de la certitude inébranlable que respirait toute sa personne.

Ce fut le courtier Nathan qui se fit, le premier, l'interprète du sentiment général.

« Ce que dit monsieur Vandergaart n'a rien d'absurde à première vue, fit-il observer en s'adressant à John Watkins. Cette erreur de longitude a parfaitement pu être commise, après tout, et peut-être vaudrait-il mieux, avant de se prononcer, attendre des renseignements plus complets ?

— Attendre des renseignements ! s'écria Mr. Watkins, en frappant un grand coup de poing sur la table. Je n'ai que faire de renseignements !... Je me moque pas mal des renseignements !... Suis-je chez moi, ici, oui ou non ?... Ai-je été maintenu en possession du Kopje par un jugement définitif, et dont ce vieux crocodile reconnaît lui-même la validité ?... Eh bien ! que m'importe le reste ?... Si l'on veut m'inquiéter dans la paisible possession de mon bien, je ferai ce que j'ai déjà fait, je m'adresserai aux tribunaux, et nous verrons qui aura gain de cause !

— Les tribunaux ont épuisé leur action, répliqua Jacobus Vandergaart avec sa modération inexorable. Tout se réduit maintenant à une question de fait : le vingt-cinquième degré de longitude passe-t-il ou ne passe-t-il

« Je viens vous dire que le droit va triompher. » (Page 230.)

pas sur la ligne qui lui est assignée par les plans cadastraux? Or, il est officiellement reconnu, maintenant, qu'il y avait eu erreur sur ce point, et la conclusion inévitable, c'est que le Kopje me fait retour. »

Ce disant, Jacobus Vandergaart montrait la constatation officielle qu'il avait en main, et qui était munie de tous timbres et cachets.

Le malaise de John Watkins augmentait visiblement. Il s'agitait sur son siège, essayait de ricaner, y parvenait mal. Ses yeux tombèrent par hasard, en ce moment, sur l'*Étoile du Sud*. Cette vue sembla lui rendre la confiance qui commençait à l'abandonner.

« Au nom de la loi, » dit l'officier du shérif. (Page 234.)

« Et quand cela serait, s'écria-t-il, quand il me faudrait renoncer, contre toute justice, à cette propriété, qui m'a été légalement assignée et dont je jouis en paix depuis sept ans, que m'importe après tout ! N'ai-je pas de quoi me consoler, ne fût-ce qu'avec ce seul joyau, que je puis emporter dans la poche de mon gilet et mettre à l'abri de toute surprise?

— C'est encore une erreur, John Watkins, répliqua Jacobus Vandergaart d'un ton bref. L'*Étoile du Sud* est désormais mon bien au même titre que tous les produits du Kopje retrouvés en vos mains, que le mobilier de cette maison, que le vin de ces bouteilles, que les viandes restées dans ces plats !...

Tout est à moi, ici, puisque tout provient du dol qui m'a été fait!... Et n'ayez crainte, ajouta-t-il, mes précautions sont prises! »

Jacobus Vandergaart frappa dans ses longues mains décharnées.

Aussitôt, les constables, en uniforme noir, parurent sur la porte, immédiatement suivis d'un officier du shérif, qui entra vivement et mit la main sur une chaise.

« Au nom de la loi, dit-il, je déclare saisie provisoire de tous les objets mobiliers et valeurs généralement quelconques, qui se trouvent dans cette maison ! »

Tout le monde s'était levé, à l'exception de John Watkins. Le fermier, anéanti, renversé dans son grand fauteuil de bois, semblait frappé de la foudre.

Alice s'était jetée à son cou et cherchait à le réconforter par ses douces paroles.

Cependant, Jacobus Vandergaart ne le perdait pas de vue. Il le considérait même avec plus de pitié que de haine, tout en surveillant l'*Etoile du Sud*, qui étincelait plus radieusement que jamais au milieu de ce désastre.

« Ruiné!..! Ruiné!..! »

Ces mots pouvaient seuls s'échapper maintenant des lèvres frémissantes de Mr. Watkins.

En ce moment, Cyprien se leva, et d'une voix grave :

« Monsieur Watkins, dit-il, puisque votre prospérité est menacée d'une catastrophe irréparable, permettez-moi de ne voir dans cet événement qu'une possibilité de me rapprocher de mademoiselle votre fille!... J'ai l'honneur de vous demander la main de miss Alice Watkins ! »

XXIV

UNE ÉTOILE QUI FILE !

Cette demande du jeune ingénieur produisit l'effet d'un coup de théâtre. Quel que fût le peu de sensibilité de leur nature à demi sauvage, tous ces convives de John Watkins ne purent que bruyamment y applaudir. Tant de désintéressement était bien fait pour les toucher.

Alice, les yeux baissés, le cœur palpitant, seule peut-être à ne point se montrer surprise de la démarche du jeune homme, se tenait en silence auprès de son père.

Le malheureux fermier, encore accablé du coup terrible qui venait de le frapper, avait redressé la tête. Et, en effet, il connaissait assez Cyprien pour savoir qu'en lui donnant sa fille, il assurait à la fois l'avenir et le bonheur d'Alice, mais il ne voulait pas encore, même d'un signe, indiquer qu'il ne voyait plus d'objection au mariage.

Cyprien, maintenant confus de la démarche publique à laquelle l'ardeur de sa tendresse venait de l'entraîner, en sentait, lui aussi, la singularité, et il commençait à se reprocher de ne pas avoir été un peu plus maître de lui-même.

Ce fut au milieu de cet embarras commun et facile à comprendre, que Jacobus Vandergaart fit un pas vers le fermier.

« John Watkins, dit-il, je n'aimerais pas à abuser de ma victoire, et je ne suis pas de ceux qui foulent aux pieds leurs ennemis abattus! Si j'ai revendiqué mon droit, c'est qu'un homme se doit toujours de le faire! Mais je sais, par expérience, ce que répétait mon avocat, à savoir que le droit rigoureux confine parfois à l'injustice, et je ne voudrais pas faire porter à des innocents le poids de fautes qu'ils n'ont pas commises!... Et puis, je suis seul au monde et déjà bien près du tombeau! A quoi me serviraient tant de richesses, s'il ne m'était pas permis de les partager?... John Watkins, si vous consentez à unir ces deux enfants, je les prie d'accepter en dot cette *Étoile du Sud*, qui ne me serait à moi d'aucun usage!.. Je m'engage, en outre, à les faire mes héritiers et à réparer ainsi, dans la mesure du possible, le tort involontaire que je cause à votre charmante fille! »

Il y eut à ces mots, parmi les spectateurs, ce que les comptes rendus parlementaires appellent un « vif mouvement d'intérêt et de sympathie... » Tous les regards se portèrent vers John Watkins. Ses yeux s'étaient subitement mouillés, et il les couvrait d'une main tremblante.

« Jacobus Vandergaart!... s'écria-t-il enfin, incapable de contenir les sentiments tumultueux qui l'agitaient. Oui!... vous êtes un brave homme, et vous vous vengez noblement du mal que je vous ai fait, en faisant le bonheur de ces deux enfants! »

Ni Alice ni Cyprien ne pouvaient répondre, du moins à voix haute, mais leurs regards répondaient pour eux.

Le vieillard tendit la main à son adversaire, et Mr. Watkins la saisit avec ardeur.

Tous les yeux des assistants étaient humides, — même ceux d'un vieux constable en cheveux gris, qui semblait pourtant aussi sec qu'un biscuit de l'Amirauté.

Quant à John Watkins, il était réellement transfiguré. Sa physionomie était maintenant aussi bienveillante, aussi douce qu'elle était tout à l'heure dure et méchante. Pour Jacobus Vandergaart, sa face austère avait repris l'expression qui lui était habituelle, celle de la bonté la plus sereine.

« Oublions tout, s'écria-t-il, et buvons au bonheur de ces enfants, — si toutefois monsieur l'officier du shérif veut bien nous le permettre, — avec le vin qu'il a saisi !

— Un officier du shérif a parfois le devoir de s'opposer à la vente des boissons excisables, dit le magistrat en souriant, mais il ne s'est jamais opposé à leur consommation ! »

Sur ces mots prononcés de bonne humeur, les bouteilles circulèrent et la plus franche cordialité reparut dans la salle à manger.

Jacobus Vandergaart, assis à la droite de John Watkins, faisait avec lui des plans d'avenir.

« Nous vendrons tout, et nous suivrons les enfants en Europe ! disait-il. Nous nous établirons près d'eux, à la campagne, et nous aurons encore de beaux jours ! »

Alice et Cyprien, placés côte à côte, s'étaient engagés dans une causerie à voix basse, en français, — causerie qui ne paraissait pas moins intéressante, à en juger par l'animation des deux partenaires.

Il faisait alors plus chaud que jamais. Une chaleur lourde et accablante desséchait les lèvres au bord des verres et transformait tous les convives en autant de machines électriques, prêtes à donner des étincelles. En vain les fenêtres et les portes avaient-elles été laissées ouvertes. Pas le moindre souffle d'air ne faisait vaciller les bougies.

Chacun sentait qu'il n'y avait qu'une solution possible à une pareille pression atmosphérique : c'était un de ces orages, accompagnés de tonnerre et de pluies torrentielles, qui ressemblent, dans l'Afrique australe, à une conjuration de tous les éléments de la nature. Cet orage, on l'attendait, on l'espérait comme un soulagement.

Tout à coup, un éclair vint jeter une teinte verdâtre sur les visages, et, presque aussitôt, les éclats du tonnerre, roulant au-dessus de la plaine, annoncèrent que le concert allait commencer.

A ce moment, une rafale soudaine, faisant irruption dans la salle, éteignit toutes les lumières. Puis, sans transition, les cataractes du ciel s'ouvrirent, et le déluge commença.

« Avez-vous entendu, immédiatement après le coup de tonnerre, un petit bruit sec et cassant? demanda Thomas Steel, tandis qu'on fermait précipitamment les fenêtres et qu'on rallumait les bougies. On aurait dit un globe de verre qui éclate! »

Aussitôt, tous les regards se portèrent instinctivement vers l'*Étoile du Sud*...

Le diamant avait disparu.

Pourtant, ni la cage de fer, ni le globe de verre qui le couvraient, n'avaient changé de place, et il était manifestement impossible que personne y eût touché.

Le phénomène semblait tenir du prodige.

Cyprien, qui s'était vivement penché en avant, venait de reconnaître, sur le coussin de velours bleu, à la place du diamant, la présence d'une sorte de poussière grise. Il ne put retenir un cri de stupéfaction et expliqua d'un mot ce qui venait de se passer.

« L'*Étoile du Sud* a éclaté! » dit-il.

Tout le monde sait, en Griqualand, que c'est là une maladie particulière aux diamants du pays. On n'en parle guère parce qu'elle déprécie considérablement leur valeur; mais le fait est que, par suite d'une action moléculaire inexpliquée, les plus précieuses de ces pierres éclatent parfois comme de simples pétards. Il n'en reste rien, dans ce cas, qu'un peu de poussière, bonne tout au plus aux usages industriels.

Le jeune ingénieur était évidemment beaucoup plus préoccupé des côtés scientifiques de l'accident que de la perte énorme que en résultait pour lui.

« Ce qui est singulier, dit-il, au milieu de la stupeur générale, ce n'est pas que cette pierre ait éclaté dans ces conditions, c'est qu'elle ait attendu jusqu'à ce jour pour le faire! Ordinairement, les diamants s'y prennent plus tôt, et tout au moins dans les dix jours qui suivent la taille, n'est-il pas vrai, monsieur Vandergaart?

— C'est parfaitement exact, et voilà la première fois de ma vie que je vois un

diamant éclater après trois mois de taille! déclara le vieillard avec un soupir.
— Allons! Il était écrit que l'*Étoile du Sud* ne resterait à personne! ajouta-t-il. Quand je pense qu'il aurait suffi, pour empêcher ce désastre, d'enduire la pierre d'une légère couche de graisse...

— Vraiment? s'écria Cyprien avec la satisfaction d'un homme qui a enfin le mot d'une difficulté. En ce cas, tout s'explique! La fragile étoile avait sans doute emprunté au gésier de Dada cette couche protectrice, et c'est ce qui l'a sauvée jusqu'à ce jour! En vérité! elle aurait bien mieux fait d'éclater, il y a quatre mois, et de nous épargner tout le chemin que nous avons parcouru à travers le Transvaal! »

A ce moment, on s'aperçut que John Watkins, qui paraissait mal à l'aise, s'agitait violemment sur son fauteuil.

« Comment pouvez-vous traiter si légèrement un pareil sinistre? dit-il enfin, rouge d'indignation. Vous êtes tous là, sur ma parole, devisant de ces cinquante millions partis en fumée, comme s'il ne s'agissait que d'une simple cigarette!

— C'est ce qui montre que nous sommes philosophes! répondit Cyprien. C'est bien le cas d'être sage, quand la sagesse est devenue nécessaire.

— Philosophes tant qu'on voudra! répliqua le fermier, mais cinquante millions sont cinquante millions et ne se trouvent pas dans le pas d'un cheval!... Ah! tenez, Jacobus, vous m'avez aujourd'hui rendu un fier service, sans y songer! Je crois bien que, moi aussi, j'aurais éclaté comme un marron, si l'*Étoile du Sud* avait encore été mienne!

— Que voulez-vous? reprit Cyprien en regardant tendrement le frais visage de miss Watkins, placée près de lui. J'ai conquis, ce soir-même, un diamant si précieux que la perte d'aucun autre ne saurait plus m'atteindre! »

Ainsi finit par un coup de théâtre, digne de son histoire, si courte et si agitée, la carrière du plus gros diamant taillé que le monde eût jamais vu.

Une pareille fin ne contribua pas peu, comme on pense, à confirmer les opinions superstitieuses qui avaient cours sur son compte en Griqualand. Plus que jamais, les Cafres et les mineurs tinrent pour assuré que de si grosses pierres ne peuvent que porter malheur.

Jacobus Vandergaart, qui était fier de l'avoir taillée, et Cyprien, qui songeait à l'offrir au musée de l'École des Mines, ressentaient, au fond, plus de dépit qu'ils ne voulaient l'avouer de ce dénouement inattendu. Mais, au total, le monde n'en alla pas moins droit son chemin, et l'on ne saurait dire qu'il perdit grand'chose à l'affaire.

Cependant, tous ces événements accumulés, ces émotions douloureuses, la perte de sa fortune, suivie de la perte de l'*Étoile du Sud*, avaient gravement atteint John Watkins. Il s'alita, languit quelques jours, puis s'éteignit. Ni les soins dévoués de sa fille, ni ceux de Cyprien, ni même les mâles exhortations de Jacobus Vandergaart, qui s'était établi à son chevet et passait son temps à tâcher de lui rendre courage, ne purent atténuer ce coup terrible. En vain, cet excellent homme l'entretenait de ses plans d'avenir, lui parlait du Kopje comme de leur propriété commune, lui demandant son avis sur les mesures à prendre et l'associant toujours à ses projets. Le vieux fermier était frappé dans son orgueil, dans sa monomanie de propriétaire, dans son égoïsme, dans toutes ses habitudes ; il se sentait perdu.

Un soir, il attira à lui Alice et Cyprien, mit leurs mains l'une dans l'autre, et, sans prononcer un mot, rendit le dernier soupir. Il n'avait pas survécu quinze jours à sa chère étoile.

Et, en vérité, il semblait qu'il y eût une étroite connexité entre la fortune de cet homme et le sort de cette pierre étrange. Tout au moins, les coïncidences étaient telles qu'elles expliquaient dans une certaine mesure, sans les justifier aux yeux de la raison, les idées superstitieuses qui couraient à cet égard en Griqualand. L'*Étoile du Sud* avait bien « porté malheur » à son possesseur, en ce sens que l'arrivée de l'incomparable gemme sur la scène du monde avait marqué le déclin de la prospérité du vieux fermier.

Mais ce que les bavards du camp ne voyaient pas, c'est que la véritable origine de ce malheur était dans les fautes mêmes de John Watkins, — fautes qui portaient en germe, comme une fatalité, les déboires et la ruine. Bien des infortunes en ce monde sont ainsi mises au compte d'une malechance mystérieuse, et n'ont pour base unique, si l'on descend au fond des choses, que les actes mêmes de ceux qui les subissent ! Qu'il y ait des malheurs immérités, soit : il y en a un bien plus grand nombre de rigoureusement logiques, et qui se déduisent, comme la conclusion d'un syllogisme, des prémisses posées par le sujet. Si John Watkins avait été moins attaché au lucre, s'il n'avait pas donné une importance exagérée et bientôt criminelle, à ces petits cristaux de carbone qu'on appelle des diamants, la découverte et la disparition de l'*Étoile du Sud* l'auraient laissé froid, — comme elles laissaient Cyprien, — et sa santé, physique et morale n'aurait pas été à la merci d'un

« Nous nous établirons près d'eux. » (Page 236.)

accident de ce genre. Mais il avait mis tout son cœur dans les diamants : c'est par les diamants qu'il devait périr.

Quelques semaines plus tard, le mariage de Cyprien Méré et d'Alice Watkins était célébré très simplement et à la grande joie de tous. Alice était maintenant la femme de Cyprien... Que pouvait-elle demander de plus en ce monde?

D'ailleurs, le jeune ingénieur se trouvait être plus riche qu'elle ne le supposait et qu'il ne le croyait lui-même.

En effet, par suite de la découverte de l'*Etoile du Sud*, son claim, sans qu'il

Thomas Steel chasse le renard. (Page 242.)

s'en doutât, avait acquis une valeur considérable. Pendant son voyage au Transvaal, Thomas Steel en avait poursuivi l'exploitation, et cette exploitation s'étant trouvée des plus fructueuses, les offres affluèrent pour acheter sa part. Aussi la vendit-il plus de cent mille francs comptant, avant son départ pour l'Europe.

Alice et Cyprien ne tardèrent donc pas à quitter le Griqualand pour revenir en France; mais ils ne le firent point sans avoir assuré le sort de Li, de Bardik et de Matakit, — bonne œuvre à laquelle voulut s'associer Jacobus Vandergaart.

Le vieux lapidaire venait, en effet, de vendre son Kopje à une compagnie dirigée par l'ex-courtier Nathan. Après avoir heureusement terminé cette liquidation, il vint rejoindre en France ses enfants d'adoption, lesquels, grâce au travail de Cyprien, à son mérite reconnu, à l'accueil que le monde savant lui fit à son retour, sont assurés de la fortune, après s'être préalablement assurés du bonheur.

Quant à Thomas Steel, rentré au Lancashire avec une vingtaine de mille livres sterling, il s'est marié, chasse le renard comme un gentleman et boit tous les soirs sa bouteille de Porto; ce n'est pas ce qu'il fait de mieux.

Le Vandergaart-Kopje n'est pas encore épuisé et il continue à fournir tous les ans, en moyenne, la cinquième partie des diamants exportés du Cap; mais aucun mineur n'a plus eu ni la bonne ni la mauvaise chance d'y retrouver une autre *Étoile du Sud!*

FIN.

TABLE DES MATIÈRES

		Pages.
Chapitre	I. Renversants, ces Français!	1
—	II. Aux champs des diamants	12
—	III. Un peu de science enseignée de bonne amitié	22
—	IV. Vandergaart-Kopje	33
—	V. Première exploitation	42
—	VI. Mœurs du camp	52
—	VII. L'éboulement	66
—	VIII. La grande expérience	75
—	IX. Une surprise	82
—	X. Où John Watkins réfléchit	91
—	XI. L'Étoile du Sud	103
—	XII. Préparatifs de départ	115
—	XIII. A travers le Transvaal	128
—	XIV. Au nord du Limpopo	138
—	XV. Un complot	148
—	XVI. Trahison	157
—	XVII. Un steeple-chase africain	168
—	XVIII. L'autruche qui parle	175
—	XIX. La grotte merveilleuse	187
—	XX. Le retour	197
—	XXI. Justice vénitienne	207
—	XXII. Une mine d'un nouveau genre	219
—	XXIII. La statue du commandeur	228
—	XXIV. Une étoile qui file!	234

Paris. — Imp. Gauthier-Villars, 55, quai des Grands-Augustins.

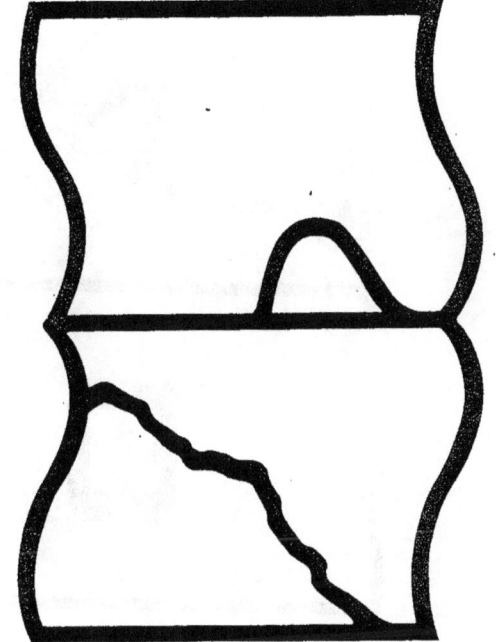

Texte détérioré — reliure défectueuse
NF Z 43-120-11

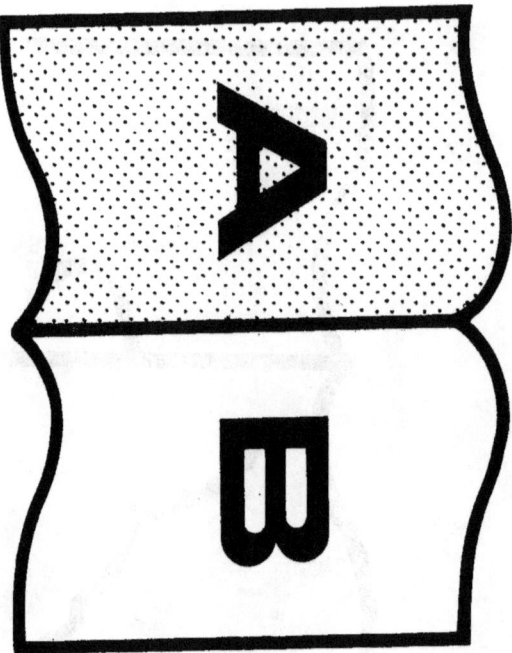

Contraste insuffisant
NF Z 43-120-14

www.ingramcontent.com/pod-product-compliance
Lightning Source LLC
Chambersburg PA
CBHW070656170426
43200CB00010B/2268